Hispanoamérica en su literatura

A companion volume

ESPAÑA EN SU LITERATURA

Edited by

NICHOLSON B. ADAMS AND JOHN E. KELLER

Assisted by

ELIZABETH R. DANIEL

Hispanoamérica en su literatura

Edited by
NICHOLSON B. ADAMS

JOHN E. KELLER

JOHN M. FEIN

ELIZABETH R. DANIEL

W · W · NORTON & COMPANY

New York · London

ACKNOWLEDGMENTS

To Doris Dana, for permission to reprint three poems by Gabriela Mistral; copyright 1922 by Gabriela Mistral.

To La Editorial Espasa-Calpe Argentina, S.A., for permission to reprint "El pozo" and "La deuda mutua" by Ricardo Güiraldes.

To Emecé Editores, S.A., for permission to reprint excerpts from *La forma de la espada* by Jorge Luis Borges.

To Empresa Editora Zig-Zag S.A., Chile, for permission to reprint "La compuerta número 12" by Baldomero Lillo.

To Eugenio Florit, for permission to reprint two poems.

To Fondo de Cultura Economica, Mexico, for permission to reprint three poems by Octavio Paz; "En Derrota" by Mariano Azuela; "Capricho de América" by Alfonso Reyes; and "El hombre muerto" by Horacio Quiroga.

To Rómulo Gallegos, for permission to reprint "Un místico."

To Martín Luis Guzmán, for permission to reprint "La fuga de Pancho Villa."

To Eduardo Mallea, for permission to reprint "Conversación."

To Pablo Neruda, for permission to reprint five poems.

To the heirs of César Vallejo, for permission to reprint three poems.

W. W. Norton & Company, Inc., 500 Fifth Avenue, New York, N.Y. 10110

Library of Congress Catalog Card No. 65-22076

Printed in the United States of America
4 5 6 7 8 9 0

ISBN 0-393-09660-2

Contents

v

TRES POETAS DEL SIGLO XX

Preface

Encouraged by the widespread acceptance of *España en su literatura* (Norton, 1963) we offer here a parallel volume devoted to the literature and culture of Spanish America. Although *Hispanoamérica en su literatura* contains representative selections from the colonial period to the present, it does not attempt to survey the full extent of Spanish-American literature. The guiding principle throughout has been to place the intellectual heritage of Spanish America within the grasp of the intermediate student.

We assume that the students who approach *Hispanoamérica en su literatura* have already acquired fair competence in comprehension and speaking in their first two or three semesters of Spanish study. Accordingly we have utilized Spanish for most of the critical apparatus. The introductions to the work of all thirty-six authors are in Spanish. So too are the explanatory footnotes. Spanish-to-English renderings have been made only in the end vocabulary and in the visible vocabularies which gloss words or phrases of particular difficulty. The exercises are of two kinds; *preguntas*, which help the student to test his reading comprehension, and *temas*, which can be used for written assignments or oral discussion in the classroom. The selections have been liberally illustrated. The illustrations in the final selections include a representative sampling of the work of contemporary Latin-American painters.

Even the most enthusiastic devotees of an audio-lingual approach to language learning are likely to admit that at a proper stage students should sink their linguistic teeth into literary meat more savoury than *ad hoc* drills. We believe that this book offers them just that opportunity—a firsthand acquaintance with the literary landmarks of Spanish America.

We wish to thank the authors of works still in copyright for their gracious permission to reprint selections that are included here. Formal acknowledgments to these authors and their publishers have been made on the copyright page. Our thanks go also to Professor Lawrence B. Kiddle of the University of Michigan, the Norton advisory editor in Spanish, and to Professor Francisco Villegas of Eastern Michigan University for their most helpful suggestions and criticisms. To Professor Daniel Reedy of the University of North Carolina, who assisted us at all stages of the preparation of this book, including proofreading, we owe a special debt of gratitude.

September 1965   N. B. A.

                                                    J. H. K.

                                                    J. M. F.

                                                    E. R. D.

CRONOLOGIA DE REFERENCIA
Algunas fechas importantes en la historia de Hispanoamérica

EL PERIODO DE REVOLUCION POR LA INDEPENDENCIA

1806-1807 Los ingleses atacan y toman Buenos Aires y Montevideo, pero son expulsados.

1808 Napoleón y los franceses invaden España, y nombran a José Bonaparte rey de España.

1809-1810 Establecen juntas militares en Quito, Caracas, Buenos Aires, Chile, y Cartagena.

1810 Con el Grito de Dolores empieza Hidalgo la revolución en México. Bolívar gana algunas victorias en el norte de Sudamérica.

1814 Proclaman a Bolívar como Libertador. Nombran a San Martín jefe del ejército de la Argentina.

1815 Ejecución de Morelos en México que pone fin a las actividades revolucionarias en México.

1817 San Martín cruza los Andes y derrota el ejército español en la batalla de Chacabuco.
Bernardo O'Higgins es nombrado gobernador de Chile.

1818 Derrota de los españoles en Chile, la batalla de Maipú.

1819 Victoria de Bolívar en Nueva Granada, la batalla de Boyacá.

1820 Empieza la revolución de Iturbide en México.

1821 Victoria de Bolívar en Venezuela la batalla de Carabobo. San Martín proclama la independencia del Perú.

1822 Victoria de Pichincha y la emancipación del Ecuador.
La famosa entrevista entre San Martín y Bolívar en Guayaquil.
San Martín hace su renuncia y sale para Francia.
Proclaman a Iturbide emperador de México.

1823 Abdicación de Iturbide después de la sublevación de Santa Ana.

1824 Victoria célebre de Bolívar en la batalla de Junín en el Perú. Derrota final de los españoles en la batalla de Ayacucho.

SIGLO XIX: ESTABLECIMIENTO DE LAS NUEVAS REPUBLICAS

LA ARGENTINA

1824 Rivadavia es nombrado primer presidente de las Provincias Unidas.

1825-1827 Guerra con el Brasil.

1825-1835 Lucha entre los Unitarios y los Federalistas.

1829 Juan Manuel Rosas llega al poder y se hace dictador.

1843-1852 Rosas sitia la ciudad de Montevideo.

1852 La derrota de Rosas en la batalla de Monte Caseros.

1852-1862 Lucha entre Buenos Aires y las provincias sobre el poder federal.

1862 Buenos Aires llega a ser la capital nacional. Con Bartolomé Mitre, presidente, empieza el progreso de la república.

1865-1867 Guerra con el Paraguay.

1868 Domingo F. Sarmiento elegido presidente.

1869-1870 Dos periódicos importantes se establecen: *La Prensa* y *La Nación*.

BOLIVIA

1826 El general Sucre es nombrado primer presidente.

1831, 1843, 1851 Varias constituciones.

1825-1899 Período tumultuoso, seis presidentes asesinados, muchas revoluciones.

1879-1883 La guerra del Pacífico.

CHILE

1822 Bernardo O'Higgins es nombrado primer presidente.

1823-1829 Facciones y revoluciones.

1836 Chile gana una guerra contra el Perú y Bolivia.

1842 Fundación de la Universidad de Chile.

1865-1866 Guerra con España.

1869-1871 Guerra contra los indios araucanos.

1879-1883 La guerra del Pacífico sobre los derechos al territorio de los nitratos. Chile triunfa sobre el Perú y Bolivia.

1886 Balmaceda es nombrado presidente.

COLOMBIA

1822 Bolívar es nombrado presidente de la República de la Gran Colombia.

1830 Bolívar tiene que retirarse, y muere en Santa Marta.

1830-1886 Muchos presidentes, revoluciones, constituciones.

CUBA

1823 Revolución sofocada por los españoles.

1824-1844 Epoca de opresión por el Gobernador General.

1844 Levantamiento de los esclavos negros.

1849-1851 Tres esfuerzos revolucionarios por Narciso López.

1868-1878 Otra revolución; una república establecida brevemente bajo Céspedes.

1886 Abolición de la esclavitud.

1895-1898 Revolución estimulada por José Martí.

1898 Guerra entre España y los Estados Unidos.

ECUADOR

1830 Proclamación de su independencia de Colombia. El general Flores es nombrado primer presidente.

1859 Guerra con el Perú.

1861-1875 Dictadura de Gabriel García Moreno.

MEXICO

1833 Santa Ana se hace dictador.

1836 Declaración de la independencia de Texas.

1845 Anexión de Texas por los Estados Unidos.

1846-1848 Guerra entre México y los Estados Unidos.

1855 Revolución de Benito Juárez.

1858 Benito Juárez elegido presidente.

1858-1861 Guerra de la Reforma.

1860 Inglaterra, Francia, y los Estados Unidos se hacen cargo de las aduanas mexicanas.

1862 Invasión de México por los franceses.

1864-1867 Maximiliano es emperador de México.

1867 Juárez, con la ayuda de los Estados Unidos, derrota a Maximiliano.

1867-1872 Juárez, presidente otra vez.

1877-1880 Primera presidencia de Porfirio Díaz.

PARAGUAY

1813 Promulgación de una constitución nacional.

1814-1840 Dictadura prolongada del Doctor Francia.

1844-1870 Dictadura de los López.

1864-1870 Guerra con el Brasil.

1865-1867 Guerra con la Argentina.

PERU

1825 Bolívar es el jefe supremo.

1826-1879 Luchas civiles, varias constituciones.

1836 Guerra contra Bolivia y Chile.

1845-1851 Ramón Castilla es presidente.

1855-1861 Castilla gobierna como dictador.

1859 Guerra con Ecuador.

1879-1883 La guerra del Pacífico.

URUGUAY

1817 Brasil gana la ciudad de Montevideo.

1825 Uruguay declara su independencia del Brasil.

1828 Se establece la República Oriental del Uruguay.

1843-1852 El ataque de Rosas.

VENEZUELA

1830 Declaración de su independencia de Colombia. José Antonio Paéz es nombrado primer presidente.

1835-1900 Muchos presidentes, revoluciones, constituciones.

SIGLO XX: LA EPOCA MODERNA

1881-1911 Epoca del dictador Porfirio Díaz en México.

1903 Revolución en Panamá que resulta en su separación de Colombia.

1908-1935 Dictadura de Juan Vicente Gómez en Venezuela.

1910-1920 Período de anarquía en México, "La Revolución Mexicana."

1916-1930 Hipólito Irigoyen, presidente de la Argentina.

1917 Nueva constitución nacional en México.

1919-1930 Dictadura de Leguía en el Perú.

1920 Arturo Alessandri elegido presidente de Chile.

1923 APRA (Alianza Popular Revolucionaria Americana) fundada por Raúl Haya de la Torre en el Perú.

1932-1938 Guerra del Chaco entre Paraguay y Bolivia.

1933 Franklin D. Roosevelt empieza la política de Buen Vecino.

1934 Abolición de la Enmienda de Platt que permite la intervención de los Estados Unidos en los asuntos cubanos.

1934-1940 Cárdenas, presidente reformista de México.

1940 Avila Camacho, presidente de México, hace una notable distribución de tierras.

1944 Programa nacional para combatir el analfabetismo en México.

1946-1955 Dictadura de Juan Perón en la Argentina.

1948 Establecimiento de la Organización de los Estados Americanos durante la novena Conferencia Interamericana en Bogotá.

1953 Fidel Castro empieza la lucha en Cuba contra la dictadura del presidente Batista.

1959 Castro el poder completo en Cuba, es el Primer Ministro.

1961 Conferencia interamericana de Punta del Este (Uruguay) que hace la declaración de una alianza para el progreso económico y social del hemisferio americano.

Cristóbal Colón (c. 1451 o 1466–1506)

Según las más autorizadas investigaciones historiográficas, Cristóbal Colón era genovés. Siendo aún muy joven, viajó a Portugal y allí residió y contrajo nupcias con una dama portuguesa. Ni su lengua materna, ni sus conocimientos del portugués afectaron la naturalidad de su prosa castellana. Todo parece indicar que prefirió el 5 castellano, tanto al hablar como al empuñar la pluma.

Es sumamente interesante que en los escritos de Colón se notan los primeros americanismos que encontramos en castellano, o en cualquier otra lengua europea. Al incorporar nuevos vocablos al castellano, Colón se convirtió en el primer escritor americano. Fue 10 "el descubridor" quien por primera vez recogió las palabras *cacique*, *hamaca* y *tiburón*, por ejemplo.

Los relatos de sus viajes y expediciones nos hablan de la gente, de los hechos, del paisaje y de la flora y fauna del Nuevo Mundo. Es lógico que fuese Colón el primero en dejar constancia de términos 15 indoamericanos. Al leer de su puño y letra las descripciones de sus exploraciones, nos resulta difícil creer que Colón nunca llegara a saber que había tropezado con el Nuevo Mundo. Para el descubridor aquellas ricas tierras y aquella gente que las habitaban eran los dominios y súbditos del Gran Kan. 20

Al ocuparnos del estilo literario de Colón, tendremos que hacerlo utilizando copias de sus cartas personales y de su "Diario de a bordo." En estos documentos se observa que el interés primordial de Colón fue dar a la corona española detallados y minuciosos informes acerca de sus viajes y exploraciones. 25

El estilo claro y sencillo es toda una revelación capaz de emocionarnos. Sus limitados conocimientos de geografía, botánica y otras ciencias no le impidieron hacer vívidas y agudas observaciones

1

Cristóbal Colón. Pintura por Sebastiano del Piombo, propiedad del Metropolitan Museum, Nueva York, dona de J. Pierpont Morgan, 1900. (The Bettmann Archive)

que nos otorgan una visión clara de la belleza natural que se ofrecía ante sus ojos. Aquellas certeras y detalladas descripciones convencieron a Fernando e Isabel de que ante España se abría un inconmensurable caudal de riquezas en especias, piedras preciosas y 5 metales, así como la necesaria mano de obra.

La piedad religiosa de Colón le hizo interesarse en la conversión de almas y el bienestar de los indígenas de aquellas primitivas regiones. Su ejemplo noble y bondadoso no fue celosamente imitado por las fuerzas pujantes y a veces crueles de la conquista que abrían 10 nuevos cauces a la civilización europea.

El trozo que hemos escogido se ha extraído de una de sus memorables epístolas. En estos pliegos se alza el telón de la historia de América y se articulan por primera vez los eslabones de las culturas indoamericanas y los de una civilización europea que supera el 15 medioevo.

CARTA AL ESCRIBANO DE RACIÓN DE LOS SEÑORES REYES CATÓLICOS

SEÑOR: Porque sé que habréis[1] placer de la grande victoria que
Nuestro Señor me ha dado en mi viaje vos[2] escribo ésta, por la cual
sabréis como en veinte días pasé las Indias con la armada que los
ilustrísimos Rey y Reina nuestros Señores me dieron, donde yo hallé
muy muchas islas pobladas con gente sin número, y dellas[3] todas he   5
tomado posesión por sus Altezas, con pregón y bandera Real exten-
dida, y no me fue contradicho. A la primera que yo hallé puse
nombre *San Salvador*, a conmemoración de su Alta Majestad, el cual
maravillosamente todo esto ha dado: los indios la llaman *Guanahaní*.[4]
* * * A la segunda puse nombre la isla de *Santa María de Concepción:*   10
a la tercera *Fernandina:* a la cuarta la *Isabela:* a la quinta isla *Juana,*
y así cada una nombre nuevo. La *Española*[5] es maravilla: las sierras
y las montañas y las vegas y las campiñas y las tierras tan hermosas
y gruesas para plantar y sembrar, para criar ganados de todas
suertes, para edificios de villas y lugares. Los puertos de la mar,   15
aquí no habría creencia sin vista,[6] y de los ríos muchos y grandes
y buenas aguas: los más de los cuales traen oro. En los árboles y
frutos y yerbas hay grandes diferencias de aquéllas de la *Juana:* en
ésta hay muchas especies, y grandes minas de oro y de otros
metales. La gente desta isla y de todas las otras que he hallado y he   20
habido noticia, andan todos desnudos, hombres y mujeres, así como
sus madres los paren, aunque algunas mujeres se cobijan un solo
lugar con una hoja de yerba o una cosa de algodón que para ello
hacen ellas. No tienen hierro ni acero: armas, ni son para ello: no
porque no sea gente bien dispuesta y de hermosa estatura, salvo que   25

---

1. **habréis = tendréis** en el español
moderno
2. **vos** forma antigua de **os** y también
de **vosotros** modernos
3. **dellas:** contracción de **de** y **ellas**
empleada en la lengua antigua
4. **San Salvador** o Watling Island en
las Bahamas era probablemente la
Isla de Guanahaní que descubrió

Colón, el 12 de octubre de 1492.
Colón, en honor de la familia real de
España, dio a las islas los nombres de
la reina Isabel, del rey Fernando y
de sus hijas María y Juana.
5. **Española** nombre que dio Colón
a Santo Domingo de hoy día
6. **aquí . . . vista** *here cannot be believed without being seen*

son muy temerosos a maravilla. No tienen otras armas salvo las armas de las cañas cuando están con la simiente, a la cual ponen al cabo un palillo agudo, y no osan usar de aquí ellas[7]: que muchas veces me acaeció enviar a tierra dos o tres hombres a alguna villa
5 para haber habla, y salir a ellos de ellos sin número,[8] y después que los veían llegar huían a no aguardar padre a hijo[9]; y esto no porque a ninguno se haya hecho mal, antes a todo cabo adonde yo haya estado y podido haber habla,[10] les he dado de todo lo que tenía así paño como otras cosas muchas, sin recibir por ello cosa alguna, mas
10 son así temerosos sin remedio. Verdad es que después que se aseguran y pierden este miedo ellos son tanto sin engaño y tan liberales de lo que tienen, que no lo creerán sino el que lo viese.[11] Ellos de cosa que tengan pidiéndosela jamás dicen de no; antes convidan a la persona con ello y muestran tanto amor que darían
15 los corazones,[12] y quier sea cosa de valor, quier sea de poco precio, luego por cualquiera cosa de cualquier manera que sea que se les dé por ello son contentos.[13] Yo defendí que no se les diesen cosas tan civiles como pedazos de escudillas rotas[14] e pedazos de vidrio roto y cabos de agujetas;[15] aunque cuando ellos esto podían llegar[16]
20 les parescía haber la mejor joya del mundo; que se acertó haber un marinero por una agujeta, de oro peso de dos castellanos y medio,[17] y otros de otras cosas, que muy menos valían, mucho más. Ya por blancas[18] nuevas daban por ellas todo cuanto tenían aunque fuesen dos ni tres castellanos de oro, o una o dos de algodón filado. Hasta

7. **cañas . . . ellas** *cane when it is in seed, to which they fasten a little sharpened stick, and do not dare to make use of them here*
8. **y salir . . . número** *and they* (los indios) *without number came out to them* (los españoles)
9. **a no . . . hijo** *a father not even waiting for his son*
10. **antes . . . habla** *on the contrary, wherever I have been and have been able to have speech* (with them)
11. **que . . . viese** (people) *will not believe it without seeing it*
12. **muestran . . . corazones** *and display as much love as if they would give their hearts*

13. **y quier . . . contentos** *they are content with whatever thing given in whatever way, whether it be of value or of little worth*
14. **tan . . . rotas** *as worthless as pieces of broken bowls*
15. **agujetas** *shoestrings;* significa tambien **agujas**
16. **aunque . . . llegar** *although when they could obtain this*
17. **que se acertó . . . medio** *for a sailor succeeded in getting for a shoestring the weight in gold of two* **castellanos** [coin] *and a half*
18. **blanca** *small coin*

los pedazos de los arcos rotos de las pipas tomaban y daban lo que tenían como bestias;[19] así que me pareció mal e yo lo defendí. Y daba yo graciosas mil cosas buenas que yo llevaba por que tomen amor;[20] y allende desto se harán cristianos,[21] que se inclinan al amor y servicio de sus Altezas y de toda la nación castellana; y procuran de ayudar y nos dar de las cosas que tienen en abundancia que nos son necesarias. Y no conocían ninguna secta ni idolatría, salvo que todos creen que las fuerzas y el bien es en el cielo; y creían muy firme que yo con estos navíos y gente venía del cielo y en tal acatamiento me reciben en todo cabo[22] después de haber perdido el miedo. Y esto no procede porque sean ignorantes, salvo[23] de muy sutil ingenio, y hombres que navegan todas aquellas mares, que es maravilla la buena cuenta que ellos dan de todo, salvo porque nunca vieron[24] gente vestida ni semejantes navíos. Y luego que llegué a las Indias, en la primera isla que hallé, tomé por fuerza algunos de ellos para que deprendiesen[25] y me diesen noticia de lo que había en aquellas partes; y así fue que luego entendieron y nos a ellos cuando por lenguas o señas, y estos han aprovechado mucho;[26] hoy en día los traigo que siempre están de propósito que vengo del cielo por mucha conversación[27] que hayan habido conmigo. Y estos eran los primeros a pronunciarlo adonde yo llegaba, y los otros andaban corriendo de casa en casa, y a las villas cercanas con voces altas: "Venid a ver la gente del cielo." Y así todos, hombres como mujeres, después de haber el corazón seguro de nos, vinieron que no quedaba grande ni pequeño que todos traían algo de comer y de beber, que daban con un amor maravilloso. Ellos tienen en todas las islas muy muchas[28] canoas, de manera de fustas de remo: dellas mayores, dellas me-

19. **Hasta . . . bestias** *They even accepted the pieces of broken hoops from wine barrels and like dumb animals gave what they had*
20. **graciosas . . . amor** *a thousand fine things which I brought so that they would love (us)*. Nótese cómo puede colocarse el adjectivo **graciosas**.
21. **y allende . . . cristianos** *and besides this they would become Christians*
22. **en tal . . . cabo** *in such respect they receive me everywhere*

23. **salvo** *but*
24. **maravilla . . . vieron** *a marvel the account which they give of everything, since they had never seen*
25. **deprendiesen** *learn*
26. **cuando . . . mucho** *either by speech or signs, and these have been very helpful*
27. **están . . . conversación** *are of the belief that I come from heaven in spite of the frequent contact*
28. **muy muchas** forma que podía emplearse en aquellos tiempos

nores,[29] y algunas y muchas son mayores que una fusta de diez y ocho bancos: no son tan anchas, porque son de un solo madero;[30] mas una fusta no tendrá con ellas al remo,[31] porque van que no es cosa de creer, y con estas navegan todas aquellas islas, que son
5 innumerables, y traen sus mercaderías. Algunas destas canoas he visto sesenta y ochenta hombres en ellas, y cada uno con su remo. En todas estas islas non vide[32] mucha diversidad de la hechura de la gente, ni en las costumbres, ni en la lengua, salvo que[33] todos se entienden, que es cosa muy singular; para lo que espero que deter-
10 minarán sus Altezas para la conversión[34] dellas a nuestra Santa Fe, a la cual son muy dispuestos. Ya dije como yo había andado ciento siete leguas por la costa de la mar, por la derecha línea de Occidente a Oriente, por la Isla *Juana:* según el cual camino puedo decir que esta isla es mayor que Inglaterra y Escocia juntas: porque allende
15 de estas ciento siete leguas me quedan de la parte de Poniente dos provincias que yo no he andado, la una de las cuales llaman Aván,[35] adonde nace la gente con cola las cuales provincias non pueden tener en longura menos de cincuenta o sesenta leguas, según puedo enten-der destos indios que yo tengo, los cuales saben todas las islas. Esta
20 otra Española en cerco tiene más que la España toda desde Colunia por costa de mar, hasta Fuenterabía, en Vizcaya,[36] pues en una cuadra anduve ciento treinta y ocho grandes leguas por recta línea de Occidente a Oriente. Esta es para desear, e vista es para nunca dejar,[37] en la cual, puesto que de todas tenga tomada posesión por
25 sus Altezas, y todas sean más abastadas de lo que yo sé y puedo decir, y todas las tengo por de sus Altezas, cual de ellas pueden disponer como y tan cumplidamente como de los Reinos de Castilla, en esta Española en lugar más convenible y mejor comarca[38] para las minas del oro y de todo trato así de la tierra firme de acá como de aquella

---

29. **fustas . . . menores** *wooden row-boats, some larger, some smaller*
30. **madero** *log, beam*
31. **no tendrá . . . remo** *will not keep up with them in rowing*
32. **vide = ví**
33. **salvo que** *but, on the contrary*
34. **para . . . conversión** *on account of which I hope that your Highnesses will decide upon their conversion*

35. Se llama **Aván** la parte norteña de Cuba, y de **Aván** se deriva **Havana**.
36. **Colunia** es La Coruña; **Fuentera-bía** es Fuenterrabía, cerca de San-tander en **Vizcaya** (Biscay).
37. **Esta . . . dejar** *This is (a land) to be desired, and (once seen), never to be left*
38. **lugar . . . comarca** *the situation most convenient and in the best position*

Partida de las carabelas de Colón—*la Niña, la Pinta* y *la Santa María.*
A la derecha se ven los Reyes Católicos, Fernando e Isabel, haciendo
señas de despedida. Detalle de un grabado de 1621.

de allá del Gran Can,[39] adonde habrá gran trato y ganancia, he
tomado posesión de una villa grande a la cual puse nombre la Villa
de *Navidad*, y en ella he hecho fuerza y fortaleza, que ya a estas horas
estará del todo acabada, y he dejado en ella gente que basta para
5 semejante hecho con armas y artillerías y vituallas para más de un
año, y fusta y maestro de la mar en todas artes para hacer,[40] y
grande amistad con el Rey de aquella tierra, en tanto grado que
se preciaba de me llamar y tener por hermano: y aunque le
mudasen la voluntad a ofender esta gente, él ni los suyos no saben
10 qué son armas, y andan desnudos como ya he dicho, y son los más
temerosos que hay en el mundo. Así que solamente la gente que
allá quedó es para destruir toda aquella tierra; y es isla sin peligro
de sus personas sabiéndose regir.[41] En todas estas islas me parece
que todos los hombres son contentos con una mujer, y a su mayoral[42]
15 o Rey dan hasta veinte. Las mujeres me parece que trabajan más
que los hombres, ni he podido entender si tienen bienes propios,
que me pareció ver que[43] aquello que uno tenía todos hacían parte,
en especial de las cosas comederas. En estas islas hasta aquí no he
hallado hombres mostruos[44] como muchos pensaban; mas antes es
20 toda gente de muy lindo acatamiento,[45] ni son negros como en
Guinea, salvo con sus cabellos correndios, y no se crían adonde hay
espeto demasiado de los rayos solares:[46] es verdad que el sol tiene
allí gran fuerza puesto que es distante de la línea equinoccial veinte
y seis grados: en estas islas adonde hay montañas grandes ahí tenía
25 fuerza el frío este invierno; mas ellos lo sufren por la costumbre y
con la ayuda de las viandas, como son especias muchas y muy

---

39. **El Gran Can** (inglés *Khan*) era
emperador de la China a quien querían mandar cartas los Reyes Católicos, Fernando e Isabel.
40. **y fusta . . . hacer** *and a boat and
a master of all nautical arts to build* (boats)
41. **Así . . . regir** *So that only the
people* [Columbus' men] *who stayed on
there are sufficient to destroy that entire
land, and the island is without danger to
their persons* [Columbus' men] *if they
know how to control themselves*
42. **mayoral** *leader*

43. **que . . . que** *for it seemed to me
that*
44. forma antigua de **monstruos** que
según los escritores de aquellos tiempos existían en China y la India—
hombres con cabezas de animales o
con la cara colocada en el pecho, por
ejemplo
45. **acatamiento** *appearance*
46. **salvo . . . solares** *but with their
hair flowing, and they do not live where
there is too much penetration of the sun's
rays*

calientes en demasía:[47] así que monstruos no he hallado ni noticia, salvo de una isla que es aquí en la segunda cala,[48] entrada de las Indias, que es poblada de una gente que tienen en todas las islas por muy feroces,[49] los cuales comen carne viva. Estos tienen muchas canoas con las cuales corren todas las islas de India y roban y toman 5 cuanto pueden. Ellos no son más disformes que los otros; salvo que tienen costumbres de traer los cabellos largos como mujeres, y usan arcos y flechas de las mismas armas de cañas, con un palillo al cabo por defecto de hierro que no tienen. Son feroces entre estos otros pueblos que son en demasiado grado cobardes; mas yo no los tengo 10 en nada más que a los otros. Estos son aquellos que trocaban las mujeres de Matinino,[50] que es la primera isla partiendo de España para las Indias que se halla, en la cual no hay hombre ninguno. Ellas no usan ejercicio femenil, salvo arcos y flechas, como los sobredichos de cañas, y se arman y cobijan con láminas de alambre, 15 de que tienen mucho. Otra isla me aseguran mayor que la Española en que las personas no tienen ningún cabello. En ésta hay oro sin cuento, y de éstas y de otras traigo conmigo indios para testimonio.

47. **en demasía** *excessively*
48. **cala** *inlet*
49. **que tienen . . . feroces** *whom*

they consider very ferocious in all the islands
50. **trocaban . . . Matinino** *have dealings with the women of Matinino*

Preguntas

1. ¿Qué halló Colón navegando en su armada?
2. ¿De qué valor, según Colón, sería la Isla de Española?
3. ¿De qué manera luchaba la gente de las islas?
4. ¿Qué hicieron los indios al ver a los españoles?
5. ¿Por qué sentían tanto miedo y tan gran respeto?
6. ¿Qué darían los indios por blancas nuevas?
7. ¿Qué les dio Colón y por qué?
8. ¿Qué hizo Colón luego que había llegado a las Indias?
9. ¿Qué clase de gente, según creía Colón, vivía en la isla llamada Aván?
10. ¿Cómo eran los indios?
11. ¿De qué tamaño era la Isla Española, según creía Colón?
12. ¿Qué hizo construir Colón en la Villa de Navidad?

13. ¿Podrían mantenerse los españoles en sus fortalezas? ¿Cómo?
14. ¿Con cuántas mujeres o esposas se contentaban los indios?
15. ¿Cómo vivían las indias?
16. ¿Por qué temían los indios de Española a los indios fe oces?
17. ¿Se interesaba Colón por la vida espiritual de los indios? ¿Cómo?
18. ¿Cuáles son las obras de Colón que tratan de la vida americana primitiva?

Temas

1. La gente de Española y su vida.
2. El interés que los indios tenían por los españoles.
3. La religión de los indios.
4. La riqueza de las Indias.
5. La navegación de los indios.

Hernán Cortés *(1485–1547)*

Hernán Cortés estudió leyes en la Universidad de Salamanca, mas no era la abogacía, profesión sedentaria, la indicada para una personalidad que encontraba en la acción su modo ideal de expresión. Por eso salió para América y participó en la conquista de Cuba (1511), acompañando al capitán Diego Velázquez y por sus 5 méritos se le encomendó la alcaldía de Santiago. Durante su estancia en aquella villa tuvo noticias del descubrimiento de México llevado a cabo por Juan de Grijalva. Casi inmediatamente una ansiedad incontrolable por conquistar aquellas nuevas tierras se apoderó de Cortés, y con aquel ímpetu típico de su dinámica personalidad 10 decidió embarcarse hacia tierras mexicanas.

A partir de entonces la historia de la conquista parece una fantástica narración novelesca y no los relatos de hechos de indudable veracidad histórica. Al mando de una fuerza que constaba de 400 soldados españoles, 18 caballos y algunas deficientes piezas de 15 artillería, Cortés desembarcó en México y se apoderó de Tabasco en el sur del país. Una vez fundada la villa de Veracruz, alentado por el encanto de su extraordinaria empresa, mandó quemar sus naves, para destruir toda tentación de un regreso a Cuba. Entonces sin el más ligero ademán de duda se adentró en aquel territorio y des- 20 cubrió que los indios de la República de Tlaxcala hacían la guerra a los aztecas. Cortés supo aprovechar aquel momento de confusión y debilidad por parte de los indios, atacando a los tlaxcaltecas, venciéndolos sin gran esfuerzo, haciéndolos sus aliados.

Otra aliada fue una antigua leyenda existente entre los indígenas 25 de aquel país que predecía el regreso de un dios que había sido expulsado por oponerse a los sacrificios humanos de los ritos aztecas.

Los indios creyeron ver en Cortés y sus compañeros a aquel dios y sus parientes que regresaban ávidos de venganza; y convencidos de que la profecía se cumplía, no se atrevieron a negarle acceso a la capital.

5   Tenochtitlán, ciudad que Cortés llamó Temixtitán, estaba situada sobre varias islas contenidas en una espaciosa laguna. Estaban aquellas islas unidas a la tierra firme por calzadas de roca, ofreciendo a los ojos de los españoles un espectáculo de indudable encanto que algunos compararon con Venecia.

10   El gran capitán fue recibido con grandes honores e invitado a residir en el antiguo palacio que había sido morada del padre de Moctezuma (Cortés escribe *Muteczuma*). Durante su estancia en la capital azteca Cortés despertó la ira de los sacerdotes al destruir las imágenes de aquellos dioses frente a los cuales eran sacrificadas
15   miles de personas. Más tarde en un gesto audaz y atrevido Cortés y los suyos prepararon un plan para hacer prisionero a Moctezuma y luego exigir un rescate costoso en oro y piedras preciosas. Los españoles vieron logrado su empeño, y Moctezuma consciente de la habilidad y el firme prepósito de sus enemigos, trató de calmar su
20   pueblo. En aquel gesto conciliador el gran jefe indio recibió heridas mortales inferidas por una muchedumbre ofendida y furiosa.

Cortés finalmente fue atacado por los indios y tuvo que fugarse, perdiendo en su retirada muchos de sus hombres y aliados. Pero su ausencia no fue definitiva, porque el 13 de agosto de 1521 el gran
25   capitán regresó a Tenochtitlán para enfrentarse con una población azteca que sufría hambre, enfermedades y todas las miserias de la guerra.

Las *Cinco Cartas* (1519–26) son magníficos documentos que con un estilo viril explicaban a Carlos V la importancia de la conquista y
30   el potencial económico de aquellas tierras. Sus acertados informes a la corona lo abarcaban todo—las cosechas indígenas, los minerales y otras riquezas del subsuelo, el clima y los demás recursos naturales de aquellas regiones. Su prosa formal y correcta no constituye una revelación de lo subjetivo; sin embargo, sus observaciones son de
35   gran interés para nosotros, porque en esas páginas parece palpitar la profecía del porvenir de América.

Cortés respetó a Moctezuma y a los nobles aztecas, y especial-

mente a sus aliados tlaxcaltecas, y se dio cuenta de la excelencia de
los adelantos de aquella civilización; pero frente a la religión
pagana de los indígenas su actitud fue intolerante y fanática, y llevó
a cabo una explotación avara del pueblo. Sin embargo el resultado
de la conquista fue una dichosa simbiosis étnica, mezcla de españoles   5
e indios, que produjo la nación mexicana moderna.

CARTA AL REY CARLOS I
DE ESPAÑA

Esta gran ciudad de Temixtitán[1] está fundada en esta laguna salada,
y desde la Tierra Firme hasta el cuerpo de la dicha ciudad, por cualquiera parte que quisieren entrar a ella, hay dos leguas. Tiene cuatro
entradas, todas de calzada hecha a mano, tan ancha como dos lanzas   10
jinetas. Es tan grande la ciudad como Sevilla y Córdoba.[2] Son las
calles della, digo las principales, muy anchas y muy derechas, y
algunas destas y todas las demás son la mitad de tierra, y por la
otra mitad es agua,[3] por la cual andan en sus canoas, y todas las
calles, de trecho en trecho,[4] están abiertas, por do atraviesa el agua   15
de las unas a las otras,[5] e en todas estas aberturas, que algunas son
muy anchas, hay sus puentes, de muy anchas y muy grandes vigas
juntas y recias y bien labradas, y tales, que por muchas dellas pueden
pasar diez de caballo juntos a la par.[6] E viendo que si los naturales
desta ciudad quisiesen hacer alguna traición tenían para ello mucho   20
aparejo, por ser la dicha ciudad edificada de la manera que digo,
y que quitadas las puentes de las entradas y salidas nos podrían dejar
morir de hambre sin que pudiésemos salir a la tierra, luego que entré
en la dicha ciudad di mucha priesa[7] a hacer cuatro bergantines, y

1. **Temixtitán**, a veces llamada **Tenochtitlán**, ocupaba una isla en la
laguna. Hoy día la Ciudad de México
ocupa esta área.
2. **Sevilla y Córdoba**; ciudades en
aquellos tiempos de cien mil almas
3. **todas . . . aguas** *all the rest are half
of earth and the other half is water*

4. **de trecho . . . trecho** *at certain
intervals*
5. **por . . . otras** *where the water flows
from one to the other*
6. **pasar . . . par** *pass ten mounted men
riding side by side*
7. **luego . . . priesa** *as soon as I en-
tered the aforementioned city I hastened*

los hice en muy breve tiempo, tales que podían echar trescientos hombres en la tierra[8] y llevar los caballos cada vez que quisiésemos. Tiene esta ciudad muchas plazas, donde hay continuos mercados y trato de comprar y vender.

* * *

5   Hay en esta gran ciudad muchas mezquitas o casas de sus ídolos, de muy hermosos edificios, por las colaciones y barrios della, y en las principales della hay personas religiosas de su secta, que residen continuamente en ellas; para los cuales, demás de las casas donde tienen sus ídolos, hay muy buenos aposentos. Todos estos religiosos
10 visten de negro y nunca cortan el cabello, ni lo peinan desque entran en la religión hasta que salen, y todos los hijos de las personas principales, así señores como ciudadanos honrados, están en aquellas religiones y hábito desde edad de siete u ocho años hasta que los sacan para los casar, y esto más acaece en los primogénitos que han de
15 heredar las casas que en los otros. No tienen acceso a mujer ni entra ninguna en las dichas casas de religión. Tienen abstinencia en no comer ciertos manjares, y más en algunos tiempos del año que no en los otros; y entre estas mezquitas hay una, que es la principal, que no hay lengua humana que sepa explicar la grandeza y particula-
20 ridades della;[9] porque es tan grande, que dentro del circuito della, que es todo cercado de muro muy alto, se podía muy bien hacer una villa de quinientos vecinos. Tiene dentro deste circuito, toda a la redonda, muy gentiles aposentos, en que hay muy grandes salas y corredores, donde se aposentan los religiosos que allí están. Hay bien
25 cuarenta torres muy altas y bien obradas, que la mayor tiene cincuenta escalones para subir al cuerpo de la torre; la más principal es más alta que la torre de la iglesia mayor de Sevilla.[10] Son tan bien labradas, así de cantería como de madera, que no pueden ser mejor hechas ni labradas en ninguna parte, porque toda la cantería[11] de

8. **echar . . . tierra** *land three hundred men*

9. En la antigua Ciudad de México había templos (Cortés los llama mezquitas) de todos los dioses de los aztecas. El más grande era una pirámide muy alta y grande y en este edificio sacrificaban sus víctimas los sacerdotes paganos.

10. La torre de la iglesia mayor de Sevilla es la Giralda que forma parte de la catedral

11. **cantería** *stonework*

Un sacrificio humano azteca. Detalle de una antigua pintura mexicana de fecha desconocida.

dentro de las capillas donde tienen los ídolos es de imaginería y zaquizamíes, y el maderamiento es todo de mazonería[12] y muy picado de cosas de monstruos y otras figuras y labores. Todas estas torres son enterramiento de señores, y las capillas que en ellas tienen son dedicadas cada una a su ídolo, a que tienen devoción.

Hay tres salas dentro desta gran mezquita, donde están los principales ídolos, de maravillosa grandeza y altura, y de muchas labores y figuras esculpidas,[13] así en la cantería como en el maderamiento, y dentro destas salas están otras capillas que las puertas por do entran a ellas son muy pequeñas, y ellas asimismo no tienen claridad alguna, y allí no están sino aquellos religiosos, y no todos,[14] y dentro destas están los bultos y figuras de los ídolos, aunque, como he dicho, de fuera hay también muchos. Los más principales destos ídolos, y en quien ellos más fe y creencia tenían, derroqué de sus sillas y los

5

10

12. **imaginería . . . mazonería** *stone-work and stucco ceilings, and the woodwork is entirely of carved relief*

13. **muchas . . . esculpidas** *many designs and carved figures*

14. **y allí . . . todos** *and there are only those priests, and not all of them*

hice echar por las escaleras abajo,[15] e hice limpiar aquellas capillas
donde los tenían, porque todas estaban llenas de sangre, que sacri-
fican, y puse en ellas imágenes de nuestra Señora y de otros santos,[16]
que no poco el dicho Muteczuma y los naturales sintieron; los cuales
5 primero me dijeron que no lo hiciese, porque si se sabía por las
comunidades se levantarían contra mí, porque tenían que aquellos
ídolos les daban todos los bienes temporales, y que dejándoles
maltratar se enojarían y no les darían nada,[17] y les sacarían los
frutos de la tierra, y moriría la gente de hambre. Yo les hice entender
10 con las lenguas[18] cuán engañados estaban en tener su esperanza en
aquellos ídolos, que eran hechos por sus manos, de cosas no limpias,
e que habían de saber que había un solo Dios, universal Señor de
todos, el cual había creado el cielo y la tierra y todas las cosas, e hizo
a ellos y a nosotros, y que éste era sin principio e inmortal, y que a
15 él habían de adorar y creer, y no a otra criatura ni cosa alguna; y
les dije todo lo demás que yo en este caso supe,[19] para los desviar de
sus idolatrías y atraer al conocimiento de Dios nuestro Señor; y
todos, en especial el dicho Muteczuma, me respondieron que ya me
habían dicho que ellos no eran naturales desta tierra,[20] y que había
20 muchos tiempos que sus predecesores habían venido a ella, y que
bien creían que podrían estar errados en algo de aquello que tenían,
por haber tanto tiempo que salieron de su naturaleza,[21] y que yo,
como más nuevamente venido, sabría mejor las cosas que debían
tener y creer, que no ellos; que se las dijese y hiciese entender;
25 que ellos harían lo que yo les dijese que era lo mejor. Y el dicho

15. **derroqué . . . abajo** *I cast down from their thrones and had them thrown down the stairway.* (Parece que esto hizo Cortés unos meses después de su entrada en la ciudad y no en presencia de Moctezuma.)
16. Cortés estableció en el templo imágenes de la Santa Virgen y de San Cristóbal, según leemos en la obra de Bernal Díaz del Castillo.
17. **y que . . . nada** *and that by permitting them to be mistreated they* (the gods) *would become angry and would not give them* (the Indians) *anything*
18. Cortés les hizo entender por sus intérpretes, doña Marina y otros in-

dios amigos. Llamaba **"lenguas"** a éstos.
19. **y les . . . supe** *and I told them the rest* (of the things) *that I knew about the matter*
20. Probablemente ocupaban el área hacía dos o tres milenios. En el siglo doce habían conquistado a los toltecas, raza más avanzada en la cultura, y heredaron su civilización.
21. **y que . . . naturaleza** *and that it had been many years since their ancestors had come to it, and that they surely believed that they could be in error in something, having so long ago departed from their native land*

Muteczuma y muchos de los principales de la ciudad estuvieron conmigo hasta quitar los ídolos y limpiar las capillas y poner las imágenes, y todo con alegre semblante, y les defendí que no matasen criaturas a los ídolos,[22] como acostumbraban; porque, demás de ser muy aborrecible a Dios, Vuestra Sacra Majestad por sus leyes lo   5 prohibe y manda que el que matare lo maten.[23] E de ahí adelante se apartaron dello, y en todo el tiempo que yo estuve en la dicha ciudad nunca se vio matar ni sacrificar alguna criatura.

Los bultos y cuerpos de los ídolos en quien estas gentes creen son de muy mayores estaturas que el cuerpo de un gran hombre. Son 10 hechos de masa de todas las semillas y legumbres que ellos comen, molidas y mezcladas unas con otras,[24] y amásanlas con sangre de corazones de cuerpos humanos, los cuales abren por los pechos vivos y les sacan el corazón,[25] y de aquella sangre que sale dél amasan aquella harina, y así hacen tanta cantidad cuanta basta 15 para hacer aquellas estatuas grandes. E también después de hechas les ofrecían más corazones,[26] que asimismo les sacrificaban, y les untan las caras con la sangre. A cada cosa tienen su ídolo dedicado, al uso de los gentiles,[27] que antiguamente honraban sus dioses. Por manera que para pedir favor para la guerra tienen un ídolo, y para 20 sus labranzas otro; y así, para cada cosa de las que ellos quieren o desean que se hagan bien,[28] tienen sus ídolos, a quien[29] honran y sirven.

22. **defendí . . . ídolos** *I forbade them to sacrifice living beings to the idols*
23. **Vuestra . . . maten** *Your Sacred Majesty* (Cortés escribe a Carlos I, rey de España) *forbids it by his laws and commands that those who kill be killed*
24. **molidas . . . otras** *ground up and mixed one with the other*
25. Los sacrificios humanos que ofrecían a sus terribles dioses eran casi increíbles para los cristianos.
26. **después . . . corazones** *after they have made them they offer them more hearts*
27. **al . . . gentiles** *according to the customs of pagans*
28. **quieren . . . bien** *they wish or desire to have done favorably*
29. **quien** hasta el siglo XVII podía ser pronombre singular o plural

Preguntas

1. ¿Dónde fundaron su ciudad principal los aztecas?
2. ¿Por qué la fundaron ahí?
3. ¿Cómo eran las entradas de la ciudad?
4. ¿Cómo podrían hacer traición los aztecas?
5. ¿Quiénes habitaban las mezquitas?
6. ¿Cómo se vestían los religiosos?
7. ¿Cuándo entraban en las mezquitas los hijos de los aztecas?
8. ¿Cuántas personas podrían vivir en la mezquita principal?
9. ¿Quiénes estaban enterrados en las torres?
10. ¿Por qué derrocó Cortés los ídolos?
11. ¿Qué puso él en lugar de los ídolos?
12. ¿Por qué hizo limpiar las capillas?
13. ¿Por qué sintieron todo esto Moctezuma y los aztecas?
14. Según los indios, ¿qué les daban sus dioses?
15. ¿Qué hizo entender Cortés a los aztecas?

Temas

1. La ciudad de Temixtitán.
2. La enseñanza religiosa de los hijos de los aztecas principales.
3. Los ídolos y dioses de los aztecas.
4. Lo que hizo Cortés en los templos o mezquitas de Temixtitán.
5. La estrategia de Cortés frente a la traición que pudiesen emplear los aztecas.

Bernal Díaz del Castillo *(1492–1584)*

Las páginas que acabamos de leer escritas por Cortés ofrecen al Emperador Carlos V una magnífica descripción de la Conquista de México. Sin embargo fue un soldado raso de la tropa de Cortés quien logró los más preciados galardones literarios en aquellas narraciones de la conquista. Nos referimos, naturalmente, a la *Ver-* 5 *dadera historia de la conquista de la Nueva España* de Bernal Díaz del Castillo. La obra fue impresa cuando su autor contaba sesenta años de edad. Pero el intervalo que se extiende entre los días de la conquista y la fecha en que la obra se publicó no disminuyó la vitalidad ni el realismo de la narración. Es imposible concebir que un ser 10 humano pudiera olvidar aquellas hazañas que fluctuaban entre lo grandioso y lo fantástico.

Bernal Díaz del Castillo viajó por aquellas tierras descubiertas por Colón poseído por un afán de aventura y lucro personal. La conquista del imperio azteca le ofreció las más amplias oportunidades 15 para satisfacer su ambición y su objetivo.

Al emprender la retirada de la capital azteca acompañando a Cortés, Bernal Díaz fue herido por las lanzas y flechas de los indios que atacaban en una lucha sin cuartel. Que aquel soldado escapase con vida fue sin duda un hecho afortunado para la historia de 20 América. Años más tarde, después de haberse casado con una india de noble estirpe, volvió a España llevando consigo toda la riqueza material que apetecía y en su memoria varios de los más brillantes capítulos de la historia de la conquista.

La prosa de Bernal Díaz está dotada de una impresionante 25 naturalidad que abunda en giros fuertes que se producen sin la vacilación de un proceso cuidadoso. Si hoy nos complacen la sencillez y lo directo de su estilo, en su época se le consideró prosa árida y sin el lustre que acusaban otras crónicas y escritos de la época.

En las páginas de Bernal Díaz se nota una personalidad robusta, dedicada enteramente a las empresas que le ocupan. Sus observaciones y comentarios revelan la perspectiva de un hombre cuya visión se concentraba en la realidad inmediata. Su descripción de
5 los hechos, el ambiente y la gente del nuevo mundo nos revelan el interés en el análisis y la observación profunda de que eran capaces Las Casas y Cortés. Para Bernal Díaz la conquista fue fruto de los hechos heroicos de la soldadesca que todo lo arriesgaba, y sus narraciones se fijan poco en el mérito de los capitanes. Su memoria,
10 que todo lo retenía, abunda en infinidad de detalles, porque era su deseo ofrecernos un cuadro minucioso de todo cuanto observaba y hacía. En las páginas de su obra aparecen paralelamente los hechos humanos de la conquista y mezclada con éstos la descripción de las plantas, los animales y de todo lo que encontraba a su paso.
15   Las selecciones que hemos escogido son de partes de los Capítulos I y CXXVIII de la *Verdadera historia*. Este trozo narra en detalle el desesperado esfuerzo de Cortés y su reducido contingente de tropas que en cruel batalla luchaban por abandonar la capital azteca. Aquella feroz lucha que se llevaba a cabo en las calzadas que unían
20 la capital con tierra firme se hizo aún más cruel cuando los indios quitaron los puentes, haciendo más lenta y costosa la retirada de los españoles. Las tropas de Cortés habían construido un puente portátil que a duras penas les permitía cruzar las aberturas de aquellas calzadas. Allí, en aquellas vías se defendían los españoles contra los
25 incesantes ataques de un enemigo numeroso e iracundo. Parece increíble que algunos de los guerreros españoles escaparan con vida de aquella "Noche Triste," como la llamó Cortés. Bernal Díaz del Castillo nos describe aquellos acontecimientos con todos los detalles necesarios para relatar un soberbio ejemplo de valentía y de
30 determinación.

VERDADERA HISTORIA DE LA CONQUISTA DE LA NUEVA ESPAÑA

Muchas veces, ahora que soy viejo, me paro a considerar las cosas heroicas que en aquel tiempo pasamos, que me parece las veo presentes, y digo que nuestros hechos que no los hacíamos nosotros, sino que venían todos encaminados por Dios; porque ¿qué hombres ha habido en el mundo que osasen entrar cuatrocientos soldados—y aún no llegábamos a ellos—en una fuerte ciudad como es México, que es mayor que Venecia, estando apartados de nuestra Castilla 5 sobre más de mil quinientas leguas, y prender a un tan gran señor y hacer justicia de sus capitanes delante de él? Porque hay mucho que ponderar en ello, y no así secamente como yo lo digo.

* * *

CÓMO ACORDAMOS DE IRNOS HUYENDO DE MÉXICO, Y LO QUE SOBRE ELLO SE HIZO

Como veíamos que cada día menguaban nuestras fuerzas y las de los mexicanos crecían, y veíamos muchos de los nuestros muertos 10 y todos los más heridos, y que aunque peleábamos muy como varones no podíamos hacer retirar ni que se apartasen los muchos escuadrones que de día y de noche nos daban guerra. Y la pólvora apocada, y la comida y agua por el consiguiente,[1] y el gran Monte-zuma muerto, las paces y treguas[2] que les enviamos a demandar no 15 las querían aceptar. En fin, veíamos nuestras muertes a los ojos,[3] y las puentes que estaban alzadas, y fue acordado por Cortés y por todos nuestros capitanes y soldados que de noche nos fuésemos, cuando viésemos que los escuadrones guerreros estaban más des-cuidados. Y para más descuidarles aquella tarde les envíamos a decir 20 con un *papa* de los que estaban presos,[4] que era muy principal entre ellos, y con otros prisioneros, que nos dejen ir en paz de ahí a ocho días, y que les daríamos todo el oro, y esto por descuidarlos y salirnos aquella noche.[5] Y además de esto estaba con nosotros un soldado que se decía Botello, al parecer muy hombre de bien y latino, y había 25 estado en Roma; y decían que era nigromántico,[6] otros decían que tenía familiar,[7] algunos le llamaban astrólogo. Y este Botello había

1. **por . . . consiguiente** *consequently, for the same reason*
2. **treguas** *truces*
3. **veíamos . . . ojos** *we were looking Death in the eye*
4. **papa . . . presos** (*native*) *priest among those captured.* (De veras, **papa** en español significa *pope* en inglés)
5. **esto . . . noche** *this to lull them and to get us out that night*
6. **nigromántico** *necromancer, magician*
7. **familiar,** animal o cosa que acompaña a un brujo, dándole poder

dicho cuatro días había que hallaba por sus suertes o astrologías[8] que si aquella noche que venía no salíamos de México, que si más aguardábamos, que ninguno saldría con la vida; y aun había dicho otras veces que Cortés había de tener muchos trabajos o había de ser
5 desposeído de[9] su ser y honra, y que después había de volver a ser gran señor, e ilustre, de muchas rentas, y decía otras muchas cosas.

Dejemos a Botello, que después tornaré a hablar en él, y diré cómo se dio luego orden que se hiciese de maderos y tablas muy recias una puente, que llevásemos para poner en las puentes que tenían que
10 bradas.[10] Y para ponerlas y llevarlas y guardar el paso hasta que pasase todo el fardaje[11] y el ejército señalaron cuatrocientos indios tlaxcaltecas[12] y ciento cincuenta soldados. Para llevar la artillería señalaron asimismo doscientos indios de Tlaxcala y cincuenta soldados, y para que fuesen en la delantera,[13] peleando, señalaron a Gon
15 zalo de Sandoval y a Diego de Ordaz; y a Francisco de Saucedo y a Francisco de Lugo,[14] y una capitanía de cien soldados mancebos, sueltos, para que fuesen entre medias y acudiesen a la parte que más conviniese pelear. Señalaron al mismo Cortés y Alonso de Avila y Cristóbal de Olid y a otros capitanes que fuesen en medio; en la
20 retaguardia[15] a Pedro de Alvarado y a Juan Velázquez de León, y entremetidos en medio de[16] los capitanes y soldados de Narváez, y para que llevasen a cargo los prisioneros y a doña Marina y doña Luisa,[17] señalaron trescientos tlaxcaltecas y treinta soldados.

Pues hecho este concierto, ya era noche, para sacar el oro y
25 llevarlo o repartirlo, mandó Cortés a su camarero, que se decía Cristóbal de Guzmán, y a otros soldados sus criados, que todo el oro

8. **había dicho . . . astrologías** *had said four days ago that he found through his magic or astrological computations*
9. **desposeído de** *dispossessed of*
10. **maderos . . . quebradas** *timbers and very heavy planks which we would place over the bridge which they had destroyed*
11. **fardaje** *piles of bundles*
12. **los tlaxcaltecas** eran indios amigos de los españoles y enemigos de los aztecas. Se llamaba Tlaxcala la tierra que habitaban.
13. **delantera** *vanguard, advance troops*

14. **de Sandoval, de Ordaz, de Saucedo** y **de Lugo** fueron capitanes de Cortés como fueron los españoles cuyos nombres siguen.
15. **retaguardia** *rearguard*
16. **en medio de** *in the midst of*
17. **Doña Marina** era la manceba india o la querida de Cortés. Por bodas indígenas se había casado con ella, y sin su ayuda y dirección es posible que no hubiese ganado la victoria. **Doña Luisa** era otra india amiga de los españoles.

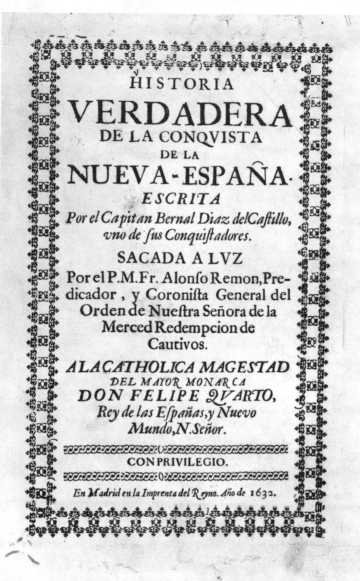

HISTORIA
VERDADERA
DE LA CONQVISTA
DE LA
NUEVA-ESPAÑA.
ESCRITA
Por el Capitan Bernal Diaz delCaſtillo,
vno de ſus Conquiſtadores.

SACADA A LVZ
Por el P.M.Fr. Alonſo Remon, Pre-
dicador, y Coroniſta General del
Orden de Nueſtra Señora de la
Merced Redempcion de
Cautivos.

A LA CATHOLICA MAGESTAD
DEL MAYOR MONARCA
DON FELIPE QVARTO,
Rey de las Eſpañas, y Nuevo
Mundo, N. Señor.

CON PRIVILEGIO.

En Madrid en la Imprenta del Reyno. Año de 1632.

Portada de la edición de 1632 de la *Historia verdadera de la conquista de la Nueva España*. (In the library of the Hispanic Society of America, New York)

y joyas y plata lo sacasen con muchos indios de Tlaxcala que para ello les dio. Y lo pusieron en la sala, y dijo a los oficiales del rey que se decían Alonso de Avila y Gonzalo Mexía que pusiesen cobro en el oro de Su Majestad.[18] Y les dio siete caballos heridos y cojos y una
5 yegua y muchos amigos tlaxcaltecas, que fueron más de ochenta, y cargaron de ello a bulto[19] lo que más pudieron llevar, que estaban hechas barras[20] muy anchas, como otras veces he dicho en el capítulo que de ello habla, y quedaba mucho oro en la sala y hecho montones.[21]

10 Entonces Cortés llamó a su secretario y a otros escribanos del rey y dijo: "Dadme por testimonio que no puedo más hacer sobre este oro; aquí teníamos en este aposento y sala sobre setecientos mil pesos de oro, y como habéis visto que no se puede pesar ni poner más en cobro, los soldados que quisiesen sacar de ello, desde aquí se lo doy,
15 como ha de quedar perdido entre estos perros."[22]

Y desde que aquello oyeron, muchos soldados de los de Narváez y algunos de los nuestros, cargaron de ello. Yo digo que no tuve codicia sino procurar de salvar la vida;[23] mas no dejé de apañar de unas cazuelas que allí estaban unos cuatro *chalchihuis*,[24] que son pie-
20 dras entre los indios muy preciadas, que de presto me eché en los pechos entre las armas, que me fueron después buenas para curar mis heridas y comer el valor de ellas.

Pues de que supimos el concierto que Cortés había hecho de la manera que habíamos de salir e ir aquella noche a las puentes, y
25 como hacía algo obscuro y había niebla y lloviznaba,[25] antes de medianoche se comenzó a traer la puente y caminar el fardaje y los caballos y la yegua y los tlaxcaltecas cargados con el oro. Y de presto se puso la puente y pasó Cortés y los demás que consigo traía

18. **Pusiesen . . . Majestad** *to put his Majesty's gold in a safe place* (quiere decir el oro asignado al rey de España)
19. **a bulto** *at random, haphazardly*
20. **barras** *bars* (of gold)
21. **y quedaba . . . montones** *and much gold remained in the room piled up in heaps*
22. Cortés llama **perros** a sus enemigos indios.
23. **no tuve . . . vida** *I had no desire but to try to save my life*
24. **no dejé . . . chalchihuis** *I did not fail to pick out from some earthen pots which there were a few chalchihuis* (jewels said by the Indians to possess curative powers)
25. **lloviznaba** *it was drizzling*

primero, y muchos de a caballo. Y estando en esto, suenan las voces y cornetas y gritas y silbos de los mexicanos,[26] y decían en su lengua a los del Tatelulco: "Salid presto con vuestras canoas, que se van los *teules*,[27] y atajadlos que no quede ninguno a vida."

Y cuando no me cato,[28] vimos tantos escuadrones de guerreros 5 sobre nosotros, y toda la laguna cuajada de canoas que no nos podíamos valer,[29] y muchos de nuestros soldados ya habían pasado. * * * Y como la desdicha es mala en tales tiempos, ocurre un mal sobre otro; como llovía resbalaron[30] dos caballos y caen en el agua, y como aquello vimos yo y otros de los de Cortés, nos pusimos en salvo de esa 10 parte de la puente;[31] y cargaron tanto guerrero, que por bien que peleábamos[32] no se pudo más aprovechar de la puente. De manera que en aquel paso y abertura del agua de presto se hinchó de caballos muertos y de indios e indias y fardaje y petacas; y temiendo no nos acabasen de matar, tiramos por nuestra calzada adelante[33] y halla- 15 mos muchos escuadrones que estaban aguardándonos con lanzas grandes, y nos decían palabras vituperiosas, y entre ellas decían: "¡Oh *cuilones*, y aún vivos quedáis!"[34]

Y a estocadas y cuchilladas que les dábamos pasamos, aunque hirieron allí a seis de los que íbamos. Pues quizá había algún con- 20 cierto cómo lo habíamos concertado, maldito aquél;[35] porque Cortés y los capitanes y soldados que pasaron primero a caballo por salvarse y llegar a tierra firme y asegurar sus vidas aguijaron[36] por la calzada adelante, y no la erraron. También salieron en salvo los caballos con el oro y los tlaxcaltecas, y digo que si aguardáramos, 25

26. **suenan** . . . **mexicanos** *the cries and bugles and shouts and whistling of the Mexicans are sounding*
27. **teules** o dioses, nombre de los españoles en boca de los indios. Primero creían los aztecas que eran divinos los españoles, pero más tarde descubrieron el error.
28. **y cuando** . . . **cato** *and when I was not looking*
29. **la laguna** . . . **valer** *the lake filled up with canoes so that we could not protect ourselves*
30. **resbalaron** *slipped*

31. **nos** . . . **puente** *we sought safety in that part of the bridge*
32. **que** . . . **peleábamos** *that no matter how hard we fought*
33. **y temiendo** . . . **adelante** *and fearing that they would wipe us out, we pushed forward along our causeway*
34. **"¡Oh . . . quedáis!"** *"Oh wretches, and are you still alive!"*
35. **Pues** . . . **aquél** *Since perhaps there had been some betrayal of what we had planned, curses on the betrayer*
36. **aguijaron** *spurred*

El rey Moctezuma. Detalle de un grabado de la *Historia de la conquista de México* por Antonio de Solís, escritor del siglo dieciséis.

así los de a caballo como los soldados, unos a otros en las puentes, todos feneciéramos,[37] que no quedara ninguno a vida. Y la causa es esta: porque yendo por la calzada, ya que arremetíamos a los escuadrones mexicanos,[38] de la una parte es agua y de la otra parte
5 azoteas, y la laguna llena de canoas, no podíamos hacer cosa ninguna, pues escopetas y ballestas todas quedaban en la puente. Y siendo de noche, qué podíamos hacer sino lo que hacíamos, que era arremeter y dar algunas cuchilladas a los que nos venían a echar mano,[39] y andar y pasar adelante hasta salir de las calzadas. Y si
10 fuera de día muy peor fuera,[40] y aun los que escapamos fue Nuestro Señor servido de ello.[41] Y para quien no vio aquella noche la mul-

37. **si . . . feneciéramos** *if we had waited, those on horseback and the foot-soldiers, all of us would have been killed*
38. **porque . . . mexicanos** *because going along the causeway, as soon as we attacked the Mexican squadrons*

39. **a los . . . echar mano** *those who came to lay hands on us*
40. **Y si . . . fuera** *And if it had been day it would have been much worse*
41. **y aun . . . ello** *and even those of us who escaped, did so with the help of our Lord*

titud de guerreros que sobre nosotros estaban y las canoas que de ellos andaban a rebatar[42] nuestros soldados, es cosa de espanto.[43]

42. **rebatar** *repel, strike*   43. **es . . . espanto** *it is a frightful thing*

Preguntas

1. ¿Cómo se titula la obra de Bernal Díaz y cuándo se publicó?
2. ¿Por qué salió de España para el Nuevo Mundo?
3. ¿Cuál era el plan de Cortés para salir de la capital de los aztecas?
4. ¿Qué había dicho el astrólogo Botello?
5. ¿Quiénes eran los tlaxcaltecas?
6. ¿Por qué era tan importante el puente que Cortés hizo construir?
7. ¿Cómo repartió Cortés el oro de los aztecas?
8. ¿Era codicioso Bernal Díaz?
9. ¿Qué tiempo hacía al salir los españoles?
10. ¿Qué decían los aztecas cuando vieron salir a sus enemigos cristianos?
11. ¿De qué se hinchó la abertura de agua?
12. ¿Qué hicieron Cortés y los capitanes durante la batalla de la calzada?
13. ¿Quiénes lograron ponerse en salvo?
14. ¿Qué les habría pasado a Bernal Díaz y los soldados si hubiesen aguardado?
15. ¿Qué hicieron los soldados y Bernal Díaz?

Temas

1. Aspectos de la vida de Bernal Díaz.
2. El estilo y el arte literario de Bernal Díaz.
3. Su obra como el ejemplo más perfecto de la historia popular en lengua castellana.
4. El plan de Cortés y sus capitanes para escapar.
5. El ataque de los indios contra los españoles que trataban de huir.

Bartolomé de Las Casas (1475–1566)

Con razón fue conocido este gran hombre como "Apóstol de los Indios." Nació en Sevilla en cuna de noble estirpe[1] y se educó en la prestigiosa Universidad de Salamanca. Años más tarde, unido al contigente de Diego Velázquez, marchó hacia la colonización de
5 Cuba (1511). Las Casas fue el primer religioso ordenado en el Nuevo Mundo y también el primero en reaccionar abiertamente contra las injusticias y abusos de que eran víctimas los indígenas. Regresó a España para denunciar las crueldades cometidas por sus compatriotas, y para pedir ante los Reyes Católicos, Fernando e Isabel,
10 que aquel sistema de "repartimiento"[2] fuese prohibido, ya que dicho sistema permitía y excusaba la esclavitud de los indios. Durante el reinado de Carlos V, Las Casas ofreció un plan para trasladar a los esclavos indios a islas inhabitadas y sustituirlos con esclavos negros importados de Africa, plan que fracasó.
15 En otro noble esfuerzo en favor de los indios Las Casas trató de liberar a los incas conquistados por sus compatriotas. Justo es apuntar que no todos sus proyectos fracasaron. En la América Central logró la conversión de la tribu salvaje de Tuzutlán e inauguró entre ellos un sistema educativo que luego fue continuado por los jesuitas.
20 Durante los primeros años del siglo diez y seis escribió su conocida obra, *Brevísima relación de la destrucción de las Indias Occidentales*. En su segunda obra, *Veinte razones* (1542), articuló sus ideas y conceptos en defensa de la libertad de los indios. Debido a su pluma valiente y sagaz se diseminó la "leyenda negra" que otras potencias europeas
25 usaron para denigrar la conquista española de América. Esta leyenda pues está basada en la actitud generosa de un español compa-

1. **estirpe** *lineage*

2. **repartimiento** *distribution of lands* (to Spanish overlords)

Bartolomé de Las Casas. Varón apostólico, el más celoso de la felicidad de los Indios. Un grabado sacado de los *Retratos de los españoles ilustres* (Madrid, 1791). (In the library of the Hispanic Society of America, New York)

sivo. Para algunos el ataque de Las Casas contra la crueldad española estuvo dominado por cierto fanatismo y favoritismo. En general es justo concluir que sus relatos describen mucho de lo que ocurrió en tierras de América bajo la dominación española. En sus obras están recogidos con lujo de detalles los hechos de aquel período 5 equívoco de la conquista y colonización.

Su estilo claro y directo rechazó[3] la sintaxis compleja y pomposa tan de moda en su época. Sus denuncias y relatos requerían un tono viril y acusador en que no encajaban la verbosidad ni los alardes de erudición. 10

La selección que ofrecemos (parte del Capítulo XXV) relata el trato injusto e inhumano que recibió el cacique Hatuey cuando quiso escapar las cadenas de la esclavitud. El tono de Las Casas,

3. **rechazó** *rejected*

rebosante de indignación, condena de manera áspera y severa los excesos de su propia nación y a la vez anuncia los primeros destellos[4] de la lucha americana por la libertad.

4. **destellos** *flashes*

HISTORIA DE LAS INDIAS

QUE TRATA DE LA PASADA DE LOS ESPAÑOLES A LA ISLA DE CUBA

Explanado queda lo que tuvimos entendido de la isla de Cuba y
5 de lo que en ella hallamos y de las gentes que la moraban o habitaban; resta ya referir de la pasada que a ella hicimos los cristianos (puesto que yo no pasé con él, sino después, desde a cuatro o cinco meses, en otro viaje).

Partió, pues, Diego Velázquez[1] con sus trescientos hombres de la
10 villa de la Zabana,[2] desta isla Española, en fin, a lo que creo, del año de mil y quinientos y once, y creo que fue, si no me he olvidado, a desembarcar a un puerto llamado de Palmas, que era en la tierra o cerca della, donde reinaba el señor que dije haberse huído de esta isla y llamarse Hatuey, y que había juntado a su gente y mostrá-
15 doles[3] lo que amaban los cristianos como a señor proprio, que era el oro, como pareció en el cap. 21.

Sabida la llegada de los nuestros, y entendido que de su venida no podía resultarles sino la servidumbre y tormentos y perdición, que en esta Española habían ya muchos dellos visto y experimen-
20 tado, acordaron de tomar el remedio,[4] que la misma razón dicta en los hombres que deben tomar; y la Naturaleza aun a los animales y a las cosas insensibles que no tienen conocimiento alguno enseña, que, contra lo que corrompe y deshace su ser, deban tomar, y éste es la defensión. Pusiéronse, pues, en defensa con sus barrigas des-
25 nudas y pocas y débiles armas, que eran los arcos y flechas, que poco

1. **Diego Velázquez:** conquistador y más tarde gobernador de Cuba también
2. **Zabana, Palmas:** pueblos de la isla de Española, hoy día Santo Domingo

3. **y . . . mostrádoles** *and had gathered his people and had showed them.* Nótese que en estos siglos el pronombre podía unírsele al participio: **mostrádoles**
4. **acordaron . . . remedio** *they agreed to have the recourse*

más son que arcos de niños, donde no hay hierba ponzoñosa como allí no la hay, o no las tiran de cerca, a cincuenta o sesenta pasos, lo que pocas veces se les ofrece hacer, sino de lejos, porque la mayor arma que ellos tienen es huir de los españoles, y así conviéneles siempre no pelear de cerca con ellos. Los españoles, los que alcanzaban, 5 no era menester animallos ni mostralles[5] lo que habían de hacer.

Guarecióles mucho a los indios ser toda la provincia montes y por allí sierras,[6] donde no podían servirse de los caballos, y porque luego que los indios hacen una vez cara con una gran grita y son de los españoles lastimados con las espadas y peor cuando de los arca- 10 buces,[7] y alcanzados de los caballos, su remedio no está sino en huir y desparcirse por los montes donde se pueden esconder, así lo hicieron éstos, los cuales, hecha cara en algunos pasos malos, esperando a los españoles algunas veces, y tiradas sus flechas sin fruto, porque ni mataron ni creo que hirieron jamás alguno, pasados en esto dos o 15 tres meses, acordaron de se esconder. Siguióse luego, como siempre se suele seguir, andar los españoles a cazallos por los montes, que llaman ellos ranchear, vocablo muy famoso y entre ellos muy usado y celebrado; y dondequiera que hallaban manada de indios, luego como daban en ellos,[8] mataban hombres y mujeres y aun niños a 20 estocadas y cuchilladas, los que se les antojaba, y los demás ataban, y llevados ante Diego Velázquez, repartíaselos a uno tantos y a otro tantos, según él juzgaba, no por esclavos, sino para que le sirviesen perpetuamente como esclavos y aun peor que esclavos; sólo era que no los podían vender, al menos a la clara,[9] que de secreto y con sus 25 cambalaches hartas veces se ha en estas tierras usado.[10] Estos indios así dados, llamaban piezas por común vocablo, diciendo: "Yo no tengo sino tantas piezas, y he menester para que me sirvan tantas," de la misma manera que si fueran ganado.

Viendo el cacique Hatuey que pelear contra los españoles era en 30

---

5. forma antigua de **animarlos** y **mostrarles**

6. **Guarecióles . . . sierras** *It was of great advantage to the Indians that all the province was mountains and ranges*

7. **porque . . . arcabuces** *because when once the Indians make an appearance* (face) *with great shouting when wounded with the*

swords of the Spaniards and worse when wounded by their blunderbusses

8. **luego . . . ellos** *as soon as they came upon them*

9. **a la clara** *openly*

10. **que . . . usado** *but secretly and with their bartering which has been used excessively in these lands*

vano, como ya tenía larga experiencia en esta isla por sus pecados,[11] acordó de ponerse en recaudo huyendo y escondiéndose por las breñas, con hartas angustias y hambres, como las suelen padecer los indios cuando de aquella manera andan, si pudiera escaparse. Y
5 sabido de los indios que tomaban quién era[12] (porque lo primero que se pregunta es por los señores y principales · para despachallos, porque, aquéllos muertos, fácil cosa es a los demás sojuzgallos[13]), dándose cuanta priesa y diligencia pudieron en andar tras él muchas cuadrillas para tomallo,[14] por mandado de Diego Velázquez, an-
10 duvieron muchos días en esta demanda, y a cuantos indios tomaban a vida interrogaban con amenazas y tormentos, que dijesen del cacique Hatuey dónde estaba; dellos, decían que no sabían; dellos, sufriendo los tormentos, negaban; dellos, finalmente, descubrieron por dónde andaba, y al cabo lo hallaron.
15 El cual, preso como a hombre que había cometido crimen *lesae maiestatis*,[15] yéndose huyendo desta isla a aquélla por salvar la vida de muerte y persecución tan horrible, cruel y tiránica, siendo rey y señor en su tierra sin ofender a nadie, despojado de su señorío, dignidad y estado, y de sus súbditos y vasallos, sentenciáronlo a que vivo
20 lo quemasen.[16] Y para que su injusta muerte la divina justicia no vengase sino que la olvidase,[17] acaeció en ella una señalada y lamentable circunstancia: cuando lo querían quemar, estando atado al palo, un religioso de San Francisco le dijo, como mejor pudo, que muriese cristiano y se baptizase; respondió que "para qué había de
25 ser como los cristianos, que eran malos." Replicó el padre: "Porque los que mueren cristianos van al cielo y allí están viendo siempre a Dios y holgándose." Tornó a preguntar si iban al cielo cristianos;[18] dijo el padre que sí iban los que eran buenos; concluyó diciendo que no quería ir allá, pues ellos allá iban y estaban. Esto acaeció al

11. **por . . . pecados** *unfortunately*
12. **Y sabido . . . era** *and having found out who he was from the Indians they* (the Spaniards) *captured*
13. antigua forma de **subyugar** *subjugate*
14. **dándose . . . tomallo** *going with as much haste and diligence as they could in pursuing him with many troops in order to seize him*

15. **lesae maiestatis** *disrespect to the king,* lèse-majesté
16. **sentenciáronlo . . . quemasen** *they sentenced him to be burned alive*
17. **Y para . . . olvidase** *and so that divine Justice would not avenge it, but would forget it*
18. **Tornó . . . cristianos** *He asked again if Christians went to heaven*

tiempo que lo querían quemar, y así luego pusieron a la leña fuego y lo quemaron.

Esta fue la justicia que hicieron de quien tanta contra los españoles tenía para destruíllos y matallos como a injustísimos y crueles enemigos capitales, no por más de porque huía de sus inicuas e inhumanas crueldades.[19] Y ésta fue también la honra que a Dios se dio y la estima de su bienaventuranza que tiene para sus predestinados, que con su sangre redimió, que sembraron en aquel infiel, que pudiera quizá salvarse, los que se llamaban y arreaban de llamarse cristianos.[20] ¿Qué otra cosa fue decir que no quería ir al cielo, pues allá iban cristianos, sino argüir que no podía ser buen lugar, pues a tan malos hombres se les daba por eterna morada? En esto paró el Hatuey, que, cuando supo que para pasar desta isla a aquélla los españoles se aparejaban, juntó su gente para la avisar por qué causa les eran tan crueles y malos, conviene a saber, por haber oro, que era el Dios que mucho amaban y adoraban. Bien parece que los conocía, y que con prudencia y buena razón de hombre temía venir a sus manos, y que no le podía venir dellos otra utilidad,[21] otro bien, ni otro consuelo, al cabo, sino el que le vino.

19. **Esta . . . crueldades** *This was the justice they rendered to one who had so much reason for destroying and killing Spaniards as unjust and cruel arch-enemies simply because he fled from their evil and inhuman cruelties*
20. **la estima . . . cristianos** *the reverence for the blessing which He has for his predestined ones whom He redeemed with his blood, which they who are called and insist upon being called Christians planted in that infidel who perhaps could have been saved*
21. **y que . . . utilidad** *and that there could come from them* (their hands) *no other profit*

Preguntas

1. ¿Dónde nació Las Casas y dónde recibió su enseñanza universitaria?
2. ¿Qué significa el vocablo *repartimiento* en relación al tratamiento de los indios?
3. ¿Cuál era la obra más importante de Las Casas?
4. ¿Por qué es importante esta obra?
5. ¿Cómo es su estilo?
6. ¿Cuál era el único crimen de Hatuey?
7. ¿Por qué había juntado Hatuey a su gente?

8. ¿Qué resultaría, según Hatuey, de la venida de los cristianos?
9. ¿Qué remedio acordaron de tomar los indios de Hatuey?
10. ¿Por qué entraron los indios en los montes y sierras?
11. ¿Qué hizo Diego Velázquez con los cautivos?
12. ¿Por qué descubrieron finalmente los indios donde andaba Hatuey?
13. ¿Qué promesa le dio el padre a Hatuey?
14. ¿Por qué no quería ir al cielo cristiano Hatuey?
15. ¿Cómo murió Hatuey?

Temas

1. Las Casas como "apóstol de los indios."
2. Las armas y maneras de pelear de los indios.
3. La servidumbre de los indios y su vida triste.
4. Las maneras de capturar a los indios empleadas por los españoles.
5. La muerte de Hatuey.

Garcilaso de la Vega, El Inca (1539–1615)

Cuando Pizarro y los suyos hicieron prisionero al Inca Atahualpa (1533), el imperio incaico había entrado en franca decadencia. Un estado general de guerra civil y un desuso de los grandes adelantos legales y científicos de la cultura incaica indicaban que el péndulo histórico se movía hacia un ciclo de pobreza cultural. La 5 civilización traída por los hispanos correspondía a los más altos niveles de la cultura europea de aquella época. Cierto es que el saber de los incas había logrado impresionantes conquistas, pero no es difícil comprender que la más refinada cultura hispana lograse imponerse por sus obvios méritos.   10

Todo el saber de los incas pudo haberse perdido ya que no poseían ningún sistema de escritura que diese testimonio de sus adelantos y conocimientos. Aquel vacío del saber incaico fue superado por un hombre de singular talento, Garcilaso de la Vega, "El Inca," de la misma familia que el famoso poeta Garcilaso. Era 15 hijo del Capitán Garcilaso de la Vega, hombre de rancia nobleza española y de una princesa incaica llamada Isabel Chimpa Ocllo. El niño fruto de aquella uníon, nació durante los años de la conquista del Perú. El ambiente de sus días pueriles fue la decadente corte incaica a que pertenecía su madre. Aun en plena niñez dio 20 muestras de sus agudos poderes de observación. Captó todo el vibrar de la vida cotidiana, fijándose en las costumbres típicas y en todo el colorido de su ambiente para luego relatarnos detalladamente las funciones e importancia de los personajes cortesanos. Desde niño se deleitó en conversaciones con consejeros de la corte y otros fun- 25 cionarios que guardaban en su memoria todo el proceso histórico de la nación inca. Aquellos personajes que hacían papel de archivo se ayudaban con el "quipu"—artículo mnemónico hecho de cuerdas y nudos de varios colores que tenían valores y significados especiales.

Después de una vida intensa, tal y como fue la época en que vivía, decidió escribir las obras que le hicieron famoso. Vivía en
5 España cuando se publicó la Parte I de sus *Comentarios Reales* (1609), y es precisamente de esta obra que hemos escogido la selección que sigue. En esta primera parte con clara y concisa prosa Garcilaso relata los orígenes de la raza incaica y nos ofrece todo el maravilloso conjunto de leyendas y hechos que componen la historia del imperio.
10 La segunda parte (1617) narra la conquista hispánica y las guerras del Cuzco en que su padre participó como figura de gran relieve. Aunque dudemos de la veracidad histórica de los *Comentarios Reales*, no podemos negar que en ellos se nos otorga la más completa descripción de aquel Perú conmovido por el brío de la avasalladora
15 gente hispana.

En estas páginas de estilo simple, siempre dominado por los cánones del buen gusto, encontramos los únicos ejemplos del folklore, costumbres, mitos y leyendas de los antiguos incas. Es indudable que su obra contiene elementos ficticios, y es precisamente por esa
20 razón que Menéndez Pelayo califica la obra del inca Garcilaso como la primera obra de ficción americana. Para los lingüistas también la obra posee gran interés ya que el autor hace amplios comentarios sobre la pronunciación, estructura y vocablos de la lengua quechua. Por las razones antes mencionadas podemos concluir que en el
25 terreno literario Garcilaso es único. Como sus antecesores, Colón, Cortés y Las Casas, Garcilaso representa quizá con mucha más intensidad, los comienzos de un sentir y de una vivencia de lo auténticamente americano. Pero desemejante de ellos no se conmovió frente al aspecto exótico del medio americano. De su actitud
30 están ausentes la intensa piedad de Bartolomé de Las Casas, la admiración ingenua de Colón o el ánimo agresivo de Cortés y Bernal Díaz del Castillo para con los indios. En su punto de vista hay una ambivalencia que oscila entre lo europeo y lo americano. La selección que aquí presentamos—parte de los Capítulos XV–XVI—
35 nos muestra a Garcilaso en plena juventud escuchando y preguntando acerca del pasado inca y los orígenes de aquella augusta raza.

COMENTARIOS REALES
DE LOS INCAS

En estas pláticas yo como muchacho, entraba y salía muchas veces
donde ellos estaban, y me holgaba de las oír, como huelgan los
tales de oír fábulas. Pasando, pues, días, meses y años, siendo ya yo
de dieciséis o diecisiete años, acaeció que estando mis parientes un
día en esta su conversación hablando de sus reyes y antiguallas,[1] al 5
más anciano de ellos, que era el que daba cuenta de ellas, le dije:
"Inca, tío, pues no hay escritura entre vosotros, que es la que guarda
la memoria de las cosas pasadas, ¿qué noticias tenéis del origen y
principio de nuestros reyes? Porque allá los españoles, y las otras
naciones sus comarcanas,[2] como tienen historias divinas y humanas, 10
saben por ellas cuándo empezaron a reinar sus reyes y los ajenos, y
el trocarse[3] unos imperios en otros,[3] hasta saber cuántos mil años ha
que Dios crió el cielo y la tierra, que todo esto y mucho más saben
por sus libros. Empero vosotros que carecéis de ellos, ¿qué memoria
tenéis de vuestras antiguallas? ¿Quién fue el primero de nuestros 15
Incas? ¿Cómo se llamó? ¿Qué origen tuvo su linaje? ¿De qué manera
empezó a reinar? ¿Con qué gente y armas conquistó este grande
Imperio? ¿Qué origen tuvieron nuestras hazañas?"[4]

El Inca, como que holgándose[5] de haber oído las preguntas, por
el gusto que recibía de dar cuenta de ellas,[6] se volvió a mí, que ya 20
otras muchas veces le había oído, mas ninguna con la atención que
entonces, y me dijo: "Sobrino, yo te las diré de muy buena gana, a
ti te conviene oírlas y guardarlas en el corazón; es frase de ellos por
decir en la memoria.[7] Sabrás que en los siglos antiguos toda esta
región de tierra que ves, eran unos grandes montes y breñales,[8] y 25
las gentes en aquellos tiempos vivían como fieras y animales brutos,

1. **antiguallas** *ancient customs*
2. **comarcanas** *neighbors*
3. **trocarse . . . otros** *the mingling of
one empire with others*
4. **hazañas** *deeds*
5. **como . . . holgándose** *as though*

taking delight
6. **de . . . ellas** *from giving an account
(i.e., telling) of them*
7. **es frase . . . memoria** *it is a subject to be kept in your mind*
8. **breñales** *rough and brambly areas*

Machu Picchu, la ciudad perdida de los incas. Fortaleza incaica del Peru.
(J. David Bowen)

sin religión ni policía, sin pueblo ni casa, sin cultivar ni sembrar la
tierra, sin vestir ni cubrir sus carnes, porque no sabían labrar
algodón ni lana para hacer de vestir.[9] Vivían de dos en dos, y de
tres en tres, como acertaban a juntarse[10] en las cuevas y resquicios[11]
5 de peñas y cavernas de la tierra; comían como bestias yerbas del

9. **para . . . vestir** *for making clothing*   *pened to meet*
10. **como . . . juntarse** *as they hap-*   11. **resquicios** *cracks in the rocks, fissures*

campo y raíces de árboles, y la fruta inculta que ellos daban de suyo, y carne humana.[12] Cubrían sus carnes con hojas y cortezas de árboles, y pieles de animales; otros andaban en cueros.[13] En suma vivían como venados y salvajinas, y aun en las mujeres se habían como los brutos, porque no supieron tenerlas propias y conocidas." [14] 5

Adviértase, porque no enfade,[15] el repetir tantas veces estas palabras; *nuestro padre el sol*, que era lenguaje de los Incas, y manera de veneración y acatamiento decirlas siempre que nombraban al sol, porque se preciaban descender de él; y al que no era Inca, no le era lícito tomarlas en la boca, que fuera blasfemia, y lo apedrearan. 10

Dijo el Inca: Nuestro padre el sol, viendo los hombres tales, como te he dicho, se apiadó y hubo lástima de ellos, y envió del cielo a la tierra un hijo y una hija de los suyos para que los doctrinasen en el conocimiento de nuestro padre el sol, para que lo adorasen y tuviesen por su dios, y para que les diesen preceptos y leyes en que viviesen 15 como hombres en razón y urbanidad;[16] para que habitasen en casas y pueblos poblados, supiesen labrar las tierras, cultivar las plantas y mieses, criar los ganados y gozar de ellos y de los frutos de la tierra, como hombres racionales, y no como bestias.

Con esta orden y mandato puso nuestro padre el sol estos dos hijos 20 suyos en la laguna Titicaca,[17] que está ochenta leguas de aquí, y les dijo que fuesen por do quisiesen, y do quiera[18] que parasen a comer o a dormir, procurasen hincar en el suelo una barrilla de oro, de media vara en largo[19] y dos dedos en grueso, que les dio para señal y muestra que donde aquella barra se les hundiese, con sólo un 25 golpe que con ella diesen en tierra, allí quería el sol nuestro padre, que parasen e hiciesen su asiento y corte. A lo último les dijo: "Cuando hayáis reducido esas gentes a nuestro servicio, los mantendréis en razón y justicia, con piedad, clemencia y mansedumbre,[20]

---

12. Parece que los antecesores primitivos de los incas fueron caníbales así como los caribes descubiertos por Colón.

13. **en cueros** *stark naked*

14. **venados . . . conocidas** *game and wild animals and even as regards women they [the men] were like wild animals because they could not treat them as their own.*

15. **Adviértase . . . enfade** *let it be*

noted so that there will be no annoyance

16. **urbanidad** *civilization*

17. No existe en el mundo otro lago navegable colocado en tal altitud como Titicaca.

18. **do quiera** = *donde quiera*

19. **de . . . largo** *of one half-yard* (**vara** = 2.8 ft.) *in length*

20. **mansedumbre** *gentleness*

haciendo en todo oficio de padre piadoso para con sus hijos tiernos y
amados, a imitación y semejanza mía, que a todo el mundo hago
bien, que les doy mi luz y claridad para que vean y hagan sus
haciendas, y les caliento cuando han frío,[21] y crío sus pastos y se-
5 menteras; hago fructificar sus árboles y multiplico sus ganados;
lluevo y sereno a sus tiempos,[22] y tengo cuidado de dar una vuelta
cada día al mundo por ver las necesidades que en la tierra se ofrecen,
para las proveer y socorrer, como sustentador y bienhechor de las
gentes; quiero que vosotros imitéis este ejemplo como hijos míos,
10 enviados a la tierra sólo para la doctrina y beneficio de esos hombres,
que viven como bestias. Y desde luego os constituyo y nombro por
reyes y señores de todas las gentes que así doctrinaréis con vuestras
buenas razones, obras y gobierno." Habiendo declarado su voluntad
nuestro padre el sol a sus dos hijos, los despidió de sí. Ellos salieron
15 de Titicaca, y caminaron al septentrión,[23] y por todo el camino, do
quiera que paraban, tentaban hincar la barra de oro y nunca se les
hundió. Así entraron en una venta o dormitorio pequeño,[24] que
está siete u ocho leguas al mediodía[25] de esta ciudad, que hoy llaman
Pacarec Tampu, que quiere decir venta, o dormida, que amanece.
20 Púsole este nombre el Inca, porque salió de aquella dormida al tiempo que amanecía. Es uno de los pueblos que este príncipe mandó poblar después, y sus moradores se jactan[26] hoy grandemente del nombre, porque lo impuso nuestro Inca. De allí llegaron él y su mujer,
nuestra reina, a este valle del Cuzco, que entonces todo él estaba
25 hecho montaña brava.
    La primera parada que en este valle hicieron, dijo el Inca, fue en
el cerro llamado Huanacauri, al mediodía de esta ciudad. Allí
procuró hincar en tierra la barra de oro, la cual, con mucha
facilidad, se les hundió al primer golpe que dieron con ella, que
30 no la vieron más. Entonces dijo nuestro Inca a su hermana y
mujer:[27] "En este valle manda nuestro padre el sol que paremos y
hagamos nuestro asiento y morada, para cumplir su voluntad. Por

21. forma antigua de **tienen frío**   26. **se jactan** *boast*
22. **lluevo . . . tiempos** *I send rain*   27. El primer inca se casó con su her-
and evening dew at the proper times   mana así como lo hicieron otros incas,
23. **septentrión** *north*   creyendo que no existían otras mujeres
24. **venta . . . pequeño** *inn or lodging*   de igual nobleza.
25. **mediodía** *south*

tanto, reina y hermana, conviene que cada uno por su parte vamos a convocar y atraer esta gente, para los doctrinar y hacer el bien que nuestro padre el sol nos manda."

Del cerro Huanacauri salieron nuestros primeros reyes cada uno por su parte a convocar las gentes, y por ser aquel lugar el primero 5 de que tenemos noticia que hubiesen hollado con sus pies,[28] y por haber salido de allí a bien hacer a los hombres, teníamos hecho en él, como es notorio, un templo para adorar a nuestro padre el sol, en memoria de esta merced y beneficio que hizo al mundo.

El príncipe fue al septentrión, y la princesa al mediodía. A todos los 10 hombres y mujeres que hallaban por aquellos breñales les hablaban y decían cómo su padre el sol les había enviado del cielo para que fuesen maestros y bienhechores de los moradores de toda aquella tierra, sacándoles de la vida ferina[29] que tenían, y mostrándoles a vivir como hombres; y que en cumplimiento de lo que el sol su 15 padre les había mandado iban a los convocar y sacar de aquellos montes y malezas, y reducirlos a morar en pueblos poblados, y a darles para comer manjares de hombres, y no de bestias. Estas cosas y otras semejantes dijeron nuestros reyes a los primeros salvajes que por estas sierras y montes hallaron; los cuales, viendo aquellas dos 20 personas vestidas y adornadas con los ornamentos que nuestro padre el sol les había dado, hábito muy diferente del que ellos traían, y las orejas horadadas, y tan abiertas como sus descendientes las traemos, y que en sus palabras y rostro mostraban ser hijos del sol, y que venían a los hombres para darles pueblos en que viviesen, 25 y mantenimientos[30] que comiesen; maravillados por una parte de lo que veían, y por otra aficionados de las promesas que les hacían, les dieron entero crédito a todo lo que les dijeron, y los adoraron y reverenciaron como a hijos del sol, y obedecieron como a reyes. Y convocándose los mismos salvajes unos a otros, y refiriendo las maravillas que habían visto y oído, se juntaron en gran número 30 hombres y mujeres, y salieron con nuestros reyes para los seguir donde ellos quisiesen llevarlos.

Nuestros príncipes, viendo la mucha gente que se les allegaba, dieron orden que unos se ocupasen en proveer de su comida cam- 35

28. que . . . pies *which they had trod with their feet*

29. ferina *savage*

30. **mantenimientos** *food*

pestre[31] para todos, porque el hambre no los volviese a derramar por
los montes. Mandó que otros trabajasen en hacer chozas[32] y casas,
dando el Inca la traza cómo las habían de hacer. De esta manera se
principió a poblar esta nuestra imperial ciudad dividida en dos
5 medios que llamaron Hanan Cuzco, que, como sabes, quiere decir
Cuzco el alto, y Hurin Cuzco, que es Cuzco el bajo. Los que atrajo el
rey quiso que poblasen a Hanan Cuzco, y por esto le llamaron el
alto; y los que convocó la reina, que poblasen a Hurin Cuzco, y por
eso le llamaron el bajo. Esta división de ciudad no fue para que los
10 de la una mitad se aventajasen a los de la otra mitad en exenciones
y preeminencias, sino que todos fuesen iguales como hermanos, hijos
de un padre y de una madre.

Sólo quiso el Inca que hubiese esta división de pueblo y diferencia
de nombres alto y bajo, para que quedase perpetua memoria de que
15 a los unos había convocado el rey, y a los otros la reina. Y mandó
que entre ellos hubiese sola una diferencia y reconocimiento de
superioridad: que los del Cuzco alto fuesen respetados y tenidos
como primogénitos hermanos mayores; y los del bajo fuesen como
hijos segundos.

20   Y en suma, fuesen como el brazo derecho y el izquierdo en
cualquiera preeminencia de lugar y oficio, por haber sido los del
alto atraídos por el varón, y los del bajo por la hembra.

31. **campestre** *country*   32. **chozas** *huts*

Preguntas

1. ¿Qué le preguntó Garcilaso un día al Inca su tío?
2. ¿Quién fue el primero de los incas?
3. ¿Cómo se llamaba él? ¿Y cómo se llamaba su esposa y hermana?
4. ¿Cómo eran las gentes en los siglos antiguos?
5. ¿Cómo se vestían? ¿Qué comían?
6. ¿Por qué no era lícito decir la palabra "inca"?
7. ¿Por qué envió el padre sol a sus hijos a la tierra?
8. ¿Qué habían de hacer en la tierra?
9. ¿Por qué procuraban hincar la barrilla de oro en el suelo?
10. ¿Adónde caminaron los hijos del sol después de llegar a la tierra?

11. ¿Por qué se jactan hoy los pueblos de Pacarec Tampu?
12. ¿Qué pasó cuando los hijos del sol procuraron hincar en la tierra su barrilla de oro?
13. ¿Qué convinieron hacer los hijos del sol?
14. ¿Adónde fue el príncipe inca y adónde fue su hermana?
15. ¿Por qué dividieron los príncipes la ciudad en dos partes? ¿Cuáles fueron las partes?

Temas

1. Lo que aprendió el joven Garcilaso en la corte incaica.
2. La vida primitiva de los indios antes de la llegada de los príncipes del sol.
3. El plan divino del padre Sol con respecto a los indios brutos.
4. Lo que enseñarían los príncipes a los indios salvajes.
5. Lo que hicieron la reina inca y su hermano.

Alonso de Ercilla y Zúñiga (1533–1594)

Alonso de Ercilla, noble cortesano de Felipe II, intranquilo a pesar de su vida plácida y fácil, partió hacia el Nuevo Mundo en busca de gloria y fortuna. Viajó por Chile y luchó contra una de las naciones indias más indómitas, los araucos. El amor a la libertad y al in-
5 dividualismo de estos indios impresionaron al joven español. Movido por aquel espectáculo de digna rebeldía que ofrecían los araucos, Ercilla escribió la primera epopeya de América, basándose en los modelos literarios de las epopeyas europeas muy conocidas en aquella época. Sujeto a las normas literarias del género, el autor
10 pasó por alto los aspectos de la vida cotidiana y el ambiente, para describirnos los araucos como nobles y valientes guerreros y sus mujeres como bellas y elegantes doncellas y damas.

Ercilla, inspirándose en las antiguas epopeyas, escribió con fervor acerca de las nobles virtudes de araucanos y españoles. Con singular
15 destreza y línea clara y precisa, dibujó el magnífico espectáculo de las grandes luchas. El asunto fundamental del poema tiene gran interés para nosotros, ya que en sus estrofas se declara el amor a la libertad y la resistencia de aquellos indios que rehusaban el yugo odioso de la dominación española. En el fondo vital del poema se
20 siente el espíritu pujante de la cruzada española, siempre ansiosa de ganar todo un mundo para Dios y para la corona.

Ercilla veía que el esfuerzo español no era una amenaza brutal sino la confluencia de dos corrientes étnicas que en el curso de la historia mezclarían su sangre viril para darnos una raza y una
25 cultura que representaría lo mejor de España y América. Los chilenos de hoy han inmortalizado la profecía de Ercilla, ya que en ellos tiene lugar la mezcla de lo español y lo arauco.

La Araucana (1569–89) se divide en tres partes. La primera describe

Alonso de Ercilla, caballero de
Santiago, por el grabador F. Selmo.
De los *Retratos de los españoles ilustres*
(Madrid, 1791). (In the library of
the Hispanic Society of America,
New York)

a los araucanos antes de la llegada de los españoles y las primeras
batallas que tuvieron efecto después del descubrimiento de Chile.
Las partes segunda y tercera nos relatan el desarrollo de la guerra
y los hechos y valentía de españoles y araucanos. La acción del
poema es colectiva, sin que aparezca un protagonista único, porque   5
la idealización de la libertad y la lucha por mantenerla es el tema
central de esta epopeya.

El trozo que ofrecemos representa un solo incidente de aquella
guerra brutal y sangrienta. Dramática y angustiosa es la escena en
que vemos a Caupolicán frente a sus verdugos.   10

En el canto que sigue (tercera parte, canto XXXIII) la esposa de
Caupolicán pronuncia un soliloquio en el que nos declara que la
cruel y traidora fortuna a todos nos mata. Sabemos que fue Caupolicán culpable de la muerte de Valdivia y quien derrotó muchas
veces a los españoles. Si le perdonan la vida, el cacique ofrece llevar 15
a sus araucos a la conversión y hacerlos vasallos de Felipe II. Sin
embargo, Caupolicán fue ejecutado con toda crueldad frente a sus
amigos y familiares. Tunconabala heredó el cacicazgo y llevó a su
pueblo abatido hacia las lejanas montañas para evitar la presencia
cruel y tiranizante de los españoles.   20

LA ARAUCANA

Por una senda angosta e intricada,
Subiendo grandes cuestas y bajando,
Del solícito bárbaro guiada[1]
Iba a paso tirado caminando;[2]

5　Mas la oscura tiniebla adelgazada[3]
Por la vecina aurora, reparando
Junto a un arroyo y pedregosa fuente,
Volvió el indio diciendo a nuestra gente:
"Yo no paso adelante, ni es posible

10　Seguir este camino comenzado,
Que el hecho es grande y el temor terrible
Que me detiene el paso acobardado,[4]
Imaginando aquel aspecto horrible
Del gran Caupolicán contra mí airado,[5]

15　Cuando venga a saber que solo he sido
El soldado traidor que le ha vendido.
"Por este arroyo arriba, que es la guía,
Aunque sin rastro alguno ni vereda
Daréis presto en el sitio y ranchería,[6]

20　Que está en medio de un bosque y arboleda;
Y antes que aclare el ya vecino día
Os dad priesa a llegar, por que no pueda
La centinela descubrir del cerro[7]
Vuestra venida oculta y mi gran yerro.

25　"Yo me vuelvo de aquí, pues he cumplido
Dejándoos, como os dejo, en este puesto,
Adonde salvamente os he traído,

---

1. **Del** . . . **guiada** *guided by the accommodating savage* (es la escuadra que es guiada por este bárbaro)
2. **Iba** . . . **caminando** *went traveling at a rapid rate*
3. **Mas** . . . **adelgazada** *but the dark twilight waning*
4. **Que** . . . **acobardado** *which holds back my cowardly step*
5. **Del** . . . **airado** *of great Caupolican wrathful against me*
6. **Daréis** . . . **ranchería** *you will quickly come upon the site and the settlement*
7. **por que** . . . **cerro** *so that the sentinel may not discover from the peak*

Poniéndome a peligro manifiesto:
Y pues al punto justo habéis venido,
Os conviene dar priesa[8] y llegar presto,
Que es irrecuperable y peligrosa
La pérdida del tiempo en toda cosa.   5
    "Y si sienten rumor desta[9] venida,
El sitio es ocupado y peñascoso,[10]
Fácil y sin peligro la huida
Por un derrumbadero[11] montuoso:
Mirad que os daña ya la detenida,   10
Seguid hoy vuestro hado[12] venturoso,
Que menos de una milla de camino
Tenéis al enemigo ya vecino."
    No por caricia, oferta ni promesa
Quiso el indio mover el pie adelante,   15
Ni amenaza de muerte o vida o presa
A sacarle del tema fue bastante;
Y viendo el tiempo corto y que la priesa
Les era a la sazón tan importante,
Dejándole amarrado[13] a un grueso pino,   20
La relación siguieron y camino.
    Al cabo de una milla, y a la entrada
De un arcabuco[14] lóbrego y sombrío,
Sobre una espesa y áspera quebrada[15]
Dieron en un pajizo y gran bohío;[16]   25
La plaza en derredor fortificada
Con un despeñadero[17] sobre un río,
Y cerca dél cubiertas de espadañas[18]
Chozas, casillas, ranchos y cabañas.
    La centinela en esto, descubriendo   30
De la punta de un cerro nuestra gente,

8. **Os . . . priesa** *it is necessary for you*
to hurry
9. **desta** *forma antigua de* **de esta**
10. **peñascoso** *craggy*
11. **derrumbadero** *precipice*
12. **hado** *fate*
13. **amarrado** *bound*
14. **arcabuco** *craggy thicket*
15. **quebrada** *gorge*
16. **Dieron . . . bohío** *they came upon*
a large straw hut
17. **despeñadero** *cliff*
18. **espadañas** *bulrushes*

Dió la voz y señal apercibiendo
Al descuidado general valiente;
Pero los nuestros en tropel corriendo
Le cercaron la casa de repente,
5   Saltando el fiero bárbaro a la puerta,
Que ya a aquella sazón estaba abierta.
    Mas, viendo el paso en torno embarazado[19]
Y el presente peligro de la vida,
Con un martillo fuerte y acerado
10   Quiso abrir a su modo la salida;
Y alzándole a dos manos, empinado,[20]
Por darle mayor fuerza a la caída,
Topó una viga arriba atravesada
Do la punta encarnó y quedó trabada;[21]
15   Pero un soldado a tiempo atravesando
Por delante, acercándose a la puerta,
Le dio un golpe en el brazo, penetrando
Los músculos y carne descubierta:
En esto el paso el indio retirando,
20   Visto el remedio y la defensa incierta,
Amonestó a los suyos que se diesen
Y en ninguna manera resistiesen.
    Salió fuera sin armas, requiriendo
Que entrasen en la estancia asegurados,
25   Que eran pobres soldados que huyendo
Andaban de la guerra amedrentados;[22]
Y así, con priesa y turbación, temiendo
Ser de los forajidos salteados,[23]
A la ocupada puerta había salido,
30   De las usadas armas prevenido.
    Entraron de tropel, donde hallaron
Ocho o nueve soldados de importancia,
Que rendidas las armas, se entregaron
Con muestras aparentes de ignorancia:

19. **embarazado** *blocked*
20. **empinado** *upraised*
21. **Do . . . trabada** *where the point sank in and was held fast*

22. **amedrentados** *fearful*
23. **temiendo . . . salteados** *fearing to be ambushed by the outlaws*

Todos atrás las manos los ataron,
Repartiendo el despojo y la ganancia,
Guardando al capitán disimulado[24]
Con dobladas prisiones y cuidado:
    Que aseguraba con sereno gesto   5
Ser un bajo soldado de linaje;
Pero en su talle y cuerpo bien dispuesto
Daba muestra de ser gran personaje.
Gastóse algún espacio y tiempo en esto,
Tomando de los otros más lenguaje,   10
Que todos contestaban que era un hombre
De estimación común y poco nombre.
    Ya entre los nuestros a gran furia andaba
El permitido robo y grita usada,
Que rancho, casa y choza no quedaba   15
Que no fuese deshecha y saqueada,
Cuando de un toldo,[25] que vecino estaba
Sobre la punta de la gran quebrada,[26]
Se arroja una mujer, huyendo apriesa
Por lo más agrio de la breña espesa.   20
    Pero alcanzóla un negro a poco trecho,
Que tras ella se echó por la ladera,
Que era intricado el paso y muy estrecho,
Y ella no bien usada en la carrera:
Llevaba un mal envuelto niño al pecho   25
De edad de quince meses, el cual era
Prenda del preso padre desdichado,
Con grande extremo dél y della amado.
    Trújola el negro suelta, no entendiendo
Que era presa y mujer tan importante: 30
En esto ya la gente iba saliendo
Al tino del arroyo resonante,
Cuando la triste Palla,[27] descubriendo
Al marido que preso iba adelante,

24. **disimulado** *feigned*
25. **toldo** *tent*
26. **quebrada** *precipice*

27. **Palla:** Fresia, mujer de Caupolicán, era de la tribu de los indios pallos,
de la familia de los araucos.

De sus insignias y armas despojado
En el montón de la canalla atado.

    No reventó con llanto la gran pena,
Ni de flaca mujer dio allí la muestra,
5   Antes de furia y viva rabia llena,
Con el hijo delante se le muestra
Diciendo: "La robusta mano ajena
Que así ligó tu afeminada diestra
Más clemencia y piedad contigo usara
10   Si ese cobarde pecho atravesara.

    "¿Eres tú aquel varón que en pocos días
Hinchó la redondez de sus hazañas,[28]
Que con sólo la voz temblar hacías
Las remotas naciones más extrañas?
15   ¿Eres tú el capitán que prometías
De conquistar en breve las Españas,
Y someter el ártico hemisferio
Al yugo y ley del araucano[29] imperio?

    "¡Ay de mí, como andaba yo engañada
20   Con mi altiveza y pensamiento ufano,
Viendo que en todo el mundo era llamada
Fresia mujer del gran Caupolicano![30]
Y agora, miserable y desdichada,
Todo en un punto me ha salido vano,
25   Viéndote prisionero en un desierto,
Pudiendo haber honradamente muerto.

    "¿Qué son de aquellas pruebas peligrosas,
Que así costaron tanta sangre y vidas?
¿Las empresas difíciles dudosas
30   Por ti con tanto esfuerzo acometidas?
¿Qué es de aquellas victorias gloriosas
De esos atados brazos adquiridas?
¿Todo, al fin, ha parado y se ha resuelto
En ir con esa gente infame envuelto?

28. **Hinchó . . . hazañas** *completed the fullness of his deeds*
29. **araucano** *Araucanian*

30. A Caupolicán se le agrega aquí una o para que rime con *ufano* y *vano*.

"Dime: ¿faltóte esfuerzo, faltó espada
Para triunfar de la mudable diosa?
¿No sabes que una breve muerte honrada
Hace inmortal la vida y gloriosa?
Miraras a esta prenda[31] desdichada,   5
Pues que de ti no queda ya otra cosa,
Que yo, apenas la nueva me viniera,
Cuando muriendo alegre te siguiera.
    "Toma, toma tu hijo, que era el nudo
Con que el lícito amor me había ligado;   10
Que el sensible[32] dolor y golpe agudo
Estos fértiles pechos han secado:
Cría, críale tú, que ese membrudo
Cuerpo, en sexo de hembra se ha trocado:
Que yo no quiero título de madre   15
Del hijo infame del infame padre."
    Diciendo esto, colérica y rabiosa
El tierno niño le arrojó delante,
Y con ira frenética y furiosa
Se fue por otra parte en el instante: 20
En fin, por abreviar, ninguna cosa
(De ruegos ni amenazas) fue bastante
A que la madre ya cruel volviese,
Y el inocente hijo recibiese.
    Diéronle nueva madre, y comenzaron   25
A dar la vuelta y a seguir la vía,
Por la cual a gran priesa caminaron,
Recobrando al pasar la fida[33] guía,
Que atada al tronco por temor dejaron;
Y en larga escuadra al declinar del día   30
Entraron en la plaza embanderada,
Con gran aplauso y alardosa entrada.
    Hízose con los indios diligencia
Porque con más certeza se supiese
Si era Caupolicán, que su aparencia   35

31. **prenda** *darling*   33. **fida** *faithful*
32. **sensible** *grievous*

Daba claros indicios que lo fuese;
Pero ni ausente dél ni en su presencia
Hubo entre tantos uno que dijese
Que era más que un incógnito soldado,
5   De baja estofa[34] y sueldo moderado;
   Aunque algunos después más animados,
Cuando en particular los apretaban,
De su cercana muerte asegurados,
El sospechado engaño declaraban;
10 Pero luego delante dél llevados,
Con medroso temblor se retrataban,
Negando la verdad ya comprobada,
Por ellos en ausencia confesada.
   Mas, viéndose apretado y peligroso,
15 Y que encubrirse al cabo no podía,
Dejando aquel remedio infructuoso
Quiso tentar el último que había;
Y así, llamando al capitán Reinoso,[35]
Que luego vino a ver lo que quería,
20 Le dijo con sereno y buen semblante
Lo que dirán mis versos adelante.

34. **estofa** *class, origin*   españoles de la guerra contra los
35. **Reinoso:** uno de los capitanes   araucanos

Preguntas

1. ¿Por qué no quería pasar más adelante el joven indio?
2. ¿Dónde se hallaba la ranchería de Caupolicán?
3. ¿Qué haría el traidor cuando los españoles atacaran a Caupolicán?
4. ¿Qué le hicieron a Caupolicán antes de capturarle?
5. ¿Por qué no pudo escapar Caupolicán?
6. ¿Qué hizo el jefe indio cuando trató de escapar?
7. Después de recibir una herida ¿qué dijo Caupolicán?
8. ¿Cómo explicaron los indios su presencia en la ranchería?
9. ¿Cómo se portaron los soldados españoles en la ranchería de Caupolicán?
10. ¿Quién capturó a la india Fresia, mujer de Caupolicán?

11. ¿Por qué se quejaba tanto la india frente a su marido?
12. ¿Qué debía hacer su marido, según ella?
13. ¿Por qué arrojó Fresia al niño a los pies de Caupolicán?
14. ¿A quién dieron al niño, hijo de Caupolicán y Fresia?
15. ¿Qué dijeron los compañeros de Caupolicán cuando los apretaron los españoles?
16. Al fin y al cabo ¿quiénes confesaron a los españoles que el cautivo era Caupolicán?

Temas

1. La captura de Caupolicán.
2. Ercilla como poeta épico español.
3. El heroísmo de Caupolicán capturado.
4. La personalidad de Fresia.
5. La actitud de los españoles frente a sus enemigos araucos.

Sor Juana Inés de la Cruz (1651–1695)

Una de las más esclarecidas hijas del Nuevo Mundo, Sor Juana Inés de la Cruz nació en San Miguel de Nepantla, un pueblecito cerca de la ciudad de México. Antes de profesar como monja jerónima, se llamaba Juana de Asbaje y Ramírez, y era de humilde cuna.

5 Esta poetisa lírica, la más alta figura literaria de todo el período colonial, mostró su precocidad a muy tierna edad. Después de aprender a leer a la edad de tres años, se dedicó a leer con avidez, aprovechando siempre toda oportunidad de satisfacer su intensa curiosidad intelectual. Su talento lírico se ve en una loa que compuso cuando
10 apenas contaba ocho años.

Juana obtuvo un puesto de dama de la corte de la Marquesa de Mancera, la esposa del Virrey de Nueva España. Allí en el ambiente intelectual y cultural de la corte, continuó sus estudios. Una prueba pública de su talento se manifestó en un examen oral público que
15 sustentó Juana a la edad de diez y siete años. El Virrey quería averiguar su sabiduría y convocó muchos intelectuales notables de ese tiempo: hombres de ciencia, teólogos, filósofos, humanistas, etc. La joven los asombró a todos por la penetración y exactitud de sus respuestas.

20 En la persona de esta mujer se reunió la belleza con la sabiduría, y es natural que sus encantos eran el objeto del interés amoroso de varios nobles. En aquella época cuando las únicas dos carreras que se ofrecían a la mujer eran el matrimonio o el convento, una joven hermosa no podía tardar en seleccionar su camino. Juana optó por
25 el convento, impulsada por su amor a los libros y sus deseos de vivir y estudiar en reclusión. Durante sus veinte y siete años de vida conventual, Sor Juana pasó la mayor parte de su tiempo en una celda rodeada de más de cuatro mil volúmenes y de sus instrumentos

54

musicales y matemáticos. A pesar de la crítica pública y también de la de algunos oficiales religiosos, no dejó de escribir hasta dos años antes de su muerte. Recibió ella visitas de muchas personas distinguidas de la corte y creció su reputación a causa de sus actividades piadosas e intelectuales. Murió de una epidemia que invadió la 5 ciudad de México en 1695.

Además de poesías Sor Juana escribió cartas, comedias y autos. Parece haber nacido con un don especial para versificar. La época literaria en que vivió fue dominada por el gusto literario llamado gongorismo, un estilo elaborado, lleno de imágenes y conceptos. 10 Sus mejores versos muestran menos de esta tendencia general, y en ellos podemos ver el estilo claro y directo de esta mujer.

Sor Juana fue una feminista ardiente. Le indignaban las costumbres y los prejuicios que colocaban a la mujer en un plano inferior. Protestó siempre contra el criterio injusto con que los hombres 15 juzgaban a la mujer. La más conocida de sus obras poéticas, entre las redondillas más populares de la lírica española, son sus· observaciones astutas "Contra las injustias de los hombres al hablar de las mujeres," que insertamos aquí. Sus sonetos "A su retrato" y "A una rosa" muestran sus reflexiones sobre lo fugaz de la vida mun- 20 dana, y "Vale más amar" trata del tema eterno de querer sin ser correspondido. Su romance, "Sobre el efecto del amor divino" muestra su preocupación por no poder consagrarse por completo a la vida espiritual. De su prosa ponemos un extracto de una carta famosa que escribió ella en su defensa, explicando su inclinación y 25 su educación. La naturalidad y la sinceridad de su prosa son notables.

A través de todas las obras de esta mujer prodigiosa se destacan su curiosidad investigadora y su habilidad poderosa para observar. Esta ilustre poetisa, que ostenta el título de "La Décima Musa," 30 representa el apogeo de la vida intelectual americana a fines del siglo diez y siete.

Sor Juana Inés de la Cruz por Miguel Cabrera, propiedad del Instituto Nacional de Antropología e Historia, México.

REDONDILLAS [1]

Contra las Injusticias de los Hombres al Hablar de las Mujeres

Hombres necios[2] que acusáis
a la mujer sin razón,
sin ver que sois la ocasión
de lo mismo que culpáis:
    si con ansia sin igual   5
solicitáis su desdén,
¿por qué queréis que obren bien[3]
si las incitáis al mal?
    Combatís su resistencia
y luego, con gravedad   10
decís que fue liviandad[4]
lo que hizo la diligencia.[5]
    Parecer quiere el denuedo
de vuestro parecer loco,
al niño que pone el coco   15
y luego le tiene miedo.[6]
    Queréis, con presunción necia,
hallar a la que buscáis,
para pretendida,[7] Thais,[8]
y en la posesión, Lucrecia.[9]   20
    ¿Qué humor puede ser más raro
que el que, falto de consejo,

1. **Redondilla:** una forma corriente y característica de la métrica española. Emplea una estrofa de cuatro versos octosílabos, de los cuales riman el primero con el último y el segundo con el tercero, *abba*.
2. **necios** *foolish*
3. **que obren bien** *them to act virtuously*
4. **liviandad** *licentiousness*
5. **lo . . . diligencia** *what persistence accomplished*

6. **Parecer . . . miedo** *The audacity of your foolish attitude seems to resemble the child who "makes up" the bogeyman and then is afraid of him*
7. **pretendida** *girl friend*
8. **Thais** fue una cortesana griega de mucha fama.
9. **Lucrecia** fue una dama romana que se mató después de un ataque de Tarquino contra su honor. Queda como un símbolo de la virtud.

el mismo empaña[10] el espejo,
y siente que no esté claro?

Con el favor y el desdén
tenéis condición igual,
5   quejándoos, si os tratan mal,
burlándoos, si os quieren bien.

Opinión, ninguna gana;
pues la que más se recata,[11]
si no os admite, es ingrata,
10   y si os admite, es liviana.

Siempre tan necios andáis
que, con desigual nivel,[12]
a una culpáis por cruel
y a otra por fácil culpáis.

15   ¿Pues cómo ha de estar templada
la que vuestro amor pretende,[13]
si la que es ingrata, ofende,
y la que es fácil, enfada?

Mas, entre el enfado y pena
20   que vuestro gusto refiere,
bien haya la que no os quiere
y quejáos enhorabuena.[14]

Dan vuestras amantes penas
a sus libertades alas,
25   y después de hacerlas malas
las queréis hallar muy buenas.

¿Cuál mayor culpa ha tenido
en una pasión errada:
la que cae de rogada,
30   o el que ruega de caído?[15]

¿O cuál es más de culpar,
aunque cualquiera mal haga:

10. **empaña** *blurs, soils*
11. **se recata** *acts modestly*
12. **con desigual nivel** *with inconsistent judgment*
13. **cómo . . . pretende** *how is the one whom your love seeks to be careful*

14. **bien . . . enhorabuena** *blessings on the one who does not love you and you are welcome to complain*
15. **la que . . . de caído?** *she who falls because she is begged or he who, having fallen, begs her?*

la que peca por la paga,[16]
o el que paga por pecar?
    Pues, ¿para qué os espantáis
de la culpa que tenéis?
Queredlas cual[17] las hacéis   5
o hacedlas cual las buscáis.
    Dejad de solicitar
y después, con más razón,
acusaréis la afición
de la que os fuere a rogar.[18]   10
    Bien con muchas armas fundo[19]
que lidia vuestra arrogancia,
pues en promesa e instancia
juntáis diablo, carne y mundo.

16. **la paga** *payment*   *who might go to woo* (seek) *you*
17. **cual** *just as*   19. **fundo** *I maintain*
18. **de la que . . . rogar** *of the one*

SONETOS

A su Retrato

Este, que ves, engaño colorido,   15
que del arte ostentando los primores,[1]
con falsos silogismos[2] de colores
es cauteloso[3] engaño del sentido;
    éste, en quien la lisonja[4] ha pretendido
excusar de los años los horrores,   20
y venciendo del tiempo los rigores
triunfar de la vejez y del olvido,
    es un vano artificio del cuidado,
es una flor al viento dedicada,
es un resguardo[5] inútil para el hado:[6]   25
    es una necia diligencia[7] errada,

1. **primores** *beauties*   5. **resguardo** *defense*
2. **silogismos** *syllogisms*   6. **hado** *fate*
3 **cauteloso** *wary*   7. **diligencia** *effort*
4. **lisonja** *flattery*

es un afán caduco[8] y, bien mirado,
es cadáver, es polvo, es sombra, es nada.

8. **afán caduco** *frail desire*

A UNA ROSA

Rosa divina que en gentil cultura
eres, con tu fragante sutileza,
5   magisterio purpúreo en la belleza,
enseñanza nevada a la hermosura.
    Amago[1] de la humana arquitectura,
ejemplo de la vana gentileza,
en cuyo ser unió naturaleza
10   la cuna alegre y triste sepultura.
    ¡Cuán altiva[2] en tu pompa, presumida,
soberbia, el riesgo de morir desdeñas,
y luego desmayada y encogida[3]
    de tu caduco ser das mustias[4] señas,
15   con que con docta[5] muerte y necia vida,
viviendo engañas y muriendo enseñas!

1. **Amago** *empty promise, hint*   4. **mustias** *withered*
2. **altiva** *haughty*   5. **docta** *learned*
3. **encogida** *timid*

ENTRE ENCONTRADAS CORRESPONDENCIAS[1]
VALE MAS AMAR QUE ABORRECER

Al que ingrato me deja, busco amante;
al que amante me sigue, dejo ingrata;
constante adoro a quien mi amor maltrata;
20   maltrato a quien mi amor busca constante.
    Al que trato de amor, hallo diamante,
y soy diamante al que de amor me trata;
triunfante quiero ver al que me mata,
y mato al que me quiere ver triunfante.
25   Si a éste pago,[2] padece mi deseo;
si ruego a aquél,[3] mi pundonor enojo:

1. **correspondencias** *relationships*   3. **si ... aquél** *if I beseech (seek after)*
2. **Si ... pago** *If I give pleasure to the*   *the former*
latter

de entrambos modos infeliz me veo.
Pero yo, por mejor partido, escojo
de quien no quiero, ser violento empleo,[4]
que,[5] de quien no me quiere, vil despojo.[6]

4. **empleo** *object of his desire*   6. **despojo** *castoff*
5. **que** *rather than*

ROMANCE[1]

En que Expresa los Efectos del Amor Divino

Mientras la gracia[2] me excita   5
por elevarme a la esfera,
más me abate[3] hasta el profundo
el peso de mis miserias.
La virtud y la costumbre[4]
en el corazón pelean;   10
y el corazón agoniza,
en tanto que lidian ellas.
Y, aunque es la virtud tan fuerte,
temo que tal vez la venzan;
que es muy grande la costumbre   15
y está la virtud muy tierna.
Obscurécese el discurso[5]
entre confusas tinieblas;
pues ¿quién podrá darme luz,
si está la razón a ciegas?   20
De mí misma soy verdugo,[6]
y soy cárcel de mi misma,
¿quién vio que pena y penante
una propia cosa sean?[7]

1. **Romance:** forma octosilábica tradicional de la métrica española, que
repite al fin de todos los versos pares
una misma asonancia y no da a los
impares rima de ninguna especie
2. **gracia** *divine grace*
3. **abate** *discourages*
4. **costumbre** *worldly habits*
5. **Obscurécese el discurso** *reasoning is obscured*
6. **verdugo** *executioner*
7. **que pena . . . sean?** *that the afflic-tion and the one afflicted could be one and the same?*

Hago disgusto[8] a lo mismo
que más agradar quisiera;
y del disgusto que doy,
en mí resulta la pena.

5   Amo a Dios, y siento[9] en Dios;
y hace mi voluntud misma
de lo que es alivio,[10] cruz,
del mismo puerto,[11] tormenta.

Padezca,[12] pues Dios lo manda;
10   mas de tal manera sea,
que si son penas mis culpas
que no sean culpas las penas.[13]

8. **Hago disgusto** *I displease*
9. **siento** *I suffer*
10. **alivio** *relief, betterment*
11. **puerto** *haven, refuge*

12. **Padezca** *let me suffer*
13. **que si . . . penas** *that if my faults are sufferings, let not my sufferings be faults*

CARTA AL OBISPO DE PUEBLA

RESPUESTA A SOR FILOTEA DE LA CRUZ

Prosiguiendo en la narración de mi inclinación[1] (de que os quiero dar entera noticia), digo que no había cumplido los tres años de mi
15   edad cuando enviando mi madre a una hermana mía, mayor que yo, a que se enseñase a leer en una de las que llaman *Amigas*,[2] me llevó a mí tras ella el cariño y la travesura;[3] y viendo que la daban lección, me encendí yo de manera en el deseo de saber leer, que engañando, a mi parecer, a la maestra, la dije que mi madre
20   ordenaba me diese lección. Ella no lo creyó, porque no era creíble; pero, por complacer al donaire,[4] me la dio. Proseguí yo en ir y ella prosiguió en enseñarme, ya no de burlas, porque la desengañó la experiencia; y supe leer en tan breve tiempo, que ya sabía cuando lo supo mi madre, a quien la maestra lo ocultó por darle el gusto por
25   entero y recibir el galardón[5] por junto; y yo lo callé creyendo que me azotarían por haberlo hecho sin orden. Aún vive la que me enseñó (Dios la guarde), y puede testificarlo.

1. **inclinación** *calling*
2. **Amigas** *school for small children*
3. **travesura** *mischief*

4. **donaire** *joke, whim*
5. **galardón** *reward, surprise*

Acuérdome que en estos tiempos, siendo mi golosina[6] la que es ordinaria en aquella edad, me abstenía de comer queso, porque oí decir que hacía rudos,[7] y podía conmigo más el deseo de saber que el de comer, siendo éste tan poderoso en los niños. Teniendo yo después como seis o siete años, y sabiendo ya leer y escribir, con todas 5 la sotras habilidades de labores[8] y costuras que aprenden las mujeres, oí decir que había Universidad y Escuelas en que se estudiaban las ciencias, en México; y apenas lo oí cuando empecé a matar a mi madre con instantes e importunos ruegos sobre que, mudándome el traje,[9] me enviase a México, en casa de unos deudos que tenía, 10 para estudiar y cursar la Universidad. Ella no lo quiso hacer, e hizo muy bien, pero yo despiqué[10] el deseo en leer muchos libros varios que tenía mi abuelo, sin que bastasen castigos ni reprensiones a estorbarlo;[11] de manera que cuando vine a México, se admiraban, no tanto del ingenio, cuanto de la memoria y noticias que tenía en 15 edad que parecía que apenas había tenido tiempo para aprender a hablar.

Empecé a aprender gramática, en que creo no llegaron a veinte las lecciones que tomé; y era tan intenso mi cuidado, que siendo así que en las mujeres (y más en tan florida juventud) es tan apre- 20 ciable el adorno natural del cabello, yo me cortaba de él cuatro o seis dedos, midiendo hasta dónde llegaba antes, e imponiéndome ley[12] de que si cuando volviese a crecer hasta allí no sabía tal o tal cosa que me había propuesto aprender en tanto que crecía, me lo había de volver a cortar en pena de la rudeza.[13] Sucedía así que él 25 crecía y yo no sabía lo propuesto, porque el pelo crece aprisa y yo aprendía despacio, y con efecto le cortaba en pena de la rudeza: que no me parecía razón que estuviese vestida de cabellos cabeza que estaba tan desnuda de noticias, que era más apetecible adorno. 30

Entréme religiosa, porque aunque conocía que tenía el estado

---

6. **golosina** *favorite food*
7. **rudos** *stupid*
8. **labores** *needlework*
9. **mudándome el traje** *dressing me in boy's clothing*
10. **despiqué** *I satisfied*
11. **sin que . . . estorbarlo** *without*

punishments or scoldings being enough to hinder it (the desire)
12. **ley** *rule*
13. **en tanto . . . rudeza** *as soon as it grew, I was to cut it again as a penalty for my stupidity*

cosas (de las accesorias hablo, no de las formales)[14] muchas repug-
nantes a mi genio, con todo para la total negación que tenía al
matrimonio,[15] era lo menos desproporcionado y lo más decente que
podía elegir en materia de la seguridad que deseaba de mi salvación;
5 a cuyo primer respeto (como al fin más importante) cedieron y
sujetaron la cerviz todas las impertinencillas de mi genio,[16] que
eran: de querer vivir sola; de no querer tener ocupación obligatoria
que embarazase la libertad de mi estudio, ni rumor de comunidad
que impidiese el sosegado silencio de mis libros. Esto me hizo
10 vacilar algo en la determinación, hasta que alumbrándome personas
doctas de que era tentación, la vencí con el favor divino, y tomé el
estado que tan indignamente tengo.

14. **de las accesorias . . . formales**
I speak of some of the rules, not of the ideas
15. **con todo . . . matrimonio** *in view
of everything, considering the complete op-
position which I had toward marriage*

16. **a cuyo primer . . . mi genio** *for
whose prime concern (as, finally, the most
important) all the little follies of my nature
gave in and bent down*

Preguntas

1. ¿Por qué llama Sor Juana "necios" a los hombres?
2. ¿Quién era Lucrecia?
3. ¿Qué opinión muestra Sor Juana de su retrato?
4. ¿Por qué compara Sor Juana la rosa a la "arquitectura humana"?
5. ¿Qué desdeña la rosa?
6. ¿Qué peso pone triste a Sor Juana?
7. ¿Qué lidia contra la virtud en el corazón?
8. ¿Adónde fue la hermana mayor de Sor Juana?
9. ¿Por qué siguió la pequeñita a su hermana?
10. ¿Qué le dijo Sor Juana a la maestra?
11. ¿Por qué no le dijo la maestra nada a la madre de Sor Juana?
12. ¿Por qué no reveló el secreto Sor Juana?
13. ¿Por qué dejó de comer queso Sor Juana?
14. ¿Qué había aprendido ella a la edad de seis o siete años?
15. ¿Por qué se cortaba el cabello Sor Juana?

Temas

1. Las diferencias entre la actitud hacia la mujer en la sociedad hoy día y en la época de Sor Juana.
2. Lo fugaz de la vida humana.
3. La educación de Sor Juana.
4. Lo que puede un fuerte deseo por educarse.
5. El estilo poético de Sor Juana.

José Joaquín Fernández de Lizardi
(1774–1827)

Fernández de Lizardi, conocido en su época como "El Pensador Mexicano," fue el primer novelista mexicano y a la vez el primero de Hispanoamérica. Hoy se le conoce como el autor de *El Periquillo Sarniento* (1816), en inglés *The Mangy Parrot*, que es indudablemente
5 su obra maestra; pero Fernández de Lizardi es también autor de *La Quijotita y su prima* (1819), que es un comentario novelístico sobre las teorías de la enseñanza del famoso Jean-Jacques Rousseau; y *Noches tristes y día alegre* (1818), obra que relata lo que sufríió durante la Revolución. Sus obras incluyen también folletos de matiz político
10 que son fruto del México en vísperas de la Guerra de Independencia.

El Periquillo sarniento nos describe la sociedad mexicana en los días convulsivos de la revolución, pero el interés fundamental de la obra radica en su fórmula picaresca y en el profundo contenido humano que encierran sus páginas. La novela sigue la tradición
15 picaresca española que logró su más acabada forma en el *Lazarillo de Tormes* (1554). *El Periquillo* nos otorga páginas repletas del vivir angustioso, cínico y cruel del pícaro que aunque a veces nos parece criminal, inmoral o mezquino, no por eso pierde el encanto que heredó de los pícaros que le preceden en las letras españolas.

20 Fernández de Lizardi poseía el don de la pluma. Su estilo incisivo y animado cautiva; su tono está impregnado de esa dualidad picaresca que mezcla el cinismo y la alegría en rara alquimia literaria.

La selección que presentamos a continuación está tomada del
25 Capítulo XXV de *El Periquillo* cuando el protagonista aparece como aprendiz de barbero. El trozo escogido representa con gran

fidelidad lo más vibrante y característico de esta obra. *El Periquillo*, como sus antecesores en el género picaresco, fue sirviente de muchos amos, y en aquel vivir equívoco y precario aprendió las múltiples ocupaciones de sus amos. En las páginas que ofrecemos encontramos al Periquillo en medio de sus aventuras en su lucha por la vida. 5

EL PERIQUILLO SARNIENTO

Embebecido estaba en tan melancólicos pensamientos sin poder dar con el hilo que me sacara de tan confuso laberinto,[1] cuando Dios, que no desampara a los mismos que le ofenden, hizo que pasara junto a mí un venerable viejo, que con un muchacho se entretenía en sacar sanguijuelas con un *chiquihuite* en aquellas zanjitas;[2] y 10 estando en esta diligencia[3] me saludó y yo le respondí cortésmente.

El viejo, al oír mi voz, me miró con atención, y después de haberse detenido un momento, salta la zanja, me echa los brazos al cuello con la mayor expresión,[4] y me dice:

"¡Pedrito de mi alma! ¿Es posible que te vuelva a ver? ¿Qué es 15 esto? ¿Qué traje, qué sangre es ésa? ¿Cómo está tu madre? ¿Dónde vives?"

A tantas preguntas yo no respondía palabra, sorprendido al ver a un hombre a quien no conocía que me hablaba por mi nombre y con una confianza no esperada; mas él, advirtiendo la causa de 20 mi turbación, me dijo:

"¿Qué, no me conoces?"

"No, señor, la verdad," le respondí, "si no es para servirle."

"Pues yo sí te conozco, y conocí a tus padres y les debí mil favores. Yo me llamo Agustín Rapamentas: afeité al difunto señor 25 don Manuel Sarmiento, tu padrecito, muchos años, sí, muchos años, sobre que te conocí tamañito,[5] hijo, tamañito. Puedo decir

---

1. **dar . . . laberinto** *to find the thread which would lead me out of such a confusing labyrinth*
2. **se entretenía . . . zanjitas** *was entertaining himself by catching leeches with* a basket in that ditch
3. **diligencia** *occupation*
4. **expresión** *enthusiasm*
5. **sobre . . . tamañito** *in addition I knew you when you were a tiny boy*

que te vi nacer, y no pienses que no. Te quería mucho y jugaba contigo mientras que tu señor padre salía a afeitarse."

"Pues, señor don Agustín," le dije, "ahora voy recordando especies,[6] y en efecto, es así como usted lo dice."

5 "¿Pues qué haces aquí, hijo, y en este estado?" me preguntó.

"¡Ay, señor!", le respondí remedando el llanto de las viudas;[7] "mi suerte es la más desgraciada: mi madre murió dos años hace: los acreedores de mi padre me echaron a la calle y embargaron cuanto había en mi casa;[8] yo me he mantenido sirviendo a éste y 10 al otro; y hoy el amo que tenía, porque la cocinera echó el caldo frío y yo lo llevé así a la mesa, me tiró con él y con el plato me rompió la cabeza, y no parando en esto su cólera, agarró el cuchillo y corrió tras de mí, que a no tomarle yo la delantera,[9] no le cuento a usted mi desgracia.

* * *

15 Y fue que el barbero, condolido de mí, me llevó a su casa, y su familia, que se componía de una buena vieja llamada tía Casilda y del muchacho aprendiz, me recibió con el extremo más dulce de hospitalidad."

Cené aquella noche mejor de lo que pensaba, y al día siguiente 20 me dijo el maestro:

"Hijo, aunque ya eres grande para aprendiz (tendría yo diecinueve o veinte años; decía bien), si quieres, puedes aprender mi oficio, que si no es de los muy aventajados, a lo menos da que comer; y así aplícate que yo te daré la casa y el bocadito,[10] que es lo que 25 puedo."

Yo le dije que sí, porque por entonces me pareció conveniente; y según esto, me comedía a limpiar los paños, a tener la bacía y a hacer algo de lo que veía hacer al aprendiz.

Una ocasión que el maestro no estaba en casa, por ver si estaba 30 algo adelantado,[11] cogí un perro, a cuya fajina[12] me ayudó el aprendiz, y atándole los pies, las manos y el hocico, lo sentamos en

6. **ahora . . . especies** *I now remember a few episodes*
7. **remedando . . . viudas** *mimicking the weeping of widows*
8. **embargaron . . . casa** *seized everything that was in the house*
9. **a no . . . delantera** *if I hadn't got ahead of him*
10. **bocadito** *mouthful, food*
11. **si . . . adelantado** *if I was getting ahead in my trade*
12. **fajina** *capture*

La Catedral de la Ciudad de México construida en el siglo dieciséis. (Mexican National Tourist Office)

la silla amarrado en ella, le pusimos un trapito para limpiar las navajas, y comencé la operación de la rasura. El miserable perro ponía sus gemidos en el Cielo.[13] ¡Tales eran las cuchilladas que solía llevar de cuando en cuando!

Por fin, se acabó la operación y quedó el pobre animal retratable, 5 y luego que se vio libre, salió para la calle como alma que se llevan los demonios, y yo, engreído con esta primera prueba, me determiné a hacer otra con un pobre indio que se fue a rasurar de a medio.[14] Con mucho garbo[15] le puse los paños, hice al aprendiz trajera la bacía con el agua caliente, asenté las navajas y le di una zurra de 10 raspadas y tajos, que el infeliz, no pudiendo sufrir mi áspera mano, se levantó diciendo:

"¡Amoquale, quistiano, amoquale!"

Que fue como decirme en castellano:

"No me cuadra tu modo, señor, no me cuadra." 15

13. **El miserable . . . Cielo** *The wretched dog raised his moans to heaven.* (Con la boca atada no podía ladrar.)   14. **rasurar . . . medio** *to be shaved at half price*   15. **garbo** *elegance*

Ello es que él dio el medio real y se fue también medio rapado.

Todavía no contento con estas tan malas pruebas, me atrevía a sacarle una muela a una vieja que entró a la tienda rabiando de un fuerte dolor y en solicitud de mi maestro; pero como era resuelto, 5 la hice sentar y que entregara la cabeza al aprendiz para que se la tuviera.

Hizo éste muy bien su oficio: abrió la cuitada vieja su desierta boca después de haberme mostrado la muela que le dolía, tomé el descarnador[16] y comencé a cortarla trozos de encía[17] alegremente. 10 La miserable, al verse tasajear[18] tan seguido y con una porcelana[19] de sangre delante, me decía:

"Maestrito, por Dios, ¿hasta cuándo acaba usted de descarnar?" [20]

"No tenga usted cuidado, señora," le decía yo, "haga una poca de paciencia; ya le falta poco de la quijada."

15 En fin, así que le corté tanta carne cuanta bastó para que almorzara el gato de casa; le afiancé[21] el hueso con el respectivo instrumento, y di un estirón tan fuerte y mal dado, que le quebré la muela, lastimándole terriblemente la quijada.

"¡Ay, Jesús!", exclamó la triste vieja; "ya me arrancó usted las 20 quijadas, maestro del diablo."

"No hable usted, señora," le dije, "que se le meterá el aire y le corromperá la mandíbula."

"¡Qué *malíbula*[22] ni qué demonios!" decía la pobre. "¡Ay, Jesús! ¡ay! ¡ay! ¡ay!. . . .""

25 "Ya está señora," decía yo; "abra usted la boca, acabaremos de sacar el raigón,[23] ¿no ve que es muela matriculada?[24] "

"Matriculado esté usted en el infierno, *chambón*,[25] indigno, condenado," decía la pobre.

Yo, sin hacer caso de sus injurias, le decía:

30 "Ande, nanita,[26] siéntese y abra la boca, acabaremos de sacar

16. **descarnador** *scraper*
17. **encía** *gum (of mouth)*
18. **tasajear** *cut*
19. **porcelana** *porcelain bowl*
20. **hasta . . . descarnar** *young master, when do you finish scraping?*
21. **afiancé** *I grasped*
22. **malíbula** = **mandíbula** (La pobre pronuncia mal la palabra debido

a su lengua india o puede ser porque no puede hablar con la boca tan herida.)
23. **raigón** *root*
24. **¿no ve . . . matriculada?** *don't you see that the molar is firmly imbedded?*
25. **chambón** *clumsy ox*
26. **nanita** *granny*

ese hueso maldito; vea usted que un dolor quita muchos. Ande usted, aunque no me pague."

"Vaya usted mucho noramala," dijo la anciana, "y sáquele otra muela o cuantas tenga a la grandísima borracha que lo parió.[27] No tienen la culpa estos raspadores cochinos,[28] sino quien se pone en sus manos."

Prosiguiendo en estos elogios se salió para la calle sin querer ni volver a ver el lugar del sacrificio.

Yo algo me compadecí de su dolor, y el muchacho no dejó de reprenderme mi determinación atolondrada,[29] porque cada rato decía:

"¡Pobre señora! ¡qué dolor tendría! y lo peor que si se lo dice al maestro ¿qué dirá?"

"Diga lo que dijere," le respondí, "yo lo hago por ayudarle a buscar el pan; fuera de que así se aprende,[30] haciendo pruebas y ensayándose."

A la maestra le dije que habían sido monadas de la vieja, que tenía la muela matriculada y no se la pude arrancar al primer tirón, cosa que al mejor le sucede.

Con esto se dieron todos por satisfechos y yo seguí haciendo mis diabluras, las que me pagaban o con dinero o con desvergüenzas.

Cuatro meses y medio permanecí con don Agustín, y fue mucho, según lo variable de mi genio. Es verdad que en esta dilación tuvo parte el miedo que tenía a Chanfaina,[31] y el no encontrar mejor asilo, pues en aquella casa comía, bebía y era tratado con una estimación respetuosa de parte del maestro. De suerte que yo ni hacía mandados ni cosa más útil que estar cuidando la barbería y haciendo mis fechorías[32] cada vez que tenía proporción; porque yo era un aprendiz de honor, y tan consentido y bobachón,[33] que, aunque sin camisa, no me faltaba quién envidiara mi fortuna.

---

27. **y sáquele . . . parió** *and pull out of that drunken woman who bore you another molar or all the molars she may have*
28. **cochinos** *filthy*
29. **atolondrada** *stupid*
30. **fuera . . . aprende** *besides, this*

is the way you learn
31. **Chanfaina** era escribano y amo de Periquillo antes de servir al barbero.
32. **fechorías** *mischief*
33. **tan . . . bobachón** *so spoiled and stupid*

Preguntas

1. ¿A quién hizo pasar Dios junto a Periquillo?
2. ¿Qué estaban haciendo el viejo y el muchacho?
3. ¿Por qué saludó a Periquillo con tanta alegría el viejo?
4. ¿Quién era don Manuel Sarmiento?
5. ¿Cuántos años hacía que el viejo conocía a Periquillo?
6. ¿Por qué era Periquillo grande para aprendiz?
7. ¿Cuántos años tenía?
8. ¿Qué le daría a Periquillo el barbero?
9. ¿Qué hizo el miserable perro cuando le ataron?
10. ¿Qué hizo el perro cuando se vio libre?
11. ¿Por qué dijo el indio "No me cuadra tu modo, señor"?
12. ¿Qué tenía la vieja que entró en la tienda?
13. ¿De qué manera lastimó Periquillo a la pobre?
14. ¿Cómo resultó la visita de la vieja?
15. ¿Por qué se quedó Periquillo los cuatro meses en la casa del barbero?

Temas

1. La bondad del barbero para con Periquillo.
2. Lo que hicieron los dos aprendices.
3. El sufrimiento de la vieja en la tienda.
4. El cruel realismo de la descripción de lo que le pasó a la vieja.
5. La personalidad de Periquillo.

José María Heredia (1803–1839)

Cubano joven de temperamento sensible, bien versado en los clásicos, José María Heredia se revela como el verdadero cantor de la naturaleza americana cuando en el destierro, lejos de su amada isla, canta su nostalgia. En el poema, escrito en México, *En el Teocalli de Cholula* (1820), ofrece Heredia un temprano y nítido 5 ejemplo de la vena romántica en las letras hispanoamericanas. Algunos dirían que es la primera manifestación del romanticismo porque fue escrito diez años antes de que en España apareciera el romanticismo y porque contiene muchas características fundamentales de la poesía romántica: la intimidad melancólica, el tono 10 inflamado de sentimiento y pasión, y la reflexión sobre la hermosura y la grandeza de la naturaleza y de la historia. El tema esencial de este poema es el misterio del tiempo efímero. Más tarde cuando floreció el romanticismo, la literatura hispanoamericana se hizo verdaderamente romántica y siguió la pauta[1] estética de Europa. 15

Heredia, seducido por los grandes e impetuosos espectáculos de la naturaleza, logró su mejor poema en "Niágara," escrito en los Estados Unidos (1824). Su talento poético, pleno de todo el ardor romántico, canta la tumultuosa belleza del imponente y majestuoso Niágara. Es éste el más conocido de sus poemas y el que sus com- 20 patriotas cubanos recitan con gran deleite y viva admiración.

El fluir altisonante[2] del poema imita el ruido de aquel torbellino[3] de agua y espuma. Y en aquel momento impresionante el poeta nos revela la melancolía y la soledad en el destierro.

Heredia, hijo de un magistrado cubano, conspiró contra el 25 gobierno español de la isla y fue condenado al destierro a los veinte

1. **pauta** *guidelines*   3. **torbellino** *whirlpool*
2. **fluir altisonante** *high-sounding flow*

José María Heredia

años. Durante varios años de exilio residió en Boston, New York y
finalmente en México, adquiriendo allí la ciudadanía para luego
intervenir en la vida política de ese país al que también sirvió como
juez de la Corte Suprema. Murió joven y triste, revelándonos un
5 poeta cuya alma, según dice el literato y crítico contemporáneo,
Enrique Anderson-Imbert, lleva la cicatriz[4] de Cuba. Heredia
representa la suerte común de los intelectuales cubanos quienes
sufrieron la persecución del despotismo español a través del siglo
XIX.

4. **cicatriz** *scar*

NIÁGARA[1]

10   Templad mi lira, dádmela, que siento
En mi alma estremecida y agitada
Arder la inspiración. ¡Oh! ¡cuánto tiempo
En tinieblas pasó, sin que mi frente
Brillase con su luz . . . ! Niágara undoso,
15   Tu sublime terror solo podría
Tornarme el don divino que ensañada[2]
Me robó del dolor la mano impía.

Torrente prodigioso, calma, calla
Tu trueno aterrador: disipa un tanto
20   Las tinieblas que en torno te circundan;[3]
Déjame contemplar tu faz serena,
Y de entusiasmo ardiente mi alma llena.
Yo digno soy de contemplarte: siempre
Lo común y mezquino desdeñando,
25   Ansié[4] por lo terrífico y sublime.
Al despeñarse el huracán furioso,[5]
Al retumbar[6] sobre mi frente el rayo,

1. Los versos de este poema son de 11 y de 7 sílabas.
2. **el don divino** *the divine gift* (don de la inspiración poética); **ensañada** *angry* (concuerda con "mano")
3. **que . . . circundan** *which surround you*
4. **ansié** *I longed*
5. **al . . . furioso** *when the furious hurricane flung itself downward*
6. **retumbar** *to rumble*

Las famosas Cataratas de Niágara como aparecían en el siglo diecinueve.
(Picture Collection, New York Public Library)

Palpitando gocé: vi al Océano,
Azotado por austro[7] proceloso,
Combatir mi bajel, y ante mis plantas
Vórtice hirviente abrir, y amé el peligro.
Mas del mar la fiereza   5
En mi alma no produjo
La profunda impresión que tu grandeza.

    Sereno corres, majestoso; y luego
En ásperos peñascos[8] quebrantado,
Te abalanzas violento, arrebatado,   10
Como el destino irresistible y ciego.
¿Qué voz humana describir podría
De la sirte rugiente[9]

7. **austro** *south wind*   9. **sirte rugiente** *roaring rocky shoal*
8. **peñascos** *crags*

La aterradora faz? El alma mía
En vago pensamiento se confunde
Al mirar esa férvida corriente,
Que en vano quiere la turbada vista
5   En su vuelo seguir[10] al borde oscuro
Del precipicio altísimo: mil olas,
Cual pensamiento rápidas pasando,
Chocan, y se enfurecen,
Y otras mil y otras mil ya las alcanzan,
10 Y entre espuma y fragor desaparecen.

¡Ved! ¡llegan, saltan! El abismo horrendo
Devora los torrentes despeñados:
Crúzanse en él mil iris,[11] y asordados
Vuelven los bosques el fragor tremendo.[12]
15 En las rígidas peñas
Rómpese el agua: vaporosa nube
Con elástica fuerza
Llena el abismo en torbellino, sube,
Gira en torno, y al éter
20 Luminosa pirámide levanta,[13]
Y por sobre los montes que le cercan
Al solitario cazador espanta.

Mas ¿qué en ti busca mi anhelante vista
Con inútil afán?[14] ¿Por qué no miro
25 Alrededor de tu caverna inmensa
Las palmas ¡ay! las palmas deliciosas,
Que en las llanuras de mi ardiente patria
Nacen del sol a la sonrisa,[15] y crecen,
Y al soplo de las brisas del Océano,
30 Bajo un cielo purísimo se mecen?[16]

10. **que . . . seguir** *which in vain the confused sight wishes to follow*
11. **mil iris** *a thousand rainbows*
12. **asordados . . . tremendo** *the deafened forests return the din*
13. **al éter . . . levanta** *raises a luminous pyramid to the heavens*
14. **afán** *longing*
15. **Nacen . . . sonrisa** *are born at the smile of the sun*
16. **se mecen** *sway*

Este recuerdo a mi pesar[17] me viene . . .
Nada ¡oh Niágara! falta a tu destino,[18]
Ni otra corona que el agreste[19] pino
A tu terrible majestad conviene.
La palma, y mirto, y delicada rosa,   5
Muelle placer inspiren y ocio blando
En frívolo jardín:[20] a ti la suerte[21]
Guardó más digno objeto, más sublime.
El alma libre, generosa, fuerte,
Viene, te ve, se asombra,   10
El mezquino deleite menosprecia,[22]
Y aun se siente elevar cuando te nombra.

¡Omnipotente Dios! En otros climas
Vi monstruos execrables,[23]
Blasfemando tu nombre sacrosanto,   15
Sembrar error y fanatismo impío,[24]
Los campos inundar en sangre y llanto,
De hermanos atizar la infanda[25] guerra,
Y desolar frenéticos la tierra.
Vílos, y el pecho se inflamó a su vista   20
En grave indignación. Por otra parte
Vi mentidos[26] filósofos, que osaban
Escrutar tus misterios, ultrajarte,
Y de impiedad al lamentable abismo
A los míseros hombres arrastraban.[27]   25
Por eso te buscó mi débil mente
En la sublime soledad: ahora

17. a mi pesar *in spite of myself*
18. **Nada . . . destino** *Nothing is lacking to your destiny, oh Niagara*
19. **agreste** *wild*
20. **Muelle . . . jardín** *inspire soft pleasure and exquisite leisure in a gay garden*
21. **suerte** *fate*
22. **El mezquino . . . menosprecia** *scorns the wretched pleasure* (el sujeto de **menosprecia** es "el alma")

23. **execrables** *execrable, detestable*
24. **sembrar . . . impío** *spread error and unholy fanaticism* (los enemigos de América personificados en Niágara la menosprecian)
25. **infanda** *frightful*
26. **mentidos** *false*
27. **de impiedad . . . arrastraban** *with impiety were dragging wretched men into the gruesome abyss of wretchedness*

Entera se abre a ti; tu mano siente[28]
En esta inmensidad que me circunda,
Y tu profunda voz hiere mi seno
De este raudal[29] en el eterno trueno.

5   ¡Asombroso torrente!
¡Cómo tu vista el ánimo enajena,[30]
Y de terror y admiración me llena!
¿Dó tu origen está?[31] ¿Quién fertiliza
Por tantos siglos tu inexhausta fuente?
10   ¿Qué poderosa mano
Hace que al recibirte
No rebose en la tierra el Océano?[32]

Abrió el Señor su mano omnipotente;
Cubrió tu faz de nubes agitadas,
15   Dio su voz a tus aguas despeñadas,
Y ornó[33] con su arco tu terrible frente.
¡Ciego, profundo, infatigable corres,
Como el torrente oscuro de los siglos
En insondable eternidad . . . ! ¡Al hombre
20   Huyen así las ilusiones gratas,
Los florecientes días,
Y despierta al dolor . . . ! ¡Ay! agostada
Yace mi juventud; mi faz, marchita;[34]
Y la profunda pena que me agita
25   Ruga[35] mi frente, de dolor nublada.

Nunca tanto sentí como este día
Mi soledad y mísero abandono
Y lamentable desamor . . . ¿Podría
En edad borrascosa
30   Sin amor ser feliz? ¡Oh! ¡si una hermosa

28. **siente** *it* (my mind) *feels*
29. **raudal** *torrent*
30. **enajena** *enraptures*
31. **¿Dó . . . está?** *Where is your source?*
32. **Hace . . . Océano?** *makes it so*
that the Ocean, upon receiving you, does not overflow the land?
33. **ornó** *decorated*
34. **marchita** *faded*
35. **ruga** *furrows*

Mi cariño fijase,
Y de este abismo al borde turbulento
Mi vago pensamiento
Y ardiente admiración acompañase![36]
¡Cómo gozara, viéndola cubrirse   5
De leve palidez, y ser más bella
En su dulce terror, y sonreirse
Al sostenerla mis amantes brazos . . . !
¡Delirios de virtud . . . ! ¡Ay! ¡Desterrado,[37]
Sin patria, sin amores,   10
Sólo miro ante mí llanto y dolores!

    ¡Niágara poderoso!
¡Adiós! ¡adiós! Dentro de pocos años
Ya devorado habrá la tumba fría
A tu débil cantor.[38] ¡Duren mis versos   15
Cual tu gloria inmortal![39] ¡Pueda piadoso
Viéndote algún viajero,
Dar un suspiro a la memoria mía!
Y al abismarse Febo en occidente,[40]
Feliz yo vuele do el Señor me llama,[41]   20
Y al escuchar los ecos de mi fama,
Alce en las nubes la radiosa frente.[42]

36. si . . . acompañase *if some beautiful woman should charm my soul and share my wandering thought and burning admiration!*
37. Desterrado *exiled* (Heredia fue desterrado de Cuba)
38. Ya devorado . . . cantor *the grave will have swallowed your feeble poet*
39. ¡Duren . . . immortal! *Let my verses last as long as your deathless glory!*
40. y al . . . occidente *and as Phoebus sinks in the West* (Febo, dios del sol, y por eso el sol mismo)
41. Feliz . . . llama *Happy let me fly where God calls me*
42. alce . . . frente *may I raise my shining head*

Preguntas

1. ¿Por qué, en la opinión de algunos, es *En el Teocalli de Cholula* la primera
   manifestación del romanticismo?
2. ¿De qué canta Heredia en "Niágara"?
3. ¿Qué imita el fluir altisonante del poema?
4. ¿Qué podría tornar al poeta Heredia el don divino?
5. ¿Qué vio hacer al Océano el poeta?
6. ¿Qué corona conviene a la majestad de Niágara?

Temas

1. La vida política de Heredia.
2. Unas características de la poesía romántica en las obras de Heredia.
3. La influencia de la naturaleza violenta sobre este poema.
4. La subjetividad romántica de Heredia.

Jorge Isaacs (1837–1895)

María, de Jorge Isaacs, obra maestra de la escuela romántica
sentimental, es sin duda la más leída de las novelas escritas en
Hispanoamérica. Aunque esta novela colombiana no carece del
defecto de un sentimentalismo exagerado, su tratamiento de los
temas humanos universales, el amor y la muerte, sigue deleitando   5
y conmoviendo a los lectores de cada generación.

Única novela de Isaacs, pues no escribió más que ésta y un
volumen de *Poemas*, *María* sola basta para justificarle la fama. La
aparición de *María* en Bogotá en 1867 hace de este año una fecha
capital en la historia de la novelística hispanoamericana. La fama   10
de esta novela llegó a ser tan grande que incitó copiosas imitaciones,
todas inferiores al modelo. Lo importante de *María* para las novelas
que siguieron era su tratamiento de temas americanos, temas que
alcanzaron su pleno desarrollo en la novela realista del siglo XX.

Podemos ver las raíces nativas del romanticismo en diversas   15
regiones de Hispanoamérica; por ejemplo los gauchos o los indios
se idealizaron. La naturaleza, tema de inspiración en el poeta
cubano Heredia, tiene un papel importante en esta obra colombiana.
Tampoco faltaban formas románticas de inspiración extranjera.
La novela *Atala* del escritor francés Chateaubriand tuvo bastante   20
influencia en Isaacs, y en esta época novelistas románticos como
Sir Walter Scott y James Fenimore Cooper tampoco carecieron de
discípulos.

Dos características salientes del romanticismo se destacan en
María: el idilio de un amor puro entre dos jóvenes, y el ambiente   25
tan en armonía con su amor—un hogar patriarcal campestre de
Colombia en el valle del Cauca. El encanto de la novela estriba en
parte en la interpretación romántica del paisaje. Lo americano

abunda en sus páginas, no sólo en el escenario sino también en
episodios de color local.

El argumento de *María* es sencillo: el héroe, Efraín, vuelve de la
escuela de Bogotá a su casa en el valle del Cauca. Allí se enamora
5 de su prima huérfana, María. Después de algunas cortas horas de
mutuo amor, el lector se da cuenta de que María sufre de epilepsia.
El padre de Efraín le envía a Europa para que termine sus estudios
de medicina y para que la emoción no agrave la enfermedad de la
joven. Mientras que está Efraín en Europa, María empeora; llaman
10 a Efraín, pero al llegar encuentra a María muerta.

El estilo de esta novela es sumamente poético. Se caracteriza por
una suave nostalgia y por su tono subjetivo. Además de las descripciones de la naturaleza y de los habitantes rústicos del valle, hay
un sentimentalismo profundo, presentimientos tristes, y agüeros
15 fatales aun en medio de los momentos de felicidad. Frecuentemente
las frases del autor tienen cadencias delicadas que nos hacen
recordar que es poeta. En la selección que tenemos aquí se notan
bien estas características.

MARÍA

Capítulo XIII

Las páginas de Chateaubriand[1] iban lentamente dando tintas[2] a la
20 imaginación de María. Ella, tan cristiana y tan llena de fe, se
regocijaba al encontrar bellezas por ella presentidas en el culto
católico. Su alma tomaba de la paleta[3] que yo le ofrecía, los más
preciosos colores para hermosearlo todo; y el fuego poético, don del
cielo, que hace admirable a los hombres que lo poseen y diviniza a
25 las mujeres que a su pesar lo revelan, daba a su semblante encantos
desconocidos para mí hasta entonces en el rostro humano. Los
pensamientos del poeta, acogidos[4] en el alma de aquella mujer tan

1. **François-René de Chateaubriand**
(1768–1848): famoso autor francés.
Entre sus obras se destacan *El genio del
Cristianismo* (*Le génie du cristianisme*),
una defensa de la cristiandad, y las

novelas, *Atala* y *René*. Este autor ins-
piró mucho a Isaacs.
2. **dando tintas** *coloring*
3. **paleta** *artist's palette*
4. **acogidos** *gathered*

seductora, en medio de su inocencia, volvían a mí como eco de una armonía lejana y conocida, cuyas notas apaga la distancia y se pierden en la soledad.

Una tarde, tarde como las de mi país, engalanada[5] con nubes de color de violeta y lampos[6] de oro pálido, bella como María, bella y transitoria[7] como fue ésta para mí, ella, mi hermana y yo, sentados sobre la ancha piedra de la pendiente,[8] desde donde veíamos a la derecha, en la honda vega rodar las corrientes bulliciosas del río, y teniendo a nuestros pies el valle majestuoso y callado, leía yo el episodio de *Atala*,[9] y las dos, admirables en su inmovilidad y abandono, oían brotar de mis labios toda aquella melancolía aglomerada[10] por el poeta para "hacer llorar al mundo."[11] Mi hermana, apoyado el brazo derecho en uno de mis hombros,[12] la cabeza casi unida a la mía, seguía con los ojos las líneas que yo iba leyendo. María, medio arrodillada cerca de mí, no separaba sus miradas de mi rostro, miradas húmedas ya.

El sol se había ocultado cuando con voz alterada leí las últimas páginas del poema. La cabeza pálida de Emma descansaba sobre mi hombro. María se ocultaba el rostro con entrambas manos. Luego que leí aquella desgarradora[13] despedida, que tantas veces ha arrancado sollozos a mi pecho: "Duerme en paz en extranjera tierra, hija desventurada! En recompensa de tu amor, de tu destierro y de tu muerte, quedas abandonada hasta del mismo Chactas."[14] María, dejando de oír mi voz, se descubrió[15] la faz, y por ella rodaron gruesas lágrimas. Era tan bella como la creación del poeta, y yo la amaba con el amor que él imaginó. Nos dirigimos

5. **engalanada** *adorned*
6. **lampos** *flashes*
7. Hay que notar que aquí con la palabra **transitoria**, empieza el autor su presentimiento de tristezas—de un futuro negro que va llegando.
8. **pendiente** *slope*
9. *Atala* (vease nota 1), novela trágica que tiene lugar en las selvas de norteamérica, y trata del amor de un indio noble, Chactas, hacia una india, Atala, que había sido bautizada cris-

tiana.
10. **aglomerada** *accumulated*
11. Esta cita que emplea Isaacs no es exacta; había dicho Chateaubriand que no quería hacer llorar a sus lectores.
12. **apoyado . . . hombros** *her right arm resting on one of my shoulders*
13. **desgarradora** *heartrending*
14. Ésta es la despedida que pronuncia Chactas sobre el sepulcro de Atala.
15. **se descubrió** *uncovered*

en silencio y lentamente hacia casa. ¿Ay, mi alma y la de María no sólo estaban conmovidos por esa lectura: estaban abrumadas[16] por el presentimiento!

<h3 style="text-align:center">Capítulo XIV</h3>

Pasados tres días, una tarde que bajaba yo de la montaña, me
5 pareció notar alguna alarma en los semblantes de los criados, con quienes tropecé en los corredores interiores. Mi hermana me refirió, luego, que María había sufrido un ataque nervioso; y al agregar que estaba aún sin sentido, procuró calmar cuanto le fue posible mi dolorosa ansiedad.

10 Olvidando de toda precaución, entré a la alcoba donde estaba María, y dominando el frenesí que me hubiera hecho estrecharla contra mi corazón para volverla a la vida, me acerqué desconcertado a su lecho. A los pies de éste se hallaba sentado mi padre; fijó en mí una de sus miradas intensas, y volviéndola después sobre María,
15 parecía quererme hacer una reconvención[17] al mostrármela. Mi madre estaba allí; pero no levantó la vista para buscarme, porque, sabedora de mi amor, me compadecía, como sabe compadecer una buena madre en la mujer amada por su hijo, a su hijo mismo.[18]

Permanecí inmóvil contemplando a María, sin atreverme a
20 averiguar cuál era su mal. Estaba como dormida: su rostro, cubierto de una palidez mortal, se veía medio oculto por la cabellera descompuesta, en la cual se descubrían, estrujadas[19] las flores que yo le había dado en la mañana; la frente contraída revelaba un sufrimiento insoportable, y un ligero sudor le humedecía las
25 sienes;[20] de los ojos cerrados habían tratado de brotar lágrimas que brillaban detenidas en las pestañas.[21]

Comprendiendo mi padre todo mi sufrimiento, se puso en pie para retirarse; mas, antes de salir, se acercó al lecho, y tomando el pulso a María, dijo:

30 —Todo ha pasado. ¡Pobre niña! Es exactamente el mismo mal que sufría su madre.

16. **abrumadas** *overwhelmed*
17. **reconvención** *reproach*
18. **me compadecía . . . hijo mismo**
she pitied me as a good mother knows how
to pity her son in the person of the woman

he loves
19. **estrujadas** *crushed*
20. **sienes** *temples*
21. **pestañas** *eyelashes*

El famoso monumento que representa la heroína de la novela de Isaacs. Se llama *La María* y se halla en Cali, Colombia. (Colombia National Tourist Board)

El pecho de María se elevó lentamente como para formar un sollozo; pero al volver a su natural estado, exhaló sólo un suspiro. Salido que hubo mi padre,[22] coloquéme a la cabecera del lecho, y olvidando de mi madre y de Emma, que permanecían silenciosas, tomé de sobre el almohadón una de las manos de María, y la bañé en el torrente de mis lágrimas, hasta entonces contenido. Había yo medido[23] toda mi desgracia: era el mismo mal de su madre; y su madre había muerto muy joven, atacada de una epilepsia incurable. Esta idea se adueñó[24] de todo mi ser para quebrantarlo.

Sentí algún movimiento en esa mano yerta, a la que mi aliento[25] no podía volver el calor. María empezaba ya a respirar con más libertad, y sus labios parecían esforzarse en pronunciar alguna palabra. Movió la cabeza de un lado a otro, cual si tratara de

22. **Salido . . . padre** *As soon as my father had gone out*
23. **medido** *measured out, realized*
24. **se adueñó** *seized*
25. **aliento** *breath*

deshacerse de un peso abrumador.[26] Pasado un momento de reposo, exhaló palabras ininteligibles, pero al fin se advirtió entre ellas, claramente mi nombre. En pie yo, devorándola mis miradas, tal vez oprimí demasiado entre mis manos las suyas, quizá mis labios
5 la llamaron. Abrió lentamente los ojos, como heridos por una luz intensa, y los fijó en mí haciendo un esfuerzo para reconocerme. Medio incorporándose un instante después:

—¿Qué es?—me dijo, apartándome.—¿Qué ha sucedido?—continuó, dirigiéndose a mi madre.
10 Tratamos de tranquilizarla, y con un acento en que había algo de reconvención, que por entonces no pude explicarme, agregó:

—Ya ves, yo lo temía.

Quedó después del acceso[27] adolorida y profundamente triste. Volví por la noche a verla, cuando y como la etiqueta establecida
15 en tales casos por mi padre lo permitió. Al despedirme de ella, y reteniéndome un instante la mano:

—Hasta mañana—me dijo, y acentuó esta última palabra, como solía hacerlo siempre que, interrumpida nuestra conversación en alguna velada, quedaba deseando el día siguiente para que la
20 concluyésemos.[28]

CAPÍTULO XV

Cuando salí al corredor que conducía a mi cuarto, un cierzo[29] impetuoso columpiaba[30] los sauces[31] del patio; y al acercarme al huerto, lo oí rasgarse[32] en los sotos de naranjos, de donde se lanzaban las aves asustadas. Relámpagos[33] débiles, semejantes al reflejo
25 instantáneo de un broquel[34] herido por el resplandor de una hoguera, parecían querer iluminar el fondo tenebroso del valle.

Recostado en una de las columnas del corredor, sin sentir la lluvia que azotaba mis sienes, pensaba en la enfermedad de María,

26. **cual si . . . abrumador** *as if she were trying to get rid of an oppressive weight*
27. **acceso** *attack*
28. **como solía . . . concluyésemos** *as she was always accustomed to do after our conversation in a family gathering was interrupted, and she wanted the following* day to come in order to finish it
29. **cierzo** *north wind*
30. **columpiaba** *swayed*
31. **sauces** *willows*
32. **rasgarse** *whistle*
33. **relámpagos** *flashes of lightning*
34. **broquel** *shield*

sobre la cual había pronunciado mi padre tan terribles palabras. Mis ojos querían volver a verla, como en las noches silenciosas y serenas, que acaso no volverían ya más.

No sé qué tiempo había pasado, cuando algo como el ala vibrante de un ave vino a rozar[35] mi frente. Miré hacia los bosques inmediatos 5 para seguirla: era un ave negra.[36]

Mi cuarto estaba frío; las rosas de mi ventana temblaban como si temiesen ser abandonadas a los rigores del viento de invierno; el florero contenía ya marchitos y desmayados los lirios que en la mañana había colocado en él María. En esto una ráfaga de viento 10 apagó la lámpara, y un trueno dejó oír por largo rato su creciente retumbo,[38] como si fuese un carro gigante despeñado de las cumbres rocallosas[39] de las sierras. En medio de aquella naturaleza sollozante,[40] mi alma tenía una triste serenidad. Acababa de dar las doce el reloj del salón. Sentí pasos cerca de mi puerta y luego la voz 15 de mi padre que me llamaba.

"Levántate," me dijo, tan pronto como le respondí. "María sigue mal."

El acceso se había repetido. Después de un cuarto de hora, estaba yo preparado para marchar. Mi padre me hacía las últimas indica- 20 ciones sobre los nuevos síntomas de la enfermedad, mientras el negrito Juan Ángel aquietaba mi caballo retinto,[41] impaciente y asustadizo. Monté; sus cascos herrados crujieron sobre el empedrado,[42] y un instante después bajaba yo hacia las llanuras del valle, buscando el sendero a la luz de algunos relámpagos lívidos. 25 Iba en solicitud del doctor Mayn, que pasaba, a la sazón, una temporada de campo a tres leguas de nuestra hacienda.

La imagen de María, tal como la había visto en el lecho aquella tarde, al decirme ese "hasta mañana," que tal vez no llegaría, iba conmigo avivando mi impaciencia, y me hacía medir incesantemente 30 la distancia que la velocidad del caballo no alcanzaba a aminorar.[43]

35. **rozar** *graze*
36. Esta **ave negra** es un símbolo de la fatalidad, un agüero de la tragedia que nos recuerda a Edgar Allan Poe y su "Raven."
37. **ráfaga** *gust*
38. **retumbo** *rumble*

39. **rocallosas** *rocky*
40. **naturaleza sollozante** *sobbing nature*
41. **retinto** *dark*
42. **empedrado** *pavement of cobblestones*
43. **aminorar** *diminish*

Las llanuras empezaban a desaparecer, huyendo en sentido contrario a mi carrera, semejantes a mantos inmensos arrollados por el huracán. Los bosques, que más cercanos creía, parecían alejarse cuando avanzaba hacia ellos. Sólo algún gemido del viento entre
5 los higuerones y chiminangos[44] sombríos, sólo el resuello[45] fatigoso del caballo y el choque de sus cascos en los pedernales[46] que chispeaban, interrumpían el silencio de la noche.

Algunas cabañas de Santa Elena quedaron a mi derecha, y poco después dejé de oír los ladridos de sus perros. Vacadas[47] dormidas
10 sobre el camino empezaban a hacerme moderar el paso.

La hermosa casa de los señores de M——, con su capilla blanca y sus bosques de ceibas,[48] se divisaba[49] a lo lejos, a los primeros rayos de la luna naciente, cual castillo cuyas torres y techumbres hubiese desmoronado el tiempo.[50]

15 El Amaime[51] bajaba crecido con las lluvias de la noche, y su estruendo me lo anunció mucho antes de que llegase yo a la orilla. A la luz de la luna, que, atravesando los follajes de las riberas, iba a platear las ondas,[52] pude ver cuánto había aumentado su raudal.[53] Pero no era posible esperar: había hecho dos leguas en una hora y
20 aún era poco. Puse las espuelas en los ijares[54] del caballo, que, con las orejas tendidas hacia el fondo del río y resoplando sordamente, parecía calcular la impetuosidad de las aguas que se azotaban a sus pies; sumergió en ellas las manos,[55] pero, como sobrecogido[56] por un terror invencible, retrocedió veloz, girando sobre las patas.[57]
25 Le acaricié las crines[58] humedecidas y el cuello aterciopelado[59] y lo aguijoneé[60] de nuevo para que se lanzase al río; entonces levantó las manos, impacientado, pidiendo al mismo tiempo toda la rienda, la que le abandoné, temeroso de haber errado el botadero de las

44. **higuerones y chiminangos** *tropical trees*
45. **resuello** *panting*
46. **pedernales** *flint stones*
47. **vacadas** *herds of cows*
48. **ceibas** *ceiba trees*
49. **se divisaba** *could be seen*
50. **cual castillo . . . tiempo** *like a castle whose towers and roofs time had gradually ruined*
51. **El Amaime:** un tributario del río del Cauca
52. **iba . . . ondas** *was turning the waves silver*
53. **raudal** *torrent*
54. **ijares** *flanks*
55. **manos** *fore feet*
56. **sobrecogido** *seized*
57. **girando sobre las patas** *turning on his hind feet*
58. **crines** *mane*
59. **aterciopelado** *velvety*
60. **aguijoneé** *I spurred on*

crecientes.[61] El subió por la ribera unas veinte varas, tomando la ladera de un peñasco;[62] acercó la nariz a las espumas, y levantándola en seguida, se precipitó en la corriente. El agua lo cubrió casi todo, llegándome hasta las rodillas. Las olas se encresparon[63] poco después alrededor de mi cintura. Con una mano le palmeaba el cuello al 5 animal, única parte visible ya de su cuerpo, mientras con la otra trataba de hacerle describir más curva hacia arriba la línea de corte, porque de otro modo, perdida la parte baja de la ladera, era inaccesible por su altura y por la fuerza de las aguas, que columpiaba los graduales desgajados.[64] Había pasado el peligro. Me 10 apeé para examinar las cinchas, de las cuales se había reventado una. El noble bruto se sacudió, y un instante después continué la marcha.

Luego que anduve un cuarto de legua, atravesé las ondas del Nima,[65] humildes, diáfanas y tersas,[66] que rodaban iluminadas hasta 15 perderse en las sombras de bosques silenciosos. Dejé a la izquierda la pampa de Santa ——, cuya casa, en medio de arboledas de ceibas y bajo el grupo de palmeras que elevan los follajes sobre su techo, semeja en las noches de luna la tienda de un rey oriental, colgada de los árboles de un oasis. 20

Eran las dos de la madrugada cuando, después de atravesar la villa de P——, me desmonté a la puerta de la casa en que vivía el médico.

61. **botadero de las crecientes** *ford over the swollen waters*
62. **tomando . . . peñasco** *taking the slope of a large rock*
63. **se encresparon** *swirled up*
64. **trataba . . . desgajados** *I tried to have him make the line of crossing more curved in the upstream direction, because* *otherwise, if the lower part of the slope were missing, it would be inaccessible on account of its height and the force of the waters which were swaying the uprooted bamboo clumps*
65. **Nima:** *otro río pequeño*
66. **diáfanas y tersas** *clear and smooth*

Preguntas

1. ¿Dónde se encontraban Efraín, su hermana, y María mientras que leían las páginas de Chateaubriand?
2. ¿Qué reacción tuvo María hacia la lectura?
3. ¿Por qué se preocuparon Efraín y María?
4. ¿Qué supo Efraín al bajar de la montaña una tarde?
5. ¿Quiénes estaban en la alcoba de María, y qué hicieron cuando entró Efraín?
6. Describa la apariencia de María.
7. Después de la salida de su padre ¿qué hizo Efraín?
8. ¿Cómo había muerto la madre de María?
9. ¿Qué nombre podía distinguirse entre las palabras de María?
10. ¿Qué tiempo hacía cuando se dirigió Efraín a su cuarto?
11. ¿Qué vino a rozarle la frente?
12. ¿Por qué tenía Efraín que prepararse para marchar?
13. ¿Por qué medía Efraín incesantemente la distancia que le separaba de la casa del médico?
14. ¿Por qué tuvo tanta dificultad Efraín en atravesar el río Amaime?
15. ¿Cuánto tiempo pasó Efraín en el viaje?

Temas

1. Algunas características del romanticismo en estos capítulos de *María*.
2. La naturaleza sollozante que compadece los sentimientos tristes de Efraín.
3. Las frases y comparaciones poéticas que utiliza el autor.
4. El significado del ave negra.
5. El peligro de atravesar el raudal del río.

Domingo Faustino Sarmiento (1811–1888)

El maestro de escuela que llegó a ser presidente de la Argentina, el luchador en contra de la opresión del tirano Rosas, el visionario que quería emular todo lo bueno de los Estados Unidos para su país—Domingo Faustino Sarmiento es uno de los gigantes del siglo XIX. Su anhelo de establecer el progreso y la democracia por 5 medio de un sistema universal de educación es la base de la creación de la Argentina moderna. La literatura y la política no fueron para Sarmiento actividades distintas; era hombre de acción cuya pluma llenó 52 volúmenes de prosa de carácter educacional, sociológico y político. En esta época, el revolucionario de pluma era un tipo 10 común.

De antecedentes pobres, nacido en la provincia de San Juan, Sarmiento adquirió la mayor parte de su educación por sus propios esfuerzos. Era un hombre de muchos talentos: comenzó a enseñar cuando sólo tenía quince años, trabajó en una tienda, sirvió de 15 capitán en el ejército y trabajó en las minas durante su destierro en Chile. Según se cuenta, en aquella época Sarmiento llevaba al hombro un costal de enciclopedias, sobre el cual solía dormir.

Su reputación literaria empezó durante este destierro cuando en 1842 defendió el romanticismo en una polémica famosa con el 20 notable clasicista don Andrés Bello. También en Chile se publicó por entregas en un periódico su obra maestra, *Civilización y barbarie: vida de Juan Facundo Quiroga* (1845). En Chile aparecieron otras obras importantes, entre ellos sus *Viajes por Europa, Africa y América* (1849) y su autobiografía, *Recuerdos de provincia* (1850), donde se ve 25 mejor su prosa a la vez vigorosa y lírica.

Durante toda su vida Sarmiento sintió una admiración profunda hacia los Estados Unidos, mientras que citaba a Franklin como su modelo. En 1847 hizo un viaje patrocinado por el gobierno de Chile

para estudiar los métodos de la educación extranjera y pasó tres
meses en los Estados Unidos. Notó el progreso que resultaba de la
educación y de las instituciones democráticas y conoció al estimable
educador Horace Mann. En 1865 cuando volvió a los Estados
5 Unidos como embajador de su país, se lanzó a las actividades educa-
cionales y culturales. Viajó, pronunció discursos, escribió constantemente; sus cartas y artículos aparecieron en los periódicos
americanos. Su interés en la educación pública, su proyecto de
enviar maestras normales a la Argentina, sus esfuerzos por diseminar
10 datos sobre Hispanoamérica y por fomentar el estudio del español
eran actividades que no eran parte de su oficio diplomático. Contaba
entre sus amigos norteamericanos: a Emerson, a Longfellow, a
Ticknor, a Gould, a Agassiz, a Barnard, notables en literatura,
ciencia, y educación. Su libro *Facundo* fue traducido por Mrs.
15 Horace Mann bajo el título, *Life in the Argentine Republic in the Days
of the Tyrants, or Civilization and Barbarism.* Su personalidad dinámica
y sincera y su voluntad poderosa le granjearon amigos por todas
partes. Era un trabajador nombrado por sí mismo en la causa de
las relaciones culturales interamericanas. Volvió a su país en 1868,
20 ya electo como segundo presidente constitucional.

Nadie puede estudiar la civilización ni la cultura de Hispanoamérica sin conocer *Facundo.* Aunque escrita en forma irregular,
con explicaciones pedantes, lecciones de historia, y numerosas
anécdotas, esta obra monumental muestra la prosa vigorosa de
25 Sarmiento. Llamado a veces una biografía novelada, el libro se
compone de tres secciones distintas. Al principio Sarmiento explica
algo de la situación geográfica de la Argentina y poco a poco va
revelando la barbarie que existía. Presenta a algunos tipos
nacionales para dar idea de las costumbres y para mostrar el
30 carácter, las causas y los efectos de la guerra civil. En la segunda
sección incluye una biografía del gaucho caudillo, Facundo Quiroga,
un ejemplo por excelencia del barbarismo. Termina con una
diatriba contra el régimen del tirano Rosas.

Hemos seleccionado algo de la primera parte de *Facundo* y también
35 algunas anécdotas de su vida. Aquí se nota muy bien la prosa
robusta y pintoresca de Sarmiento. Hoy día se considera este libro,
todavía fresco y viviente, uno de los más importantes que se haya
producido en Hispanoamérica.

FACUNDO

El Rastreador

El más conspicuo de todos, el más extraordinario, es el rastreador.[1]
Todos los gauchos del interior son rastreadores. En llanuras tan
dilatadas, en donde las sendas y caminos se cruzan en todas direc-
ciones, y los campos en que pacen[2] o transitan las bestias son
abiertos, es preciso saber seguir las huellas de un animal y dis- 5
tinguirlas de entre mil, conocer si va despacio o ligero, suelto[3] o
tirado,[4] cargado o de vacío. Esta es una ciencia casera[5] y popular.
Una vez caía yo de un camino de encrucijada[6] al de Buenos Aires,
y el peón que me conducía echó, como de costumbre, la vista al
suelo. "Aquí va," dijo luego, "una mulita mora[7] muy buena . . . , 10
ésta es la tropa de don N. Zapata . . . , es de muy buena
silla[8] . . . , va ensillada . . . , ha pasado ayer. . . ." Este hombre
venía de la Sierra de San Luis; la tropa volvía de Buenos Aires, y
hacía un año que él había visto por última vez la mulita mora,
cuyo rastro estaba confundido con el de toda una tropa en un 15
sendero de dos pies de ancho. Pues esto, que parece increíble, es,
con todo, la ciencia vulgar; éste era un peón de arrea[9] y no un
rastreador de profesión.
El rastreador es un personaje grave, circunspecto, cuyas aseveraciones[10] hacen fe en los tribunales[11] inferiorcs. La conciencia del 20
saber que posee le da cierta dignidad reservada y misteriosa. Todos
le tratan con consideración: el pobre, porque puede hacerle mal,
calumniándolo o denunciándolo; el propietario, porque su testimonio puede fallarle.[12] Un robo se ha ejecutado durante la noche;
no bien se nota,[13] corren a buscar una pisada[14] del ladrón, y encon- 25

---

1. **rastreador** *tracker*
2. **pacen** *graze*
3. **suelto** *loose*
4. **tirado** *drawn along*
5. **casera** *household*
6. **caía . . . encrucijada** *I was turn-ing from a crossroad*
7. **mulita mora** *Moorish mule*
8. **de . . . silla** *a good saddle horse*

9. **peón de arrea** *common herdsman, muleteer*
10. **aseveraciones** *statements*
11. **tribunales** *courts*
12. **fallarle** *ruin him*
13. **no bien se nota** *as soon as it is discovered*
14. **pisada** *footprint*

Domingo F. Sarmiento, Presidente
de la Argentina (1868–1874).

trada, se cubre con algo para que el viento no la disipe. Se llama
en seguida al rastreador, que ve el rastro y lo sigue sin mirar sino
de tarde en tarde el suelo, como si sus ojos vieran de relieve[15] esta
pisada, que para otro es imperceptible. Sigue el curso de las calles,
5 atraviesa los huertos, entre en una casa y, señalando un hombre
que encuentra, dice fríamente: "¡Éste es!" El delito[16] está probado,
y raro es el delincuente que resiste a esta acusación. Para él, más
que para el juez, la deposición del rastreador es la evidencia misma;
negarla sería ridículo, absurdo. Se somete, pues, a este testigo, que
10 considera como el dedo de Dios que lo señala. Yo mismo he conocido a Calíbar, que ha ejercido en una provincia su oficio[17] durante
cuarenta años consecutivos. Tiene ahora cerca de ochenta años;
encorvado por la edad, conserva, sin embargo, un aspecto venerable
y lleno de dignidad. Cuando le hablan de su reputación fabulosa,
15 contesta: "Ya no valgo nada; ahí están los niños." Los niños son sus
hijos, que han aprendido en la escuela de tan famoso maestro. Se
cuenta de él que durante un viaje a Buenos Aires le robaron una

15. **de relieve** *in relief*   17. **oficio** *profession*
16. **delito** *crime*

vez su montura de gala.[18] Su mujer tapó el rastro con una artesa.[19]
Dos meses después Calíbar regresó, vió el rastro ya borrado e imperceptible para otros ojos, y no se habló más del caso. Año y medio
después Calíbar marchaba cabizbajo[20] por una calle de los suburbios, entra en una casa y encuentra su montura, ennegrecida ya y   5
casi inutilizada por el uso. ¡Había encontrado el rastro de su raptor
después de dos años!

El año 1830 un reo condenado a muerte se había escapado de la
cárcel. Calíbar fue encargado de buscarlo. El infeliz, previendo[21]
que sería rastreado, había tomado todas las precauciones que la   10
imagen del cadalso[22] le sugirió. ¡Precauciones inútiles! Acaso sólo
sirvieron para perderle, porque conprometido Calíbar en su reputación, el amor propio ofendido le hizo desempeñar con calor una
tarea que perdía a un hombre, pero que probaba su maravillosa
vista. El prófugo[23] aprovechaba todos los accidentes del suelo para   15
no dejar huellas; cuadras enteras había marchado pisando con la
punta del pie; trepábase[24] en seguida a las murallas bajas, cruzaba
un sitio y volvía para atrás. Calíbar lo seguía sin perder la pista;
si le sucedía momentáneamente extraviarse, al hallarla de nuevo
exclamaba: "¡Dónde te mi-as-dir!" [25] Al fin llegó a una acequia[26] 20
de agua en los suburbios, cuya corriente había seguido aquél para
burlar al rastreador . . . ¡Inútil! Calíbar iba por las orillas sin
inquietud, sin vacilar. Al fin se detiene, examina unas hierbas, y
dice: "¡Por aquí ha salido; no hay rastro, pero estas gotas de agua
en los pastos lo indican!" Entra en una viña; Calíbar reconoció[27] 25
las tapias que la rodeaban, y dijo: "Adentro está." La partida de
soldados se cansó de buscar, y volvió a dar cuenta de la inutilidad
de las pesquisas. "No ha salido" fue la breve respuesta que sin
moverse, sin proceder a nuevo examen, dio el rastreador. No había
salido en efecto, y al día siguiente fue ejecutado.   30

En 1831 algunos presos políticos intentaban una evasión,[28] todo
estaba preparado: los auxilios de fuera, prevenidos; en el momento

18. **montura de gala** *very best saddle*	24. **trepábase** *he climbed*
19. **artesa** *trough*	25. **mi-as-dir** = me has de ir
20. **cabizbajo** *head down*	26. **acequia** *canal*
21. **previendo** *foreseeing*	27. **reconoció** *examined*
22. **cadalso** *scaffold, gallows*	28. **evasión** *escape*
23. **prófugo** *fugitive*	

de efectuarla, uno dijo: "¿Y Calíbar?"—"¡Cierto!—contestaron los
otros anonadados,[29] aterrados—¡Calíbar!" Sus familias pudieron
conseguir de Calíbar que estuviese enfermo cuatro días, contados
desde la evasión, y así pudo efectuarse sin inconveniente.

5   ¿Qué misterio es éste del rastreador? ¿Qué poder microscópico
se desenvuelve en el órgano de la vista de estos hombres? ¡Cuán
sublime criatura es la que Dios hizo a su imagen y semejanza!

El Cantor

El cantor. Aquí tenéis la idealización de aquella vida de revueltas,
de civilización, de barbarie y de peligros. El gaucho cantor es el
10 mismo bardo, el vate,[30] el trovador de la Edad Media, que se mueve
en la misma escena, entre las luchas de las ciudades y del feudalismo
de los campos, entre la vida que se va y la vida que se acerca. El
cantor anda de pago en pago,[31] "de tapera en galpón," [32] cantando
sus héroes de la pampa perseguidos por la justicia, los llantos de la
15 viuda a quien los indios robaron sus hijos en un malón[33] reciente,
la derrota y la muerte del valiente Rauch,[34] la catástrofe de Facundo
Quiroga y la suerte que cupo a Santos Pérez.[35] El cantor está
haciendo candorosamente el mismo trabajo de crónica, costumbres,
historia, biografía, que el bardo de la Edad Media, y sus versos
20 serían recogidos más tarde como los documentos y datos en que
habría de apoyarse[36] el historiador futuro, si a su lado no estuviese
otra sociedad culta con superior inteligencia de los acontecimientos
que la que el infeliz despliega[37] en sus rapsodias ingenuas.

   En la República Argentina se ven a un tiempo dos civilizaciones
25 distintas en un mismo suelo: una reciente, que sin conocimiento de
lo que tiene sobre su cabeza, está remedando[38] los esfuerzos ingenuos
y populares de la Edad Media; otra que sin cuidarse de lo que tiene

29. **anonadados** *overwhelmed*
30. **vate** *poet*
31. **de pago en pago** *from place to place, from ranch to ranch*
32. **de tapera en galpón** *from cabin to hut*
33. **malón** *raid*
34. **Rauch** fue un coronel que sirvió con el general Lavalle y lo mataron en 1829.
35. **Santos Pérez,** gaucho malo, fue el capitán de la partida que atacó la galera en que viajó Facundo y le mató (1835).
36. **apoyarse** *depend on*
37. **despliega** *displays*
38. **remedando** *imitating*

a sus pies, intenta realizar los últimos resultados de la civilización europea. El siglo XIX y el siglo XII viven juntos: el uno dentro de las ciudades, el otro en las campañas.

El cantor no tiene residencia fija; su morada está donde la noche lo sorprende; su fortuna, en sus versos y en su voz. Dondequiera que 5 *el cielito*[39] enreda sus parejas sin tasa;[40] dondequiera que se apure[41] una copa de vino, el cantor tiene su lugar preferente, su parte escogida en el festín. El gaucho argentino no bebe si la música y los versos no lo excitan, y cada pulpería[42] tiene su guitarra para poner en manos del cantor. 10

JUAN FACUNDO QUIROGA

También a él le llamaron *Tigre de los Llanos*, y no le sentaba mal esta denominación, a fe. La frenología[43] o la anatomía comparada han demostrado, en efecto, las relaciones que existen en las formas exteriores y las disposiciones morales entre la fisonomía del hombre y de algunos animales a quienes se asemeja en su carácter * * * 15 Facundo, pues era de estatura baja y fornido; sus anchas espaldas sostenían sobre un cuello corto una cabeza bien formada, cubierta de pelo espesísimo, negro y ensortijado.[44] Su cara poco ovalada estaba hundida en medio de un bosque de pelo, a que correspondía una barba igualmente espesa, igualmente crespa[45] y negra, que subía 20 hasta los pómulos,[46] bastante pronunciados, para descubrir una voluntad firme y tenaz.

Sus ojos negros, llenos de fuego y sombreados por pobladas cejas[47] causaban una sensación involuntaria de terror en aquellos a quienes alguna vez llegaban a fijarse, porque Facundo no miraba 25 nunca de frente, y por hábito, por arte, por deseo de hacerse siempre temible, tenía de ordinario la cabeza inclinada y miraba por entre las cejas. * * *

Facundo es un tipo de la barbarie primitiva; no conoció sujeción

39. **cielito** es un baile popular de la pampa.
40. **sin tasa** *numberless*
41. **se apure** *is drained*
42. **pulpería**: la tienda general y taberna en la pampa donde se reunen los gauchos.

43. **frenología** *phrenology (the analysis of personality according to characteristics of the skull)*
44. **ensortijado** *in ringlets*
45. **crespa** *curly*
46. **pómulos** *cheekbones*
47. **pobladas cejas** *thick brows*

de ningún género; su cólera era la de las fieras; la melena[48] de sus renegridos y ensortijados cabellos caía sobre su frente y sus ojos en guedejas,[49] como las serpientes de la cabeza de Medusa;[50] su voz se enronquecía[51] y sus miradas se convertían en puñaladas.[52]

5   Dominado por la cólera mataba a patadas,[53] estrellándole los sesos a N. por una disputa de juego; arrancaba ambas orejas a su querida porque le pedía una vez treinta pesos para celebrar un matrimonio consentido por él; abría a su hijo Juan la cabeza de un hachazo[54] porque no había forma de hacerlo callar; daba de
10 bofetadas en Tucumán a una linda señorita a quien ni seducir ni forzar podía. En todos sus actos mostrábase el hombre bestia aún, sin ser por eso estúpido y sin carecer de elevación de miras. Incapaz de hacerse admirar o estimar, gustaba de ser temido; pero este gusto era exclusivo, dominante, hasta el punto de arreglar todas
15 las acciones de su vida a producir el terror en torno suyo, sobre los pueblos como sobre los soldados, sobre la víctima que iba a ser ejecutada como sobre su mujer y sus hijos.

En la incapacidad de manejar los resortes del gobierno civil, ponía el terror como expediente para suplir el patriotismo y la
20 abnegación; ignorante, rodeándose de una sagacidad natural, una capacidad de observación no común y de la credulidad del vulgo, fingía una presciencia[55] de los acontecimientos que le daba prestigio y reputación entre las gentes vulgares.

Es inagotable el repertorio de anécdotas de que está llena la
25 memoria de los pueblos con respeto a Quiroga; sus dichos, sus expedientes, tienen un sello de originalidad que le daban ciertos visos[56] orientales, cierta tintura de sabiduría salomónica[57] en el concepto de la plebe.[58] ¿Qué diferencia hay, en efecto, entre aquel famoso expediente de mandar partir en dos el niño disputado, a fin
30 de descubrir la verdadera madre, y este otro para encontrar un ladrón?

---

48. **melena** *mane, locks*
49. **guedejas** *long locks*
50. **Medusa:** una de las tres Gorgonas, mujeres mitológicas que llevaban serpientes en vez de cabellos
51. **se enronquecía** *became hoarse*
52. **puñaladas** *dagger thrusts*

53. **a patadas** *by kicks*
54. **hachazo** *hatchet blow*
55. **presciencia** *foreknowledge*
56. **visos** *aspects*
57. **salomónica** *Solomon-like*
58. **plebe** *common people*

Entre los individuos que formaban una compañía habíase robado un objeto, y todas las diligencias[59] practicadas para descubrir el raptor habían sido infructuosas. Quiroga forma la tropa, hace cortar tantas varitas de igual tamaño cuantos soldados había;[60] hace en seguida que se distribuyan a cada uno, y luego, con voz 5 segura, dice: "Aquél cuya varita aparezca mañana más grande que las demás, ése es el ladrón." Al día siguiente formóse de nuevo la tropa, y Quiroga procede a la verificación y comparación de las varitas. Un soldado hay, empero, cuya varita aparece más corta que las otras. "¡Miserable!—le grita Facundo con voz aterrante—, 10 ¡tú eres! . . ." Y, en efecto, él era; su turbación lo dejaba conocer demasiado.[61] El expediente es sencillo: el crédulo gaucho, temiendo que, efectivamente, creciese su varita, le había cortado un pedazo. Pero, se necesita cierta superioridad y cierto conocimiento de la naturaleza humana para valerse de estos medios.   15

Habíanse robado algunas prendas de la montura de un soldado, y todas las pesquisas[62] habían sido inútiles para descubrir al raptor. Facundo hace formar la tropa y que desfile por delante de él, que está con los brazos cruzados, la mirada fija, escudriñadora, terrible. Antes ha dicho: "Yo sé quién es," con una seguridad que nada 20 desmiente. Empiezan a desfilar, desfilan muchos, y Quiroga permanece inmóvil; es la estatua de Júpiter Tonante,[63] es la imagen del Dios del Juicio Final. De repente, se abalanza[64] sobre uno, le agarra del brazo y le dice con voz breve y seca: "¿Dónde está la montura?" "Allí, señor"—contesta, señalando un bosquecillo. 25 "Cuatro tiradores" [65]—grita entonces Quiroga. ¿Qué revelación era ésta? La del terror y la del crimen hecha ante un hombre sagaz.

Estaba otra vez un gaucho respondiendo a los cargos que se le hacían por un robo; Facundo le interrumpe diciendo: "Ya este pícaro está mintiendo; ¡a ver . . . cien azotes . . . !" Cuando el 30 reo hubo salido, Quiroga dijo a alguno que se hallaba presente: "Vea, patrón; cuando un gaucho al hablar está haciendo marcas con el pie, es señal que está mintiendo." Con los azotes, el gaucho

59. **diligencias** *efforts*
60. **hace cortar . . . había** *he orders as many sticks cut as there are soldiers*
61. **su turbación . . . demasiado** *his confusion revealed it too well*
62. **pesquisas** *investigations*
63. **Tonante** *thundering;* **Júpiter** era el rey de los dioses clásicos.
64. **se abalanza** *he rushes impetuously*
65. **tiradores** *sharpshooters*

contó la historia como debía de ser, esto es, que se había robado una yunta de bueyes.

Necesitaba otra vez y había pedido un hombre resuelto, audaz, para confiarle una misión peligrosa. Escribía Quiroga cuando le
5 trajeron el hombre; levanta la cara después de habérselo anunciado[66] varias veces, lo mira y dice continuando de escribir: "¡Eh! . . . ¡Ése es un miserable! ¡Pido un hombre valiente y arrojado!"[67] Averiguóse, en efecto, que era un patán.[68]

De estos hechos hay a centenares en la vida de Facundo, y que,
10 al paso que descubren un hombre superior,[69] han servido eficazmente para labrarle una reputación misteriosa entre hombres groseros que llegaban a atribuirle poderes sobrenaturales.

66. **habérselo anunciado** *having announced him* (the man) *to him* (to Quiroga)
67. **arrojado** *fearless*

68. **patán** *simpleton*
69. **al paso . . . superior** *while they reveal a superior man*

Preguntas

1. ¿Por qué son rastreadores todos los gauchos?
2. ¿Por qué tratan al rastreador con consideración?
3. ¿Qué ocurrió cuando le robaron a Calíbar su montura de gala?
4. ¿Qué había hecho el prófugo para no dejar huellas?
5. ¿Por qué tenían miedo los presos políticos al momento de escapar?
6. ¿Cómo lograron la evasión?
7. ¿Con quién se puede comparar el cantor? ¿Por qué?
8. ¿Dónde vive el cantor? ¿Dónde trabaja?
9. ¿Cuál era el aspecto físico de Facundo?
10. ¿De qué manera inspiraba Facundo miedo con su mirada?
11. ¿Qué le dio a Facundo prestigio y reputación?
12. ¿Por qué se compara a Facundo con Salomón?
13. ¿Cómo se propone Facundo descubrir el ladrón?
14. ¿Cómo sabe Facundo que está mintiendo el gaucho?
15. ¿Cómo averiguó Facundo que el hombre que le trajeron no tenía valor?

Temas

1. El oficio del rastreador.
2. El cantor de la Pampa y el trovador de la Edad Media.
3. Las dos civilizaciones distintas en la República Argentina.
4. Facundo, representante de la barbarie.
5. El propósito de Sarmiento al escribir *Facundo*.

José Hernández (1834–1886)

La literatura del gaucho y especialmente la épica gauchesca alcanzó su apogeo en el *Martín Fierro* de José Hernández en 1872. Hernández fue un político ardiente y se rebeló contra el gobierno alineándose con los gauchos en su insurrección. Estaba, durante toda su vida, 5 interesado en la situación del gaucho en la Argentina y conspiró para proteger a esta gente de la opresión. Por haber vivido muchos años en el país de los gauchos Hernández comprendió la mente del gaucho, sus costumbres, su historia y pudo escribir por consiguiente su famoso poema épico que se considera como el clásico 10 de la literatura gauchesca.

Martín Fierro representa la vida heroica de los gauchos en su lucha contra los feroces indios de la pampa, y más tarde contra la opresión del gobierno. Martín Fierro, héroe del poema, es la personificación de la independencia, la fuerza física y la fortaleza heroica 15 de este grupo. Como Martín vive y respira estas virtudes ha sido considerado por los argentinos como el espíritu de la nación. La personalidad del héroe es la parte más viva del poema, pero las escenas de violencia, las aventuras de Martín y el notable retrato del paisaje sombrío y salvaje de la pampa añaden encanto y color 20 a la obra.

Lo que impide que sea una epopeya verdadera es la condición intensamente humana de Martín. No hay nada divino, nada aristocrático y nada pulido en Martín Fierro quien aun a veces es un criminal, a veces un trabajador común o un soldado, pero 25 siempre un hombre del pueblo sin vínculos familiares, sin nombre y sin más honor que el innato en su propio espíritu de independencia.

Martín cuenta su propia historia en verso como la hubiera contado un poeta popular, que entre los gauchos de la Argentina se llama *payador*. Empieza por recordar los felices y prósperos días cuando vivía con su familia en una gran estancia hasta que enviado a la frontera india tuvo que sufrir las desgracias y dificultades de un pobre soldado. Debido a la persecución, desertó y regresó al hogar donde encontró que su esposa y sus hijos habían desaparecido 5 y que su casa estaba destruida. Se convirtió entonces en un vagabundo y pasaba los días entre la borrachera y el crimen vagando por la pampa.

Con Cruz, un viejo gaucho con quien hizo amistad, dejó la civilización y entró en territorio indio para unirse a los salvajes. En 10 *La vuelta de Martín Fierro* (1879) Hernández continuó las aventuras de su héroe. Cruz murió de viruelas entre los indios, y Martín escapó trayendo consigo a una pobre mujer blanca que estaba cautiva y cuyo hijo había sido asesinado por un cruel guerrero indio. Es este episodio el que hemos seleccionado. Es una pieza brutal pero típica 15 de Hernández, típica del realismo de la literatura gaucha y representativa de la vida y las costumbres de la pampa.

El poema termina cuando Martín, después de volver a lo civilizado y de vagar en busca de sus viejos amigos y su familia perdida, encuentra a dos de sus hijos. 20

Se nota que Hernández imita el lenguaje popular de la pampa. El poema está compuesto de estrofas, cada una de seis versos octosílabos. Prevalece la rima *abbccb*. El sonido de la -s final es muy débil o desaparece, de modo que pueden rimar palabras tales como "quiera-fieras," etc. 25

MARTÍN FIERRO

IV

De ella[1] fueron los lamentos
Que en mi soledá[2] escuché.
En cuanto al punto llegué,
Quedé enterado de todo.

1. **ella** es la pobre mujer cautiva a cuyo niño mató el cruel indio.

2. **soledá** = **soledad** en el habla popular

Al mirarla de aquel modo
Ni un instante tutubié.[3]

Toda cubierta de sangre
Aquella infeliz cautiva,
5   Tenía dende abajo arriba
La marca de los lazazos.[4]
Sus trapos hechos pedazos
Mostraban la carne viva.

Alzó los ojos al cielo,
10   En sus lágrimas bañada.
Tenía las manos atadas.
Su tormento estaba claro.
Y me clavó una mirada
Como pidiendomé amparo.

15   Yo no sé lo que pasó
En mi pecho en ese istante.[5]
Estaba el indio arrogante
Con una cara feroz:
Para entendernos los dos
20   La mirada fue bastante.

Pegó un brinco como gato[6]
Y me ganó la distancia;
Aprovechó esa ganancia
Como fiera cazadora:
25   Desató las boliadoras[7]
Y aguardó con vigilancia.

3. **tutubié:** forma popular del verbo **titubear** que significa *to hesitate*
4. **lazazo** *lasso marks*
5. **istante** = **instante**
6. **Pegó . . . gato** *He made a leap like a cat*

7. **boliadoras** = el par de bolas. (Las bolas forman para los gauchos y los indios un arma formidable. Son dos bolas de hierro o de piedra unidas por una cuerda. Cuando las bolas se tiran enredan a un enemigo o un animal.)

Gauchos ovejeros de la pampas de Patagonia, Argentina. (Three Lions)

Aunque yo iba de curioso
Y no por buscar contienda,
Al pingo[8] le até la rienda,
Eché mano, dende luego,
A éste, que no yerra fuego,[9]   5
Y ya se armó la tremenda.[10]

El peligro en que me hallaba
Al momento conocí.
Nos mantuvimos ansí,[11]
Me miraba y lo miraba;   10
Yo al indio le desconfiaba
Y él me desconfiaba a mí.

8. **pingo** *swift horse* en lengua gauchesca
9. **Eché . . . fuego** *I grabbed this*

weapon (el facón) *which never misfires*
10. **tremenda** *big fight*
11. **ansí** = **así**

Se debe ser precavido[12]
Cuando el indio se agazape;[13]
En esa postura el tape[14]
Vale por cuatro o por cinco:
5   Como tigre es para el brinco
Y fácil que a uno lo atrape.[15]

Peligro era atropellar
Y era peligro el juir,[16]
Y más peligro seguir
10   Esperando de este modo,
Pues otros podían venir
Y carniarme[17] allí entre todos.

A juerza[18] de precaución
Muchas veces he salvao,[19]
15   Pues en un trance apurao[20]
Es mortal cualquier descuido.
Si Cruz hubiera vivido
No habría tenido cuidao.[21]

Un hombre junto con otro
20   En valor y en juerza crece;
El temor desaparece,
Escapa de cualquier trampa.
Entre dos, no digo a un pampa:
A la tribu, si se ofrece.[22]

12. **precavido** *cautious*
13. **agazape** *crouches*
14. **tape** *rogue*
15. **fácil . . . atrape** *easy for him to trick one*
16. **juir,** palabra popular que equivale a huir
17. **carniarme** *to butcher me*
18. **juerza = fuerza** en lengua popular
19. **salvao,** pronunciación popular de **salvado**
20. **apurao = apurado** *hazardous*
21. **cuidao = cuidado**
22. **Entre . . . ofrece** *Between the two (of us), I do not say (he escapes from) one Pampa Indian: from the whole tribe, if necessary*

En tamaña incertidumbre,
En trance tan apurao,
No podía, por de contao,[23]
Escaparme de otra suerte
Sino dando al indio muerte   5
O quedando allí estirao,[24]

Y como el tiempo pasaba
Y aquel asunto me urgía,[25]
Viendo que él no se movía,
Me jui[26] medio de soslayo   10
Como a agarrarle el caballo.
A ver si se me venía.

Ansí fue, no aguardó más,
Y me atropelló el salvaje.
Es preciso que se ataje   15
Quien con el indio pelée.[27]
El miedo de verse a pie
Aumentaba su coraje.[28]

En la dentrada[29] no más
Me largó un par de bolazos.[30]   20
Uno me tocó en un brazo:
Si me da bien, me lo quiebra,
Pues las bolas son de piedra
Y vienen como balazo.

A la primer puñalada   25
El pampa se hizo un ovillo:[31]
Era el salvaje más pillo[32]

23. **por de contao** (**contado**) *actually*
24. **estirao** = **estirado** *stretched out*
25. **me urgía** *was urgent to me*
26. **jui** = **fui**
27. **Es preciso . . . pelée** *It is necessary for one who fights with an Indian to get the jump on him*
28. **coraje** *courage*

29. **dentrada** = **entrada** (en lengua popular *outset* o *beginning*)
30. **Me largó . . . bolazos** *He hit me twice with the bolas*
31. **El pampa . . . ovillo** *The Pampa Indian made himself into a ball*
32. **pillo** *crafty*

Que he visto en mis correrías,
Y a más de las picardías,
Arisco[33] para el cuchillo.

5   Las bolas las manejaba
Aquel bruto con destreza,
Las recogía con presteza
Y me las volvía a largar,[34]
Haciendomelás silbar
Arriba de la cabeza.

*   *   *

10   Me sucedió una desgracia
En aquel percance amargo
En momentos que lo cargo[35]
Y que él reculando va,[36]
Me enredé en el chiripá
15   Y cai tirao largo a largo.[37]

Ni pa[38] encomendarme a Dios
Tiempo el salvaje me dio:
Cuanto en el suelo me vio
Me saltó con ligereza:
20   Juntito de la cabeza
El bolazo retumbó.[39]

Ni por respeto al cuchillo
Dejó el indio de apretarme.
Allí pretende ultimarme[40]
25   Sin dejarme levantar.
Y no me daba lugar
Ni siquiera a enderezarme.

33. **Arisco** *skillful*
34. **largar** *to hurl*
35. **lo cargo** *I attack him*
36. **reculando va** *retreating*
37. **Me enredé . . . largo** *I became entangled in my blanket and I fell full* length. (Llevaban los gauchos un **chiripá** cuando iban a caballo)
38. **pa** = **para** en lengua popular
39. **Juntito . . . retumbó** *Quite close to my head the bolas hummed*
40. **ultimarme** *to finish me*

De balde quiero moverme:
Aquel indio no me suelta.
Como persona resuelta,
Toda mi juerza ejecuto;
Pero abajo de aquel bruto   5
No podía ni darme güelta.[41]

¡Bendito Dios poderoso!
Quién te puede comprender,
Cuando a una débil mujer
Le diste en esa ocasión   10
La juerza que en un varón
Tal vez no pudiera haber:

Esa infeliz tan llorosa,
Viendo el peligro se anima.
Como una flecha se arrima[42]   15
Y, olvidando su aflición,
Le pegó[43] al indio un tirón
Que me lo sacó de encima.

Ausilio[44] tan generoso
Me libertó del apuro.   20
Si no es clla, de siguro[45]
Que el indio me sacrifica.
Y mi valor se duplica
Con un ejemplo tan puro.

En cuanto me enderecé,   25
Nos volvimos a topar.[46]
No se podía descansar
Y me chorriaba[47] el sudor.

41. **güelta** = vuelta
42. **Como . . . arrima** *Like an arrow she approaches*
43. **pegó** *she gave*
44. **Ausilio** = auxilio
45. **siguro** = seguro
46. **Nos . . . topar** *we attacked each other again*
47. **chorriaba** = chorreaba *flowed*

En un apuro mayor
Jamás me he vuelto a encontrar.

Tampoco yo le daba alce,[48]
Como deben suponer.
5 Se había aumentao mi quehacer[49]
Para impedir que el brutazo
Le pegara algún bolazo,
De rabia, a aquella mujer.

La bola en manos del indio
10 Es terrible y muy ligera;
Hace de ella lo que quiera,
Saltando como una cabra.
Mudos, sin decir palabra,
Peliábamos como fieras.

15 Aquel duelo en el disierto,[50]
Nunca jamás se me olvida.
Iba jugando la vida
Con tan terrible enemigo,
Teniendo allí de testigo
20 A una mujer afligida.

Cuanto él más se enfurecía,
Yo más me empiezo a calmar.
Mientras no logra matar
El indio no se desfoga.[51]
25 Al fin le corté una soga[52]
Y lo empecé a aventajar.

Me hizo sonar las costillas
De un bolazo aquel maldito,

48. **Tampoco** . . . **alce** *Nor did I give him any respite*
49. **quehacer** *duty, job*
50. **disierto** = **desierto**
51. **desfoga** *become calm*
52. **Al fin** . . . **soga** *Finally I cut one of his ropes* (parte de las bolas)

Y al tiempo que le di un grito
Y le dentro como bala,[53]
Pisa el indio y se refala[54]
En el cuerpo del chiquito.

Para esplicar[55] el misterio   5
Es muy escasa mi cencia:[56]
Lo castigó, en mi concencia,[57]
Su Divina Majestá:
Donde no hay casualidá[58]
Suele estar la Providencia.   10

En cuanto trastabilló,[59]
Más de firme lo cargué,
Y aunque de nuevo hizo pie
Lo perdió aquella pisada,
Pues en esta atropellada   15
En dos partes lo corté.[60]

Al sentirse lastimao[61]
Se puso medio afligido;
Pero era indio decidido,
Su valor no se quebranta.   20
Le salían de la garganta
Como una especie de aullidos.

Lastimao en la cabeza,
La sangre lo enceguecía;
De otra herida le salía,   25
Haciendo un charco ande[62] estaba;
Con los pies la chapaliaba[63]
Sin aflojar todavía.

53. dentro . . . bala *I attack him like a shot*
54. se refala *slips*
55. esplicar = explicar
56. cencia = ciencia *knowledge*
57. concencia = conciencia
58. casualidá = casualidad *luck*
59. trastabilló *he staggered*
60. En dos . . . corté *I cut him in two*
61. lastimao = lastimado *wounded*
62. ande, forma popular de donde
63. chapaliaba = chapaleaba *he was splashing*

Tres figuras imponentes
Formabamós aquel terno:[64]
Ella, en su dolor materno;
Yo, con la lengua dejuera,[65]
5   Y el salvaje, como fiera
Disparada del infierno.

Iba conociendo el indio
Que tocaban a degüello.[66]
Se le erizaba el cabello
10   Y los ojos revolvía;
Los labios se le perdían
Cuando iba a tomar resuello.[67]

En una nueva dentrada
Le pegué un golpe sentido,[68]
15   Y al verse ya mal herido,
Aquel indio furibundo
Lanzó un terrible alarido
Que retumbó como un ruido
Si se sacudiera el mundo.

20   Al fin de tanto lidiar[69]
En el cuchillo lo alcé;[70]
En peso lo levanté[71]
A aquel hijo del disierto;
Ensartado lo llevé,[72]
25   Y allá recién[73] lo largué
Cuando ya lo sentí muerto.

64. **terno = trío**
65. **dejuera = de fuera**
66. **tocaban a degüello** *his end was near*
67. **Los labios . . . resuello** *His lips disappeared when he caught his breath*
68. **un golpe sentido** *a hard-felt blow*
69. **lidiar** *fighting*
70. **En . . . alcé** *I lifted him on the knife*
71. **En . . . levanté** *I raised him in the air*
72. **Ensartado . . . llevé** *I had him pierced through and through*
73. **recién,** en lengua popular quiere decir **pronto**

Me persiné[74] dando gracias
De haber salvado la vida.
Aquella pobre afligida,
De rodillas en el suelo,
Alzó sus ojos al cielo   5
Sollozando dolorida.

Me hinqué[75] también a su lado
A dar gracias a mi santo.
En su dolor y quebranto,
Ella, a la Madre de Dios,   10
Le pide en su triste llanto
Que nos ampare a los dos.

Se alzó con pausa[76] de leona
Cuando acabó de implorar,
Y sin dejar de llorar   15
Envolvió en unos trapitos
Los pedazos de su hijito,
Que yo le ayudé a juntar.

Dende ese punto era juerza[77]
Abandonar el disierto,   20
Pues me hubieran descubierto;
Y aunque lo maté en pelea,
De fijo que me lancean[78]
Por vengar al indio muerto.

A la afligida cautiva   25
Mi caballo le ofrecí.
Era un pingo que alquirí,[79]
Y dondequiera que estaba,

---

74. **persiné** = **persigné** *I made the
sign of the Cross*
75. **me hinqué** *I knelt*
76. **pausa** *ease, grace*

77. **Dende . . . juerza** *From this moment it was necessary*
78. **De fijo . . . lancean** *surely they
would kill me*
79. **alquiré** = **adquiré** *I acquired*

En cuanto yo lo silbaba
Venía a refregarse[80] en mí.

Yo me le senté al del pampa.[81]
Era un escuro tapao.[82]
5   Cuando me hallo bien montao,[83]
De mis casillas me salgo;[84]
Y era un pingo como galgo,
Que sabía correr boliao.[85]

Para correr en el campo
10   No hallaba ningún tropiezo.
Los ejercitan en eso,[86]
Y los ponen como luz,
De dentrarle a un avestruz
Y boliar bajo el pescuezo.[87]

* * *

80. **refregarse** *to rub himself against me*
81. **Yo . . . pampa** *I mounted the Pampa Indian's horse*
82. **un escuro tapao**: lengua popular para **un oscuro tapado** *a beaten-up, inconspicuous one*
83. **montao** = montado
84. **De mis . . . salgo** *I let myself go*

85. **boliao** = **boleado** *hobbled* (eso es, aun enredado en bolas)
86. **Los . . . eso** *They* (los indios) *train them* (los caballos) *in that* (galope sobre las pampas)
87. **Y los . . . pescuezo** *And they train them like a flash of light to attack an ostrich and to allow the rider to throw* las bolas *under the horse's neck*

Preguntas

1. ¿Por qué lloraba la mujer?
2. ¿Por qué desató las bolas el indio?
3. ¿Por qué es tan peligroso el indio que se agazapa?
4. Si esperara Martín ¿qué podría pasar?
5. ¿Cómo podía escaparse Martín de su peligro?
6. ¿Por qué son tan duras y peligrosas las bolas?
7. ¿Cómo manejan las bolas los indios de la pampa?
8. ¿Qué desgracia le sucedió a Martín Fierro?

9. Después de esta desgracia ¿qué hizo el salvaje?
10. Al ver a Martín caído ¿qué hizo la mujer?
11. ¿Cuándo empieza a calmarse Martín?
12. ¿Por qué se cayó el indio?
13. ¿Qué herida le hizo Martín al indio?
14. Al verse ya mal herido ¿qué hizo el indio?
15. ¿Por qué les era necesario abandonar el desierto?

Temas

1. La lucha entre Martín Fierro y el salvaje.
2. La crueldad del indio.
3. El carácter de la mujer.
4. El caballo de Martín.
5. Las armas del indio

Juan Montalvo (1832–1889)

"Mi pluma lo mató"—éstas fueron las palabras del escritor Juan Montalvo al oír las noticias del asesinato del odiado dictador del Ecuador, García Moreno. Montalvo, periodista, ensayista, filósofo, pasó mucho tiempo desterrado del Ecuador, su país natal, es-
5 cribiendo en contra de la tiranía. Condujo su ataque desde las páginas de su diario, *El Cosmopolita* (1866–1869) que publicó bajo grandes dificultades. Después del destierro continuó escribiendo folletos con diatribas contra "la dictadura perpetua" desde el pueblo fronterizo de Ipiales, Colombia. Cuando otro dictador ganó el
10 puesto de García Moreno, Montalvo lo atacó también, y pasó los últimos años de su vida en Francia.

Se puede comparar su lucha contra la tiranía con la lucha del argentino Sarmiento contra el tirano Rosas. Ambos hombres se destacan como figuras notables durante la época romántica en
15 Hispanoamérica, revelando su temperamento romántico en sus ideales y en su lucha activa contra las fuerzas de la opresión. En su prosa, sin embargo, Montalvo muestra un talento totalmente distinto del de Sarmiento. Montalvo era un gran estilista del más puro clasicismo. *Los siete tratados*, su obra de más renombre, figura
20 entre los mejores ensayos de la lengua castellana. Aquí se nota su destreza en el manejo de las palabras y su estilo atractivo y personal. Por ellos han llamado a Montalvo el Montaigne hispanoamericano. Otra obra que revela su maestría con la prosa es una continuación de *Don Quijote*, titulada *Capítulos que se le olvidaron a Cervantes*.
25   La selección que incluimos aquí de *Los siete tratados* es una célebre comparación de Wáshington y Bolívar. Se ve su estilo vigoroso y efervescente, su habilidad para disertar sobre tópicos morales, y sus alusiones eruditas. Este estudio sobre dos héroes de la época

inolvidable de la independencia es un análisis penetrante de la
diferencia fundamental de ambos héroes en temperamento y en
circunstancias.

WÁSHINGTON Y BOLÍVAR

El renombre de Wáshington no finca[1] tanto en sus proezas militares,
cuanto en el éxito mismo de la obra que llevó adelante y consumó 5
con tanta felicidad como buen juicio. El de Bolívar trae consigo el
ruido de las armas, y a los resplandores que despide[2] esa figura
radiosa, vemos caer y huir y desvanecerse los espectros de la tiranía;
suenan los clarines, relinchan los caballos, todo es guerrero estruendo
en torno al héroe hispanoamericano. Wáshington se presenta a la 10
memoria y a la imaginación como gran ciudadano antes que como
gran guerrero, como filósofo antes que como general. Wáshington
estuviera[3] muy bien en el senado romano al lado del viejo Papirio
Cúrsor,[4] y en siendo monarca antiguo, fuera[5] Augusto,[6] ese varón
sereno y reposado que gusta de sentarse en medio de Horacio y 15
Virgilio,[7] en tanto que las naciones todas giran[8] reverentes alrededor
de su trono. Entre Wáshington y Bolívar hay de común la identidad
de fines, siendo así que el anhelo de cada uno se cifra[9] en la libertad
de un pueblo y el establecimiento de la democracia. En las dificultades sin medida que el uno tuvo que vencer, y la holgura[10] con que 20
el otro vio coronarse su obra, ahí está la diferencia de esos dos
varones perilustres,[11] ahí la superioridad del uno sobre el otro.
Bolívar en varias épocas de la guerra, no contó con el menor recurso,
ni sabía dónde ir a buscarlo; su amor inapelable[12] hacia la patria,
ese punto de honra subido que obraba en su pecho,[13] esa imaginación 25

1. **no finca** *does not rest, is not based*
2. **despide** *sends forth*
3. **estuviera** *would have been*
4. **Papirio Cúrsor:** cónsul y dictador romano del siglo IV antes de Jesu-cristo
5. **fuera** *he would have been*
6. **Augusto:** Augusto César, empera-dor romano

7. **Horacio y Virgilio:** célebres poetas latinos
8. **giran** *revolve*
9. **se cifra** *is based*
10. **holgura** *ease*
11. **perilustres** *very distinguished*
12. **inapelable** *unending, firm*
13. **ese punto . . . pecho** *that exalted point of honor which gripped his heart*

Estatua ecuestre de Simón Bolívar (1783–1830) de la Plaza Bolívar en Caracas, Venezuela, su ciudad natal. (The Bettmann Archive)

fecunda, esa voluntad soberana,[14] esa actividad prodigiosa que constituían su carácter, le inspiraban la sabiduría de hacer factible[15] lo imposible; le comunicaban el poder de tornar de la nada al centro del mundo real. Caudillo inspirado por la providencia, hiere[16] la
5 roca con su varilla de virtudes, y un torrente de agua cristalina brota murmurando afuera;[17] pisa con intención, y la tierra se puebla de numerosos combatientes,[18] esos que la patrona[19] de los pueblos oprimidos envía sin que sepamos de dónde. Los americanos del norte eran de suyo[20] ricos, civilizados y pudientes[21] aun antes de
10 su emancipación de la madre Inglaterra: en faltando su cau-

14. **soberana** *superior, supreme*
15. **factible** *feasible*
16. **hiere** *he strikes*
17. Esta alusión bíblica nos recuerda a Moisés sacando agua de la roca en el desierto. Véase Números 20, 7–11.
18. **combatientes:** se refiere a los soldados que surgieron para servir a Bolívar
19. **patrona** *patron saint*
20. **de suyo** *in their own right*
21. **pudientes** *powerful*

dillo,[22] cien Wáshingtons se hubieran presentado al instante a llenar ese vacío, y no con desventaja. A Wáshington le rodeaban hombres tan notables como él mismo, por no decir más beneméritos:[23] Jefferson, Madison, varones de alto y profundo consejo, Franklin, genio del cielo y de la tierra, que al tiempo que arranca el cetro a los tiranos, arranca[24] el rayo a las nubes: *Eripuit coelo fulmen sceptrumque tyrannis.*[25] Y éstos y todos los demás, cuán grandes eran y cuán numerosos se contaban, eran unos[26] en la causa, rivales en la obediencia, poniendo cada cual su contingente[27] en el raudal inmenso que corrió sobre los ejércitos y las flotas enemigas, y destruyó el poder británico. Bolívar tuvo que domar[28] a sus tenientes, que[29] combatir y vencer a sus propios compatriotas, que[29] luchar con mil elementos conjurados[30] contra él y la independencia, al paso que[31] batallaba con las huestes españolas y las vencía o era vencido. La obra de Bolívar es más ardua, y por el mismo caso más meritoria.

Wáshington se presenta más respetable y majestuoso a la contemplación del mundo: Bolívar más alto y resplandeciente. Wáshington fundó una República que ha venido a ser después de poco una de las mayores naciones de la tierra; Bolívar fundó asimismo una gran nación,[32] pero, menos feliz que su hermano primogénito,[33] la vio desmoronarse,[34] y aunque no destruida su obra, por lo menos desfigurada y apocada.[35] Los sucesores de Wáshington, grandes ciudadanos, filósofos y políticos, jamás pensaron en despedazar el manto sagrado de su madre, para echarse cada uno por adorno un jirón de púrpura

---

22. **en . . . caudillo** *if their leader had died, if anything had happened to their leader*
23. **beneméritos** *worthy*
24. **arranca** *seizes*
25. **Eripuit . . . tyrannis** *He snatched the lightning from the heavens and the scepters from the tyrants.* Este hexámetro en latín aparece en una medalla de plata hecha por Augustin Dupré in París en 1784 para honrar a Franklin. Se ha dicho que el verso fue compuesto por el político A. R. J. Turgot para un busto de Franklin del escultor J. A. Houdon.
26. **unos** *together*

27. **contingente** *share*
28. **domar** *hold in check*
29. **que:** léase (**tuvo**) que
30. **conjurados** *conspiring*
31. **al paso que** *at the same time that*
32. La nación que fundó, la república de Gran Colombia, duró poco tiempo y se dividió en Venezuela, Colombia y el Ecuador. También la república de Bolivia, que lleva su nombre y para la cual había escrito una constitución liberal, lo rechazó completamente.
33. **primogénito** *elder*
34. **desmoronarse** *fall apart, crumble*
35. **apocada** *diminished*

sobre sus cicatrices;[36] los compañeros de Bolívar todos acometieron[37] a degollar[38] a la real Colombia y tomar para sí la mayor presa posible, locos de ambición y tiranía. En tiempo de los dioses, Saturno devoraba a sus hijos;[39] nosotros hemos visto y estamos 5 viendo a ciertos hijos devorar a su madre. Si Páez,[40] a cuya memoria debemos el más profundo respeto, no tuviera su parte en este crimen, ya estaba yo aparejado[41] para hacer una terrible comparación, tocante a esos asociados del parricidio que nos destruyeron nuestra grande patria;[42] y como había además que mentar a un gusanillo y 10 rememorar[43] el triste fin del héroe de Ayacucho,[44] del héroe de la guerra y las virtudes, vuelvo a mi asunto ahogando[45] en el pecho esta dolorosa indignación mía.

Wáshington, menos ambicioso, pero menos magnánimo; más modesto, pero menos elevado que Bolívar; Wáshington, concluida 15 su obra, acepta los casi humildes presentes de sus compatriotas; Bolívar rehusa los millones ofrecidos por la nación peruana. Wáshington rehusa el tercer período presidencial de los Estados Unidos, y cual[46] un patriarca se retira a vivir tranquilo en el regazo[47] de la vida privada, gozando sin mezcla de odio las consideraciones 20 de sus semejantes, venerado por el pueblo, amado por sus amigos; enemigos, no los tuvo, ¡hombre raro y feliz! Bolívar acepta el mando tentador que por tercera vez, y ésta de fuente impura, viene a molestar su espíritu,[48] y muere repelido,[49] perseguido, escarnecido[50]

36. **jamás . . . cicatrices** *never thought about tearing to shreds the sacred mantle of their founder, so that each one could wear a shred of purple over his scars as an ornament*
37. **acometieron** *rushed*
38. **degollar** *destroy*
39. **Saturno** en la mitología clásica había prometido a su hermano Titano que se comería a todos sus hijos para que no pudieran conquistarle. Así hizo hasta que su mujer le escondió a Júpiter, a Neptuno y a Pluto.
40. **José Antonio Páez** (1790–1873): general venezolano, héroe llanero de las guerras de independencia, que pasó sus últimos años desterrado en Nueva York
41. **aparejado** *prepared*

42. **tocante . . . patria** *in regard to those associated with the murder which destroyed our great country*
43. **y como . . . rememorar** *and as it would be necessary besides to mention a scoundrel and to recall*
44. Antonio José de Sucre, héroe de la batalla decisiva de **Ayacucho** (1824), fue asesinado en 1830.
45. **ahogando** *smothering*
46. **cual** *as*
47. **regazo** *lap*
48. **mando . . . espíritu** *the tempting rule which for the third time, and this time from a corrupt source, comes to trouble his soul*
49. **repelido** *repulsed*
50. **escarnecido** *ridiculed*

por una buena parte de sus contemporáneos. El tiempo ha borrado
esta leve mancha,[51] y no vemos sino el resplandor que circunda al
mayor de los sudamericanos.

Wáshington y Bolívar, augustos personajes, gloria del Nuevo
Mundo, honor del género humano, junto con los varones más   5
insignes de todos los pueblos y de todos los tiempos.

51. **mancha** *blot, stain*

Preguntas

1. ¿Qué ruidos evoca el nombre de Bolívar?
2. ¿Cómo se diferencian Wáshington y Bolívar en la memoria?
3. ¿En qué lugar podemos imaginar a Wáshington en los tiempos antiguos?
4. ¿Con qué recursos podía contar Bolívar en su lucha por la libertad?
5. ¿En qué posición se encontraron los norteamericanos al principiar la
   revolución?
6. ¿Qué clase de hombres rodeaban a Wáshington?
7. ¿Por qué se puede decir que la obra de Bolívar era más ardua?
8. ¿Cómo resultó la república que fundó Wáshington?
9. ¿Qué le pasó a la nación que fundó Bolívar?
10. ¿Qué sacrilegio hicieron los compañeros de Bolívar?
11. ¿Qué le pasó al héroe de la batalla de Ayacucho?
12. ¿De qué manera pasó sus últimos años Wáshington?
13. ¿Qué le pasó a Bolívar después de aceptar su mando por tercera vez?
14. ¿Qué diferencias fundamentales se revelan entre las guerras de indepen-
    dencia de Norteamérica y de Sudamérica?

Temas

1. Lo que hay de común entre Wáshington y Bolívar.
2. Algunas diferencias entre estos dos héroes.
3. Las alusiones clásicas que se encuentran en este ensayo.
4. El tono y el estilo de este ensayo.
5. Juan Montalvo y su lucha contra la opresión.

Ricardo Palma *(1833–1919)*

Entre los años de 1875 a 1883 fueron publicados los diez volúmenes de las famosas *Tradiciones peruanas* de Palma. Su autor las consideró como pertenecientes a un género distinto y nuevo: es posible que lo sean. Pero lo que sí puede decirse con toda certeza es que son his-
5 torias breves y bocetos—basados algunos en hechos verídicos o fantásticos, pero todos narrados con el gusto satírico y el vigor de uno de los más grandes maestros del cuento. El estilo de Palma es único. Emplea muchas palabras y expresiones arcaicas, así como también palabras y frases tomadas del léxico de la gente ordinaria.
10 No faltan tampoco palabras indígenas. Aparte de estas expresiones su español es correcto y literario.

La mayoría de sus historias son picantes con una sátira chispeante que nos recuerda los escritos de Quevedo y el ingenio mordaz del siglo XVII. Gran número de ellas tratan de temas del pasado que
15 Palma conocía muy bien y que fue capaz de evocar con habilidad y poder notables. No tuvo modelos que puedan ser señalados, no pertenecía a ninguna escuela de escritores, aunque fue muy imitado sin éxito, por muchos escritores sudamericanos.

Palma recibió una buena educación, viajó a Europa y conoció
20 personalmente a muchos grandes escritores de España y de Francia, y antes de haber llegado a los cuarenta años era para sus compatriotas uno de los grandes poetas y escritores peruanos de todos los tiempos. Palma dedicó sus últimos años a la reconstrucción de la Biblioteca Nacional que había sido saqueada por los soldados
25 chilenos en la Guerra del Pacífico, guerra entre el Perú y Chile (1879–1883). Este solo servicio lo hubiera hecho acreedor al agradecimiento y memoria de su país.

El alacrán de Fray Gómez es una de las tradiciones típicas de Palma:
se desarrolla en el pasado del Perú que el autor sabe evocar con
mucha efectividad cuando menciona algunas callejas o edificios
conocidos de los lectores e íntimamente asociados con los personajes
y hechos que el autor retrata. Además está escrita con la acostum- 5
brada vena irónica y satírica tan característica del autor de las
Tradiciones.

Este cuento va dedicado a un amigo de Palma, que se llama
Prieto, como se puede ver en la selección.

EL ALACRÁN DE FRAY GÓMEZ

Principio principiando;
principiar quiero,
por ver si principiando
principiar puedo.

In diebus illis,[1] digo, cuando yo era muchacho, oía con frecuencia 10
a las viejas exclamar, ponderando el mérito y precio de una alhaja:[2]
"¡Esto vale tanto como el alacrán de fray Gómez!"

Tengo una chica, remate[3] de lo bueno, flor de la gracia y espumita
de la sal,[4] con unos ojos más pícaros y trapisondistas[5] que un par de
escribanos: 15

chica que se parece
al lucero del alba
cuando amanece,

al cual pimpollo[6] he bautizado, en mi paternal chochera,[7] con el
mote de *alacrancito de fray Gómez.* Y explicar el dicho de las viejas,
y el sentido del piropo con que agasajo[8] a mi Angélica, es lo que me
propongo, amigo y camarada Prieto, con esta tradición.

El sastre paga deudas con puntadas, y yo no tengo otra manera 20

1. **In diebus illis:** frase latina que
significa "en esos días," famosa en
obras romanas
2. **alhaja** *jewel*
3. **remate** *the last word, tops, ultimate*
4. **espumita . . . sal** *cream of charm*

5. **trapisondistas** *mischievous*
6. **pimpollo** *rosebud, child*
7. **chochera** *dotage*
8. **del piropo . . . agasajo** *of the com-
pliment with which I regale*

Iglesia de los Descalzos (*barefoot monks*) de Lima, Perú. (Severin, Three Lions)

de satisfacer la literaria que con usted he contraído que dedicándole estos cuatro palotes.[9]

I

Este era[10] un lego contemporáneo de don Juan de la Pipirindica,[11] el de la valiente pica, y de San Francisco Solano;[12] el cual lego desempeñaba en Lima, en el convento de los padres seráficos, las funciones de refitolero[13] en la enfermería u hospital de los devotos

5

9. **palotes** *scribblings*
10. **Este era** *Once there was*
11. **Juan de la Pipirindica:** apodo de cierto famoso soldado de tiempos tempranos en el Perú

12. **San Francisco Solano:** clérigo de gran santidad del Perú
13. **refitolero** *refectioner* (hombre que prepara los alimentos)

frailes. El pueblo lo llamaba fray Gómez, y fray Gómez lo llaman las crónicas conventuales, y la tradición lo conoce por fray Gómez. Creo que hasta en el expediente que para su beatificación y canonización existe en Roma no se le da otro nombre.

Fray Gómez hizo en mi tierra milagros a mantas,[14] sin darse 5 cuenta de ellos y como quien no quiere la cosa.[15] Era de suyo milagrero, como aquél que hablaba en prosa sin sospecharlo.[16]

Sucedió que un día iba el lego por el puente, cuando un caballo desbocado arrojó sobre las losas al jinete. El infeliz quedó patitieso,[17] con la cabeza hecha una criba[18] y arrojando sangre por boca y 10 narices.

"¡Se descalabró, se descalabró!," gritaba la gente. "¡Que vayan a San Lázaro por el santo óleo!"

Y todo era bullicio y alharaca.[19]

Fray Gómez acercóse pausadamente al que yacía en la tierra, 15 púsole sobre la boca el cordón de su hábito, echóle tres bendiciones, y sin más médico ni más botica el descalabrado se levantó tan fresco, como si golpe no hubiera recibido.

"¡Milagro, milagro! ¡Viva fray Gómez!," exclamaron los infinitos espectadores. 20

Y en su entusiasmo intentaron llevar en triunfo al lego. Éste, para substraerse a la popular ovación, echó a correr camino de su convento y se encerró en su celda.

La crónica franciscana cuenta esto último de manera distinta. Dice que fray Gómez, para escapar de sus aplaudidores, se elevó en 25 los aires y voló desde el puente hasta la torre de su convento. Yo ni lo niego ni lo afirmo. Puede que sí y puede que no.[20] Tratándose de maravillas, no gasto tinta en defenderlas ni en refutarlas.

Aquel día estaba fray Gómez en vena de hacer[21] milagros, pues cuando salió de su celda se encaminó a la enfermería, donde en- 30

---

14. **milagros a mantas** *abundant miracles*

15. **como . . . cosa** *like one who does not want something*

16. **como . . . sospecharlo** *like the one who spoke in prose without suspecting it.* Se refiere a M. Jourdain, de *Le bourgeois gentilhomme* de Molière

17. **patitieso** *lifeless*

18. **con . . . criba** *with his head converted into a sieve* (open at every pore)

19 **alharaca** *outcry*

20. **Puede . . . no** *It may or may not have happened*

21. **en . . . hacer** *in the mood to work*

contró a San Francisco Solano acostado sobre una tarima,[22] víctima
de una furiosa jaqueca.[23] Pulsólo el lego y le dijo:
"Su paternidad está muy débil, y haría bien en tomar algún
alimento."
5　　"Hermano," contestó el santo, "no tengo apetito."
"Haga un esfuerzo, reverendo padre, y pase siquiera un bocado."
Y tanto insistió el refitolero, que el enfermo, por librarse de
exigencias que picaban ya en majadería,[24] ideó[25] pedirle lo que
hasta para el virrey habría sido imposible conseguir, por no ser la
10 estación propicia para satisfacer el antojo.
"Pues mire, hermanito, sólo comería con gusto un par de pejerreyes." [26]
Fray Gómez metió la mano derecha dentro de la manga izquierda, y sacó un par de pejerreyes tan fresquitos que parecían
15 acabados de salir del mar.
"Aquí los tiene su paternidad, y que en salud se le conviertan.
Voy a guisarlos."
Y ello es que con los benditos pejerreyes quedó San Francisco
curado como por ensalmo.[27]
20　　Me parece que estos dos milagritos de que incidentalmente
me he ocupado no son paja picada.[28] Dejo en mi tintero otros
muchos de nuestro lego, porque no me he propuesto relatar su vida
y milagros.
Sin embargo, apuntaré, para satisfacer curiosidades exigentes,
25 que sobre la puerta de la primera celda del pequeño claustro, que
hasta hoy sirve de enfermería, hay un lienzo pintado al óleo re-
presentando estos dos milagros, con la siguiente inscripción:

El Venerable Fray Gómez.—Nació en Extremadura en 1560. Vistió el
hábito en Chuquisaca en 1580.[29] Vino a Lima en 1587.—Enfermero fue
30 cuarenta años, ejercitando todas las virtudes, dotado de favores y dones

---

22. **tarima** *low bench*
23. **jaqueca** *sick headache*
24. **exigencias . . . majadería** *demands
which were annoying him to the point of
folly*
25. **ideó** *had the idea*
26. **pejerreyes** *smelt* (especie de pez)
27. **ensalmo** *incantation*

28. **paja picada** *chopped straw* (es decir, no son cosas ordinarias)
29: **Extremadura:** parte de España,
cuya ciudad más importante es Ba-
dajoz; **Chuquisaca:** parte del sudeste
de Bolivia cuyas ciudades principales
son Sucre, Camarya, Padilla y Yotala.

celestiales. Fue su vida un continuado milagro. Falleció en 2 de mayo de 1631, con fama de santidad. En el año iguiente se colocó el cadáver en la capilla de Aranzazú, y en 13 de octubre de 1810 se pasó debajo del altar mayor, a la bóveda donde son sepultados los padres del convento. Presenció la traslación de los restos el señor doctor don Bartolomé María de las Heras. 5 Se restauró este venerable retrato en 30 de noviembre de 1882, por M. Zamudio.

II

Estaba una mañana fray Gómez en su celda entregado a la meditación, cuando dieron a la puerta unos discretos golpecitos, y una voz de quejumbroso[30] timbre dijo: 10

"*Deo gratias*[31] . . . ¡Alabado sea el Señor!"

"Por siempre jamás, amén. Entre, hermanito," contestó fray Gómez.

Y penetró en la humildísima celda un individuo algo desarrapado, *vera effigies* del hombre a quien acongojan pobrezas,[32] pero en cuyo 15 rostro se dejaba adivinar la proverbial honradez del castellano viejo.

Todo el mobiliario de la celda se componía de cuatro sillones de vaqueta,[33] una mesa mugrienta,[34] y una tarima sin colchón, sábanas ni abrigo, y con una piedra por cabezal o almohada.[35] 20

"Tome asiento, hermano, y dígame sin rodeos[36] lo que por acá le trae," dijo fray Gómez.

"Es el caso, padre, que yo soy hombre de bien a carta cabal . . ."[37]

"Se le conoce y que persevere deseo,[38] que así merecerá en esta 25 vida terrena la paz de la conciencia, y en la otra la bienaventuranza."

"Y es el caso que soy buhonero,[39] que vivo cargado de familia y

---

30. **quejumbroso** *whining*
31. **Deo gratias:** frase latina que significa "*gracias a Dios*"
32. **algo . . . pobrezas** *somewhat ragged* *vera effigies* (frase latina que significa "*very image*") *of the man whom poverty afflicts*
33. **vaqueta** *leather*
34. **mugrienta** *soiled*

35. **cabezal o almohada** *pillow or cushion*
36. **rodeos** *beatings around the bush*
37. **hombre . . . cabal** *a decent man through and through*
38. **Se le . . . deseo** *It is known and I desire that you continue to be*
39. **buhonero** *peddler*

que mi comercio no cunde por falta de medios, que no por holgazanería y escasez de industria en mí."

"Me alegro, hermano, que a quien honradamente trabaja Dios
le acude."

5   "Pero es el caso, padre, que hasta ahora Dios se me hace el sordo,[40]
y en acorrerme tarda. . . ."

"No desespere, hermano, no desespere."

"Pues es el caso que a muchas puertas he llegado en demanda de
habilitación[41] por quinientos duros, y todas las he encontrado con
10 cerrojo y cerrojillo.[42] Y es el caso que anoche, en mis cavilaciones,
yo mismo me dije a mí mismo: '¡Ea!, Jeromo, buen ánimo y vete a
pedirle el dinero a fray Gómez, que si él lo quiere, mendicante y
pobre como es, medio encontrará para sacarte del apuro.' Y es al
caso que aquí estoy porque he venido, y a su paternidad le pido y
15 ruego que me preste esa *puchuela*[43] por seis meses, seguro que no será
por mí por quien se diga:

> En el mundo hay devotos
> de ciertos santos:
> la gratitud les dura
> lo que[44] el milagro;
> que un beneficio
> da siempre vida a ingratos
> desconocidos.

"¿Cómo ha podido imaginarse, hijo, que en esta triste celda
encontraría ese caudal?"

"Es el caso, padre, que no acertaría[45] a responderle; pero tengo
20 fe en que no me dejará ir desconsolado."

"La fe lo salvará, hermano. Espere un momento."

Y paseando los ojos por las desnudas y blanqueadas paredes de
la celda, vio un alacrán que caminaba tranquilamente sobre el
marco de la ventana. Fray Gómez arrancó una página de un libro

---

40. **se me** . . . **sordo** *makes himself
deaf to me* (turns a deaf ear to me)
41. **habilitación** *financing*
42. **cerrojo y cerrojillo** *locked and
bolted*

43. **puchuela**: palabra popular que
quiere decir "trifling sum"
44. **lo que** *as long as*
45. **no acertaría** *I would not know how
to tell you*

viejo, dirigióse a la ventana, cogió con delicadeza a la sabandija,[46] la envolvió en el papel, y tornándose hacia el castellano viejo le dijo:

"Tome, buen hombre, y empeñe esta alhajita; no olvide, sí, devolvérmela dentro de seis meses."

El buhonero se deshizo[47] en frases de agradecimiento, se despidió 5 de fray Gómez y más que de prisa se encaminó a la tienda de un usurero.

La joya era espléndida, verdadera alhaja de reina morisca, por decir lo menos. Era un prendedor[48] figurando un alacrán. El cuerpo lo formaba una magnífica esmeralda engarzada sobre oro, y la 10 cabeza un grueso brillante con dos rubíes por ojos.

El usurero, que era hombre conocedor, vio la alhaja con codicia, y ofreció al necesitado adelantarle dos mil duros por ella; pero nuestro español se empeñó en no aceptar otro préstamo[49] que el de quinientos duros por seis meses, y con un interés judaico, se entiende. 15 Extendiéronse y firmáronse los documentos o papeletas de estilo,[50] acariciando el agiotista la esperanza[51] de que a la postre el dueño de la prenda acudiría por más dinero, que con el recargo de intereses lo convertiría en propietario de joya tan valiosa por su mérito intrínseco y artístico. 20

Y con este capitalito fuele tan prósperamente en su comercio, que a la terminación del plazo[52] pudo desempeñar la prenda, y, envuelta en el mismo papel en que la recibiera, se la devolvió a fray Gómez.

Éste tomó el alacrán, lo puso sobre el alféizar[53] de la ventana, le echó una bendición y dijo: 25

"Animalito de Dios, sigue tu camino."

Y el alacrán echó a andar libremente por las paredes de la celda.

Y vieja pelleja,
aquí dio fin la conseja [54]

---

46. **sabandija** *insect*
47. **se deslizo** *outdid himself*
48. **prendedor** *brooch*
49. **préstamo** *loan*
50. **papeletas de estilo** *pawn ticket*
51. **acariciando . . . esperanza** *the*

usurer nourishing the hope
52. **plazo** *assigned termination date*
53. **alféizar** *window embrasure*
54. Las estrotas de tipo folklórico que comienzan y terminan esta leyenda son de tono jocoso.

Preguntas

1. ¿Qué clase de trabajo hacía fray Gómez?
2. ¿Qué le sucedió al jinete cuando le arrojó su caballo?
3. ¿Qué hizo fray Gómez frente al jinete muerto?
4. ¿Qué hizo él para evitar la ovación popular?
5. ¿De qué era víctima San Francisco Solano?
6. ¿Por qué dijo San Francisco que comería con gusto un par de pejerreyes?
7. ¿De dónde sacó fray Gómez los pejerreyes?
8. ¿Quién llamó a la puerta de la celda de fray Gómez?
9. ¿Qué necesitaba este buhonero?
10. ¿Por qué le pidió este dinero a fray Gómez?
11. Según fray Gómez, ¿qué salvó al buhonero?
12. ¿En qué se transformó el alacrán por milagro?
13. ¿Cuánto tiempo quedó la prenda en poder del usurero?
14. ¿Qué hizo con esta alhaja el buhonero?
15. ¿Qué hizo fray Gómez con la prenda al fin?

Temas

1. Las *tradiciones* de Palma como género literario.
2. Su manera de narrar los milagros de fray Gómez.
3. La vida de fray Gómez según los cronistas.
4. El poder de la fe del buhonero.
5. Una descripción de la joya.

José Martí (1853–1895)

José Martí, que logró fama como educador, orador, crítico, periodista y mártir de la causa de la libertad, era ante todo un hombre de acción. Se cuenta que una vez cuando alguien buscaba su autógrafo, Martí escribió: "El único autógrafo digno de un hombre es el que deja escrito con sus obras." 5

El apóstol de la independencia de Cuba, Martí fue al mismo tiempo uno de los grandes iniciadores del modernismo literario en América. Su vida, consagrada a la liberación de su tierra natal; su tiempo, entregado a la tarea revolucionaria, Martí no pudo dedicarse a la literatura. Fue sin embargo poeta y fecundo prosista. 10 Su prosa—discursos, crónicas, ensayos, cuentos, dramas y algunas novelas—ocupa más de sesenta tomos en sus *Obras completas*. Se le considera un precursor del movimiento literario llamado modernismo porque con su libro de versos, *Ismaelillo* (1882), mostró estas nuevas tendencias poéticas que iban a florecer bajo la pluma 15 del gran maestro Rubén Darío. Su poesía sencilla y musical, un conjunto de lo tradicional y lo moderno, anunciaba el modernismo. Su prosa rítmica estaba llena de imágenes nuevas y vigorosas.

Martí era un verdadero ciudadano de las Américas. Después de algún tiempo en España (se graduó licenciado en Leyes en Zaragoza 20 en 1875), en Venezuela y en México, desterrado como los revolucionarios cubanos a través de la historia, llegó a Nueva York. Aquí pasó gran parte de su vida, escribiendo y haciendo discursos y viajes en busca de dinero y ayuda para la libertad de Cuba. Martí era orador sin par y nunca se cansaba de emplear este poder suyo para 25 levantar los ánimos en pro de su causa.

Martí, periodista, tiene la fama de interpretar mejor que cualquier otro a los Estados Unidos al mundo hispanoamericano. Ningún

Estatua ecuestre de José Martí, que se colocó en Central Park, Nueva York, por la escultora norteamericana Anna Hyatt Huntington.

hispanoamericano, con la excepción de Sarmiento, ha conocido tan profundamente los Estados Unidos. Martí escribió para *La Nación* de Buenos Aires entre los años 1882–1891. Antes había escrito para periódicos en Venezuela y México. Su influencia en formar la
5 actitud hispanoamericana hacia los Estados Unidos era muy importante.

Las selecciones de sus *Versos sencillos* (1891) que presentamos aquí muestran una sencillez y un tono musical que seducen al lector. En la época en que escribió estos versos, el estilo octosílabo y
10 monorrimo era poco común. En "La niña de Guatemala" se ve el tema serio de la muerte que se convierte con gracia en una melodía. Notable aquí es el intercambio de versos; unos desde el punto de vista del presente, otros vistos dentro del pasado. Se ve la muerte,

el cadáver, la procesión en el presente; en el pasado la partida, la vuelta del recién casado y la tragedia del río. Este poema es una composición artística que tiene gran fama popular por toda Hispanoamérica.

"Tres héroes" es un pequeño ejemplo de la prosa inspiradora de Martí. En este ensayo presenta a grandes rasgos las siluetas de tres héroes americanos. En esta selección, escrita para la *Edad de Oro*, una revista de cuatro números, consagrada a los niños y redactada íntegramente por Martí, vemos su esperanza para formar los ciudadanos del porvenir. Se nota al orador público aquí en su repetición y su uso de frases cortas. Da a su prosa la estructura del sermón, del discurso, de la oración. En medio de sus palabras siempre se destaca su sinceridad. Prosa rítmica, concisa, exclamatoria,—nos da la sensación de un cuadro impresionista.

VERSOS SENCILLOS

I

Yo soy un hombre sincero
de donde crece la palma;
y antes de morirme, quiero
echar mis versos del alma.

Yo vengo de todas partes,
y hacia todas partes voy:
arte soy entre las artes;
en los montes, monte soy.

Yo sé los nombres extraños
de las yerbas y las flores,
y de mortales engaños,
y de sublimes dolores

Yo he visto en la noche oscura
llover sobre mi cabeza

los rayos de lumbre pura
de la divina belleza.

Alas nacer vi en los hombros
de las mujeres hermosas:
5   y salir de los escombros,[1]
volando, las mariposas.

He visto vivir a un hombre
con el puñal[2] al costado,
sin decir jamás el nombre
10 de aquélla que lo ha matado.

Rápida como un reflejo,
dos veces vi el alma, dos:
cuando murió el pobre viejo,
cuando ella me dijo adiós.

15 Temblé una vez—en la reja,
a la entrada de la viña—,
cuando la bárbara abeja
picó en la frente a mi niña.

Gocé una vez, de tal suerte
20 que gocé cual nunca:[3]—cuando
la sentencia de mi muerte
leyó el alcaide llorando.

Oigo un suspiro, a través
de las tierras y la mar,
25 y no es un suspiro,—es
que mi hijo va a despertar.

Si dicen que del joyero
tome la joya mejor,

1. **escombros** *rubbish heaps*   3. **de tal . . . nunca** *in a way that I*
2. **puñal** *dagger*   *had never felt pleasure before*

tomo a un amigo sincero
y pongo a un lado el amor.

Yo he visto al águila herida
Volar al azul sereno,
y morir en su guarida[4]   5
la víbora del veneno.

Yo sé bien que cuando el mundo
cede, lívido, al descanso,
sobre el silencio profundo
murmura el arroyo manso.   10

Yo he puesto la mano osada,
de horror y júbilo yerta,[5]
sobre la estrella apagada
que cayó frente a mi puerta.

Oculto en mi pecho bravo   15
la pena que me lo hiere:
el hijo de un pueblo esclavo
vive por él, calla y muere.

Todo es hermoso y constante,
todo es música y razón,   20
y todo, como el diamante,
antes que luz es carbón.

Yo sé que el necio se entierra
con gran lujo y con gran llanto,
y que no hay fruta en la tierra   25
como la del camposanto.[6]

Callo, y entiendo, y me quito
la pompa del rimador;

4. **guarida** *lair*   6. **camposanto** *cemetery*
5. **yerta** *motionless*

cuelgo de un árbol marchito[7]
mi muceta[8] de doctor.

IX

LA NIÑA DE GUATEMALA

Quiero, a la sombra de un ala,[9]
contar este cuento en flor:
la niña de Guatemala,   5
la que se murió de amor.

Eran de lirios los ramos,[10]
y las orlas[11] de reseda[12]
y de jazmín; la enterramos
en una caja de seda.   10

* * *

Ella dio al desmemoriado[13]
una almohadilla de olor;[14]
él volvió, volvió casado;
ella se murió de amor.

Iban cargándola en andas[15]   15
obispos y embajadores;
detrás iba el pueblo en tandas,[16]
todo cargado de flores.

* * *

Ella, por volverlo a ver,
salió a verlo al mirador:[17]   20

7. **marchito** *withered*
8. **muceta** *cape*
9. **ala** *a protecting wing, under cover.* Se dice que la historia narrada aquí viene de un episodio en la vida de Martí, mientras enseñaba en Guatemala. Una estudiante suya se enamoró de él, y murió después de que Martí se casó con otra.

10. **ramos** *floral sprays*
11. **orlas** *borders*
12. **reseda** *mignonette*
13. **desmemoriado** *forgetful man*
14. **almohadilla de olor** *sachet bag*
15. **andas** *bier with shafts*
16. **tandas** *groups*
17. **mirador** *balcony*

él volvió con su mujer:
ella se murió de amor.

Como de bronce candente[18]
al beso de despedida,
era su frente: ¡la frente
que más he amado en mi vida!   5

* * *

Se entró de tarde en el río,
la sacó muerta el doctor:
dicen que murió de frío:
yo sé que murió de amor.   10

Allí, en la bóveda[19] helada
la pusieron en dos bancos:
besé su mano afilada,
besé sus zapatos blancos.

Callado, al oscurecer,   15
me llamó el enterrador:[20]
¡nunca más he vuelto a ver
a la que murió de amor!

XXXIX

Cultivo una rosa blanca,
en julio como en enero,   20
para el amigo sincero
que me da su mano franca.

Y para el cruel que me arranca
el corazón con que vivo,
cardo[21] ni ortiga[22] cultivo;   25
cultivo la rosa blanca.

---

18. **candente** *red-hot*   21. **cardo** *thistle*
19. **bóveda** *vault*   22. **ortiga** *nettle, thorn*
20. **enterrador** *sexton, gravedigger*

TRES HÉROES

Cuentan que un viajero llegó un día a Caracas al anochecer, y sin
sacudirse[1] el polvo del camino, no preguntó dónde se comía ni se
dormía, sino cómo se iba adonde estaba la estatua de Bolívar. Y
cuentan que el viajero, solo con los árboles altos y olorosos de la
5 plaza, lloraba frente a la estatua, que parecía que se movía, como
un padre cuando se le acerca un hijo. El viajero hizo bien, porque
todos los americanos deben querer a Bolívar como a un padre. A
Bolívar, y a todos los que pelearon como él porque la América
fuese[2] del hombre americano. A todos: al héroe famoso, y al último
10 soldado, que es un héroe desconocido. Hasta hermosos de cuerpo
se vuelven los hombres que pelean por ver libre a su patria.

Libertad es el derecho que todo hombre tiene a ser honrado,
y a pensar y a hablar sin hipocresía. En América no se podía
ser honrado, ni pensar ni hablar. Un hombre que oculta lo que
15 piensa, no es un hombre honrado. Un hombre que obedece a
un mal gobierno, sin trabajar para que el gobierno sea bueno,
no es un hombre honrado. Un hombre que se conforma con obedecer a leyes injustas, y permite que pisen[3] el país en que nació
los hombres que se lo maltratan, no es un hombre honrado. . . .
20 Hay hombres que son peores que las bestias, porque las bestias
necesitan ser libres para vivir dichosas: el elefante no quiere tener
hijos cuando vive preso: la llama del Perú se echa en la tierra y se
muere, cuando el indio le habla con rudeza, o le pone más carga
de la que puede soportar. El hombre debe ser, por lo menos, tan de-
25 coroso[4] como el elefante y como la llama. En la América se vivía
antes de la libertad como la llama que tiene mucha carga encima.
Era necesario quitarse la carga, o morir.

Hay hombres que viven contentos aunque viven sin decoro. Hay
otros que padecen como en agonía cuando ven que los hombres
30 viven sin decoro a su alrededor. En el mundo ha de haber cierta
cantidad de decoro, como ha de haber cierta cantidad de luz.
Cuando hay muchos hombres sin decoro, hay siempre otros que

1. **sacudirse** *shaking off*   3. **pisen** *walk on, trample on*
2. **fuese** *might belong to*   4. **decoroso** *decent*

tienen en sí el decoro de muchos hombres. Esos son los que se rebelan con fuerza terrible contra los que roban a los pueblos la libertad, que es robarles a los hombres su decoro. En esos hombres van miles de hombres, va un pueblo entero, va la dignidad humana. Esos hombres son sagrados. Estos tres hombres son sagrados: Bolívar, de 5 Venezuela; San Martín, del Río de la Plata; Hidalgo, de México. Se les debe perdonar sus errores, porque el bien que hicieron fue más que sus faltas. Los hombres no pueden ser más perfectos que el sol. El sol quema con la misma luz que calienta. El sol tiene manchas. Los desagradecidos no hablan más que de las manchas. 10 Los agradecidos hablan de la luz.

BOLÍVAR

Bolívar era pequeño de cuerpo. Los ojos le relampagueaban,[5] y las palabras se le salían de los labios. Parecía como si estuviera esperando siempre la hora de montar a caballo. Era su país, su país oprimido, que le pesaba en el corazón, y no le dejaba vivir 15 en paz. La América entera estaba como despertando. Un hombre solo no vale nunca más que un pueblo entero; pero hay hombres que no se cansan cuando su pueblo se cansa, y que se deciden a la guerra antes que los pueblos, porque no tienen que consultar a nadie más que a sí mismos, y los pueblos tienen muchos hombres y no pueden 20 consultarse tan pronto. Ese fue el mérito de Bolívar, que no se cansó de pelear por la libertad de Venezuela, cuando parecía que Venezuela se cansaba. Lo habían derrotado los españoles: lo habían echado del país. Él se fue a una isla, a ver su tierra de cerca, a pensar en su tierra. 25

Un negro generoso lo ayudó cuando ya no lo quería ayudar nadie. Volvió un día a pelear, con trescientos héroes, con los trescientos libertadores. Libertó a Venezuela. Libertó a la Nueva Granada. Libertó al Ecuador. Libertó al Perú. Fundó una nación nueva, la nación de Bolivia. Ganó batallas sublimes con soldados descalzos 30 y medio desnudos. Todo se estremecía[6] y se llenaba de luz a su alrededor. Los generales peleaban a su lado con valor sobrenatural. Era un ejército de jóvenes. Jamás se peleó tanto, ni se peleó mejor

5. **relampagueaban** *flashed*   6. **se estremecía** *shuddered*

en el mundo por la libertad. Bolívar no defendió con tanto fuego el
derecho de los hombres a gobernarse por sí mismos, como el derecho
de América a ser libre. Los envidiosos exageraron sus defectos.
Bolívar murió de pesar del corazón, más que de mal del cuerpo, en
5 la casa de un español en Santa Marta.[7] Murió pobre y dejó una
familia de pueblos.

HIDALGO

México tenía mujeres y hombres valerosos, que no eran muchos,
pero valían por muchos: media docena de hombres y una mujer
preparaban el modo de hacer libre a su país. Eran unos cuantos
10 jóvenes valientes, el esposo de una mujer liberal, y un cura de pueblo
que quería mucho a los indios, un cura de sesenta años. Desde niño
fue el cura Hidalgo de la raza buena, de los que quieren saber. Los
que no quieren saber son de la raza mala. Hidalgo sabía francés, que
entonces era cosa de mérito, porque lo sabían pocos. Leyó los libros
15 de los filósofos del siglo diez y ocho, que explicaron el derecho del
hombre a ser honrado, y a pensar y a hablar sin hipocresía. Vio a
los negros esclavos, y se llenó de horror. Vio maltratar a los indios,
que son tan mansos y generosos, y se sentó entre ellos como un hermano viejo, a enseñarles las artes finas que el indio aprende bien:
20 la música que consuela; la cría[8] del gusano que da la seda; la cría de
la abeja que da miel. Tenía fuego en sí, y le gustaba fabricar: creó
hornos[9] para cocer los ladrillos. Le veían lucir mucho de cuando en
cuando los ojos verdes. Todos decían que hablaba muy bien, que
sabía mucho nuevo, que daba muchas limosnas el señor cura del
25 pueblo de Dolores. Decían que iba a la ciudad de Querétaro una
que otra vez a hablar con unos cuantos valientes y con el marido de
una buena señora. Un traidor le dijo a un comandante español que
los amigos de Querétaro trataban de hacer a México libre. El cura
montó a caballo, con todo su pueblo, que lo quería como a su
30 corazón; se le fueron juntando los caporales[10] y los sirvientes de las
haciendas, que eran la caballería; los indios iban a pie, con palos
y flechas o con hondas[11] y lanzas.

7. **Santa Marta** está en la costa de   9. **hornos** *ovens*
Colombia.   10. **caporales** *cattle keepers*
8. **cría** *breeding*   11. **hondas** *slings*

Miguel Hidalgo y Costilla (1753–1811). (Culver Pictures)

Se le unió un regimiento y tomó un convoy de pólvora que iba
para los españoles. Entró triunfante en Celaya, con músicas y vivas.
Al otro día juntó el Ayuntamiento,[12] lo hicieron general, y empezó
un pueblo a nacer. Él fabricó lanzas y granadas de mano. Él dijo
5 discursos que dan calor y echan chispas,[13] como decía un caporal de
las haciendas. Él declaró libres a los negros. Él les devolvió sus
tierras a los indios. Él publicó un periódico que llamó *El Despertador
Americano*. Ganó y perdió batallas. Un día se le juntaban siete mil
indios con flechas, y al otro día lo dejaban solo. La mala gente quería
10 ir con él para robar en los pueblos y para vengarse de los españoles.
Él les avisaba a los jefes españoles que si los vencía en la batalla que
iba a darles los recibiría en su casa como amigos. ¡Eso es ser grande!
Se atrevió a ser magnánimo, sin miedo a que lo abandonase la soldadesca,[14] que quería que fuese cruel. Su compañero Allende tuvo celos
15 de él, y él le cedió el mando[15] a Allende. Iban juntos buscando amparo en su derrota[16] cuando los españoles les cayeron encima. A
Hidalgo le quitaron uno a uno, como para ofenderlo, los vestidos
de sacerdote. Lo sacaron detrás de una tapia,[17] y le dispararon los
tiros de muerte a la cabeza. Cayó vivo, revuelto en la sangre, y en
20 el suelo lo acabaron de matar. Le cortaron la cabeza y la colgaron
en una jaula, en la Alhóndiga misma de Granaditas, donde tuvo su
gobierno. Enterraron los cadáveres descabezados.[18] Pero México es
libre.

SAN MARTÍN

San Martín fue el libertador del Sur, el padre de la República
25 Argentina, el padre de Chile. Sus padres eran españoles, y a él
lo mandaron a España para que fuese militar del rey. Cuando
Napoleón entró en España con su ejército, para quitarles a los
españoles la libertad, los españoles todos pelearon contra Napoleón:
pelearon los viejos, las mujeres, los niños; un niño valiente, un
30 catalancito,[19] hizo huir una noche a una compañía, disparándoles

12. **Ayuntamiento** *municipal council*   17. **tapia** *wall*
13. **chispas** *sparks*   18. **descabezados** *beheaded*
14. **soldadesca** *undisciplined troops*   19. **catalancito** un chico de la pro-
15. **mando** *command*   vincia de Cataluña
16. **derrota** *defeat*

José de San Martín (1778–1850)
(Culver Pictures)

tiros y más tiros desde un rincón del monte: al niño lo encontraron
muerto, muerto de hambre y de frío; pero tenía en la cara como
una luz, y sonreía, como si estuviese contento.

San Martín peleó muy bien en la batalla de Bailén,[20] y lo hicieron
teniente coronel. Hablaba poco; parecía de acero;[21] miraba como   5
un águila; nadie lo desobedecía; su caballo iba y venía por el campo
de pelea, como el rayo por el aire. En cuanto supo que América
peleaba para hacerse libre, vino a América; ¿qué le importaba
perder su carrera, si iba a cumplir con su deber? Llegó a Buenos
Aires; no dijo discursos; levantó un escuadrón de caballería. En   10
San Lorenzo fue su primera batalla; sable en mano se fue San
Martín detrás de los españoles, que venían muy seguros, tocando
el tambor, y se quedaron sin tambor, sin cañones y sin bandera. En
los otros pueblos de América los españoles iban venciendo; a Bolívar
lo había echado Morillo[22] el cruel de Venezuela; Hidalgo estaba   15
muerto; O'Higgins[23] salió huyendo de Chile; pero donde estaba
San Martín siguió siendo libre la América. Hay hombres así, que no
pueden ver esclavitud. San Martín no podía, y se fue a libertar a
Chile y al Perú. En diez y ocho días cruzó con su ejército los Andes
altísimos y fríos; iban los hombres como por el cielo, hambrientos, 20

20. **Bailén**: ciudad en el sur de España cerca del río Guadalquivir,
donde ocurrió una batalla contra los
invasores franceses
21. **acero** *steel*

22. **Morillo**: el jefe de los españoles
en Venezuela
23. **Bernardo O'Higgins** (1776–
1842): el libertador de Chile y el
primer presidente de su país

sedientos. Abajo, muy abajo, los árboles parecían hierba, los torrentes rugían como leones. San Martín se encuentra al ejército español y lo deshace en la batalla de Maipú, lo derrota para siempre en la batalla de Chacabuco.²⁴ Liberta a Chile. Se embarca con su
5 tropa, y va a libertar al Perú. Pero en el Perú estaba Bolívar; San Martín le cede la gloria. Se fue a Europa triste y murió en brazos de su hija Mercedes. Escribió su testamento en una cuartilla de papel, como si fuera el parte²⁵ de una batalla. Le habían regalado el estandarte²⁶ que el conquistador Pizarro trajo hace cuatro siglos, y
10 él le regaló el estandarte en el testamento al Perú.

Un escultor es admirable, porque saca una figura de la piedra bruta;²⁷ pero esos hombres que hacen pueblos son más que hombres. Quisieron algunas veces lo que no debían querer; pero ¿qué no le perdonará un hijo a su padre? El corazón se llena de ternura al
15 pensar en esos gigantescos fundadores. Ésos son héroes: los que pelean para hacer a los pueblos libres, o los que padecen en pobreza y desgracia por defender una gran verdad. Los que pelean por la ambición, por hacer esclavos a otros pueblos, por tener más mandato, por quitarle a otro pueblo sus tierras, no son héroes, sino
20 criminales.

24. Las batallas decisivas de **Chacabuco** y **Maipú** ocurrieron en 1818.
25. **parte** *communication*
26. **estandarte** *banner*
27. **bruta** *rough*

Preguntas

VERSOS SENCILLOS

1. ¿Dónde crece la palma de que habla Martí?
2. ¿Qué dice Martí del diamante?
3. ¿Cómo era el entierro de la niña de Guatemala?
4. ¿Qué simboliza "la rosa blanca" en Verso XXIX?

TRES HÉROES

1. ¿Adónde quería ir el viajero al llegar a Caracas?
2. Según Martí, ¿qué es la libertad?

3. ¿Qué le pasa al elefante cuando no tiene libertad?
4. ¿Qué le pasa a la llama cuando le ponen demasiada carga?
5. ¿Qué actitud tienen hacia el sol los desagradecidos? ¿los agradecidos?
6. ¿Cómo era Bolívar física y moralmente?
7. ¿Qué reacción tenía Bolívar cuando su pueblo se cansaba?
8. ¿Qué hicieron Bolívar y los trescientos?
9. Según Martí, ¿de qué murió Bolívar?
10. ¿Qué les enseñó Hidalgo a los indios?
11. ¿Cuáles son las cosas que hizo Hidalgo para libertar a México?
12. ¿En qué consistía la grandeza de Hidalgo?
13. ¿Cómo murió Hidalgo?
14. ¿Dónde y bajo qué circunstancias aprendió San Martín a ser soldado?
15. ¿Cómo iba la causa de la libertad en los pueblos de América mientras San Martín luchaba en la Argentina?
16. ¿Qué hazaña importante realizó San Martín en diez y ocho días?
17. ¿Qué hizo San Martín en el Perú?
18. ¿Qué le regaló al Perú en su testamento?
19. ¿Por qué son héroes hombres como Bolívar, Hidalgo, y San Martín?

Temas

1. El tema de "Versos, I."
2. La técnica poética de "Versos, IX," "La niña de Guatemala."
3. Lo que es un "hombre honrado," según Martí.
4. Una comparación entre Bolívar y San Martín.
5. La lucha de Martí, héroe cubano, por la libertad de su país.

Precursores del Modernismo

En la segunda mitad del siglo XIX surgieron nuevas corrientes en
el pensamiento y el arte europeos, que afectaron grandemente la
poesía. Se manifestó una protesta contra el sujetivismo excesivo de
los románticos, pero también contra el prosaísmo deplorable de los
5 realistas. Las nuevas tendencias se manifestaron primero en Francia.

Después de lograda la independencia de la mayor parte de
Hispanoamérica, muchos americanos desde México hasta Argentina miraban a Francia como a su segunda patria espiritual y
artística. Algunos fueron a París a estudiar. Éstos y los que se
10 quedaron en sus países llegaron a conocer a muchos autores franceses
de varias épocas, sobre todo a los poetas: a románticos como Víctor
Hugo, Alfredo de Musset; a Teófilo Gautier y a Baudelaire; aun
más a los Parnasianos, que buscaban la perfección cincelada[1] de las
estatuas griegas, es decir, poetas como Sully Prudhomme, Leconte
15 de Lisle y otros; y a los simbolistas como Verlaine y Mallarmé, que
insistían no en la forma marmórea y perfecta sino en la musicalidad
y en el ritmo interior de los versos y en sus imágenes.

Las clasificaciones literarias siempre suelen ser arbitrarias, pero
hubo sin duda un cambio en el rumbo de la poesía después de
20 mediados del siglo pasado. Poetas como Salvador Rueda (1857–
1933) en España, el cubano José Martí, a quien ya conocemos, y el
mexicano Salvador Díaz Mirón (1853–1928) marcaron tendencias
nuevas. Además de Martí hay tres poetas americanos que merecen
especialmente el título de "precursores" del Modernismo aunque el
25 término no sea muy exacto: Julián del Casal (Cuba), Manuel
Gutiérrez Nájera (México) y José Asunción Silva (Colombia). Todos
ellos fueron influenciados por varios poetas franceses, y aun italianos

1. **cincelada** *chiseled*

(Leopardi) y norteamericanos (Poe, Whitman), pero no se debe olvidar que su lengua materna era el español, y su cultura original estaba muy arraigada en la larga tradición hispánica que habían heredado. La obra de estos poetas no fue una sencilla imitación de modelos extranjeros, sobre todo franceses, sino más bien un caso de asimilación casi perfecta de una literatura a otra: un ejemplo más de "la españolización de lo de fuera." Estos poetas ejemplificaron las tendencias que habían de encontrar su plenitud en la poesía de Rubén Darío.

Manuel Gutiérrez Nájera (1859–1895)

Nació y murió en México. Su fealdad[1] física contrastaba vivamente con la belleza de sus versos. Su labor periodística y poética marcó la transición entre el romanticismo y la nueva literatura, e influyó en sus contemporáneos y en los poetas más jóvenes. Conocía bien a
5 poetas franceses tales como Musset, Gautier y Verlaine, cuya influencia asimiló a su propia tradición española y mexicana. Fundó en 1894 la *Revista azul*, la primera del Modernismo, y la editó hasta su prematura muerte. Su excesiva afición a la bebida no afectó la hermosura de su producción poética, que es siempre melodiosa,
10 delicada, aristocrática, elegante y melancólica.

Dispersa en revistas y periódicos, su obra fue recopilada en México en 1896. Escribió también cuentos modernistas finamente elaborados.

Los modernistas buscaban constantemente la renovación de la
15 métrica española, resucitando formas antiguas, imitando las extranjeras o inventando ellos mismos combinaciones nuevas. "De blanco" (1888), por ejemplo, está escrito en versos de 12 sílabas, forma muy popular en el siglo XV y poco frecuente después. Los versos 6 y 12 son de 6 sílabas (pie quebrado o verso corto). Las estrofas son de 6
20 versos cada una y riman *aabccb*. En esta composición de Gutiérrez Nájera se nota la influencia de la "Symphonie en blanc majeur" de Teófilo Gautier.

La forma del poema "Non omnis moriar" es más convencional, siendo todas las estrofas redondillas, las que hemos visto por primera
25 vez en Sor Juana Inés de la Cruz. Algunas estrofas riman *abab* en vez de *abba*.

1. **fealdad** *ugliness*

De Blanco

¿Qué cosa más blanca que cándido[1] lirio?
¿Qué cosa más pura que místico cirio?[2]
¿Qué cosa más casta que tierno azahar?[3]
¿Qué cosa más virgen que leve neblina?[4]
¿Qué cosa más santa que el ara[5] divina   5
de gótico altar?

De blancas palomas el aire se puebla
con túnica blanca, tejida de niebla,[6]
se envuelve a lo lejos feudal torreón;
erguida en huerto la trémula acacia   10
al soplo del viento sacude con gracia
su níveo[7] pompón.

¿No ves en el monte la nieve que albea?[8]
La torre muy blanca domina la aldea,
las tiernas ovejas triscando[9] se van,   15
de cisnes[10] intactos el lago se llena,
columpia su copa la enhiesta azucena,[11]
y su ánfora[12] inmensa levanta el volcán.

* * *

Ya salta del lecho la joven hermosa,
y el agua refresca sus hombros de diosa,   20
sus brazos ebúrneos,[13] su cuello gentil;
cantando y risueña se ciñe la enagua,[14]
y trémulas brillan las gotas de agua
en su árabe peine de blanco marfil.[15]

1. **cándido** (*gleaming*) *white*
2. **cirio** *candle, taper*
3. **azahar** *orange blossom*
4. **neblina** *mist*
5. **ara** (*altar*) *table, slab*
6. **tejida de niebla** *woven of fog*
7. **níveo** *snow-white*
8. **albea** *gleams white*
9. **triscando** *frisking, gamboling*

10. **cisnes** *swans*. La popularidad del cisne duró muchos años en la poesía modernista, como veremos más tarde.
11. **columpia . . . azucena** *the erect lily sways its head*
12. **ánfora** *vase, cup*
13. **ebúrneos** *creamy white*
14. **enagua** *petticoat*
15. **marfil** *ivory*

¡Oh mármol! ¡Oh nieves! ¡Oh inmensa blancura,
que esparces doquiera[16] tu casta hermosura!
¡Oh tímida virgen! ¡Oh casta vestal!
Tú estás en la estatua de eterna belleza;
de tu hábito blanco nació la pureza,
¡al ángel das alas, sudario[17] al mortal!

Tú cubres al niño que llega a la vida,
coronas las sienes de fiel prometida,
al paje revistes de rico tisú.[18]
¡Qué blancos son, reinas, los mantos de armiño![19]
¡Qué blanca es, ¡oh madres! la cuna del niño!
¡Qué blanca, mi amada, qué blanca eres tú!

En sueños ufanos de amores contemplo
alzarse muy blancas las torres del templo
y oculto entre lirios abrirse un hogar;
y el velo de novia prenderse a tu frente,
cual nube de gasa[20] que cae lentamente,
y viene a tus hombros su encaje[21] a posar.

16. **esparces doquiera** *spread(est) everywhere*
17. **sudario** *shroud*
18. **tisú** *fine silver cloth*

19. **armiño** *ermine*
20. **gasa** *gauze*
21. **encaje** *lace*

NON OMNIS MORIAR[1]

¡No moriré del todo, amiga mía!
de mi ondulante espíritu disperso
algo, en la urna diáfana del verso,
piadosa guardará la Poesía.

¡No moriré del todo! Cuando herido
caiga a los golpes del dolor humano,
ligera tú, del campo entenebrido[2]
levantarás al moribundo hermano.

1. El título viene de Horacio, Lib.
III, Oda xxx, verso 6. Las cuatro
primeras palabras de la composición
española traducen el título latino.
2. **entenebrido** *darkened, shadowy*

Tal vez entonces por la boca inerme[3]
que muda aspira la infinita calma,
oigas la voz de todo lo que duerme
con los ojos abiertos en mi alma.

Hondos recuerdos de fugaces días,   5
ternezas tristes que suspiran solas;
pálidas, enfermizas, alegrías
sollozando al compás de las violas . . .

Todo lo que medroso oculta el hombre
se escapará, vibrante, del poeta,   10
en áureo ritmo de oración secreta
que invoque en cada cláusula tu nombre.

Y acaso adviertas que de modo extraño
suenan mis versos en tu oído atento,
y en el cristal, que con mi soplo empaño,   15
mires aparecer mi pensamiento.

Al ver entonces lo que yo soñaba,
dirás de mi errabunda poesía:
—Era triste, vulgar lo que cantaba . . .
mas, ¡que canción tan bella la que oía!   20

Y porque alzo en tu recuerdo notas
del coro universal, vívido y almo;[4]
y porque brillan lágrimas ignotas[5]
en el amargo cáliz de mi salmo;

porque existe la Santa Poesía   25
y en ella irradias tú, mientras disperso
átomo de mi ser esconda el verso,[6]
¡no moriré del todo, amiga mía!

3. **inerme** *defenseless*
4. **almo** *life-giving*
5. **ignotas** *unknown, unseen*

6. **mientras . . . verso** *as long as the verse conceals some scattered fragment of my being*

José Asunción Silva (1865–1896)

Nació en Bogotá, de familia acomodada. Abandonó pronto sus estudios. A los 31 años, pidió a su médico que le dibujara el sitio del corazón en su camiseta, y allí se dió el balazo.

Silva compuso en su corta vida algunas de las poesías más famosas
5 de la época. Fue un virtuoso del lenguaje poético y empleó en sus versos formas antiguas y nuevas con notables efectos rítmicos.

El "Nocturno III" fue escrito a raíz de la muerte de su muy querida hermana. Se nota la maestría técnica, pero aun más el profundo pesimismo del poeta. Muchos españoles e hispanoamericanos
10 aprendieron de memoria ese poema. Es probable que Silva en muchas composiciones tratara de obtener efectos rítmicos como los de Edgar Allen Poe ("The Raven," "The Bells"). Este nocturno es extraordinariamente armonioso.

Nocturno III

Una noche,
15 una noche toda llena de murmullos, de perfumes y de músicas de alas;
una noche
en que ardían en la sombra nupcial y húmeda las luciérnagas[1] fantásticas,
20 a mi lado lentamente, contra mí ceñida[2] toda, muda y pálida,
como si un presentimiento de amarguras infinitas
hasta el más secreto fondo de las fibras te agitara,
por la senda florecida que atraviesa la llanura

1. **luciérnagas** *fireflies*
2. **ceñida** *clinging.* El sujeto de esta larga cláusula es **tú,** es decir, la hermana del poeta.

152

caminabas;
y la luna llena
por los cielos azulosos, infinitos y profundos esparcía su luz blanca;
y tu sombra
fina y lánguida,   5
y mi sombra,
por los rayos de la luna proyectadas,
sobre las arenas tristes
de la senda se juntaban;
y eran una,   10
y eran una,
y eran una sola sombra larga,
y eran una sola sombra larga,
y eran una sola sombra larga. . . .

Esta noche   15
solo; el alma
llena de las infinitas amarguras y agonías de tu muerte,
separado de ti misma por el tiempo, por la tumba y la distancia,
por el infinito negro
donde nuestra voz no alcanza,   20
mudo y solo
por la senda caminaba . . .
Y se oían los ladridos de los perros a la luna,
a la luna pálida,
y el chirrido[3]   25
de las ranas . . .
Sentí frío. Era el frío que tenían en tu alcoba
tus mejillas y tus sienes y tus manos adoradas,
entre las blancuras níveas
de las mortuorias sábanas.   30
Era el frío del sepulcro, era el hielo de la muerte,
era el frío de la nada.
Y mi sombra,
por los rayos de la luna proyectada,

3. **chirrido** *croaking*

     iba sola,
     iba sola,
iba sola por la estepa[4] solitaria;
     y tu sombra esbelta[5] y ágil,
5   fina y lánguida,
como en esa noche tibia[6] de la muerta primavera,
como en esa noche llena de murmullos, de perfumes y de músicas
    de alas,
     se acercó y marchó con ella,
10   se acercó y marchó con ella,
se acercó y marchó con ella . . . ¡Oh las sombras enlazadas![7]
¡Oh las sombras de los cuerpos que se juntan con las sombras de las
    almas!
¡Oh las sombras que se buscan en las noches de tristezas y de
15   lágrimas!

4. **estepa** *arid plain, steppe*   6. **tibia** *mild*
5. **esbelta** *graceful, svelte*   7. **enlazadas** *entwined*

Julián del Casal (1863-1893)

Víctima de constantes sufrimientos físicos, este cubano llevó una vida interior llena de tristeza, de amargura. Rubén Darío le conoció al pasar por la Habana en 1892. Los dos poetas habían llegado independientemente a modos muy semejantes de escribir poesía y se admiraban mutuamente. También Casal aprovechó y asimiló la poesía extranjera; en su caso sobre todo la del melancólico poeta italiano Leopardi, y la de Baudelaire. En muchos aspectos de su obra, Casal está muy cerca de la nueva poesía modernista. Como se verá en el poema que sigue, el poeta cubano gustaba de las imágenes exóticas, sobre todo orientales.

El "Sourimono" ilustra el interés de los modernistas por lo chino y lo japonés, lo exótico, inspirado en Teófilo Gautier, Leconte de Lisle y otros. Este poema consta de tres estrofas de 12 sílabas cada uno, y los versos pares (2, 4, etcétera) son asonantes, tipo *é-o*. Los versos de "Neurosis" son de 10 sílabas, y las estrofas de 6 versos riman *aabccb*. Los versos de 10 sílabas (decasílabos) se habían usado poco. Los dos poemas son de *Bustos y rimas* (1893).

SOURIMONO[1]

Como rosadas flechas de aljabas[2] de oro
vuelan de los bambúes finos flamencos,[3]

1. **Sourimono** podría traducirse *Japanese color print.* Los sourimonos pueden llevar también algo escrito, y los japoneses solían enviarlos unos a otros como regalos de Año Nuevo. Casal era muy amigo del cónsul chino en La Habana, el cual poseía muchos objetos artísticos chinos y japoneses, y fue sin duda por él que Casal conocía los sourimonos, dando origen a esta interpretación poética. Casal había amueblado y decorado su pequeño cuarto completamente al estilo japonés.

2. **aljabas** *quivers* (of arrows)

3. **flamencos** *flamingos*

poblando de graznidos[4] el bosque mudo,
rompiendo de la atmósfera los níveos velos.

El disco anaranjado[5] del sol poniente
que sube tras la copa de arbusto seco,
5   finge un nimbo de oro que se desprende
del cráneo amarfilado de un bonzo yerto.[6]

Y las ramas erguidas de los juncales[7]
cabecean[8] al borde de los riachuelos,
como al soplo del aura sobre la playa
10   los mástiles sin vela de esquifes[9] viejos.

4. **graznidos** *squawks*
5. **anaranjado** *orange*
6. **finge . . . yerto** *simulates a golden halo which comes from the ivory skull of a* *rigid Buddhist monk*
7. **juncales** *beds of rushes*
8. **cabecean** *nod*
9. **esquifes** *skiffs*

NEUROSIS

Neomí, la pálida pecadora
de los cabellos color de aurora
y las pupilas de verde mar,
entre cojines de raso lila,[1]
15   con el espíritu de Dalila,
deshoja el cáliz de un azahar.

Arde a sus plantas la chimenea
donde la leña chisporrotea[2]
lanzando en torno seco rumor,
20   y alzada tiene su tapa el piano
en que vagaba su blanca mano
cual mariposa de flor en flor.

Un biombo[3] rojo de seda china
abre sus hojas en una esquina
25   con grullas[4] de oro volando en cruz,

1. **raso lila** *lilac satin*
2. **chisporrotea** *sputters*
3. **biombo** *screen*
4. **grullas** *cranes*

y en curva mesa de fina laca
ardiente lámpara se destaca
de la que surge rosada luz.

Blanco abanico y azul sombrilla,[5]
con unos guantes de cabritilla[6]   5
yacen encima del canapé,
mientras en taza de porcelana,
hecha con tintes de la mañana,
humea el alma verde del té.

Pero ¿qué piensa la hermosa dama?   10
¿Es que su príncipe ya no la ama
como en los días de amor feliz,
o que en los cofres del gabinete[7]
ya no conserva ningún billete
de los que obtuvo por un desliz?[8]   15

¿Es que la rinde cruel anemia?
¿Es que en sus búcaros[9] de Bohemia
rayos de luna quiere encerrar,
o que, con suave mano de seda,
del blanco cisne que amaba Leda[10]   20
ansía las plumas acariciar?

¡Ay!, es que en horas de desvarío[11]
para consuelo del regio hastío[12]
que en su alma esparce quietud mortal,
un sueño antiguo le ha aconsejado   25
beber en copa de ónix labrado[13]
la roja sangre de un tigre real.

5. **sombrilla** *parasol*   10. Para enamorar a Leda, Júpiter se
6. **cabritilla** *kid*   disfrazó en forma de cisne.
7. **gabinete** *boudoir*   11. **desvarío** *wildness*
8. **desliz** *slip, misbehavior*   12. **hastío** *bored dissatisfaction*
9. **búcaros** *vases*   13. **labrado** *carved*

Preguntas

INTRODUCCIÓN

1. ¿Contra qué surgió una protesta en la segunda mitad del siglo XIX?
2. ¿En qué insistían poetas como Verlaine y Mallarmé?

GUTIÉRREZ NÁJERA

1. ¿Con qué contrasta la fealdad física de Gutiérrez Nájera?
2. ¿Qué transición marca este poeta?
3. ¿Qué revista fundó y editó?
4. Mencione Vd. algunas cualidades de su poesía.
5. ¿Qué significan en español las palabras de Horacio "Non omnis moriar"?

JOSÉ ASUNCIÓN SILVA

1. ¿Dónde y en qué año nació José Asunción Silva?
2. ¿Cómo murió el poeta?
3. ¿A quién conmemora el "Nocturno III"?
4. ¿Le recuerda a Vd. el ritmo del "Nocturno" a algún poeta norteamericano?

JULIÁN DEL CASAL

1. ¿Cuántos años duró la vida de Julián del Casal?
2. ¿A quién conoció Casal en 1892?
3. ¿Qué opinión tenían ellos el uno del otro?
4. ¿A cuál de estos poetas prefiere Vd.? ¿Por qué?

Temas

1. Las principales características de estos tres poetas.
2. Comparaciones que hace Gutiérrez Nájera para demostrar el predominio del blanco.
3. El ritmo del "Nocturno" de Silva.
4. Compare Vd. cualquiera de estas poesías con alguna poesía favorita de Vd.
5. La tristeza, la melancolía como tema poético.

Rubén Darío (1867–1916)

La lírica más armoniosa que jamás haya salido de América—Norte
o Sur—es la del extraordinario poeta Rubén Darío, gloria no sólo
de su nativa Nicaragua, sino también de todo el mundo hispánico.
Su vida personal fue azarosa, agitada e irregular, y sus últimos años
fueron bastante tristes, pero su conciencia artística quedó siempre   5
incólume,[1] impecable. Viajó mucho por América y Europa, y pasó
varios años en España, donde influyó grandemente en los poetas
jóvenes.

Lector voraz, Darío conoció bien la literatura española, desde
Gonzalo de Berceo (siglo XIII) en adelante. También conoció y   10
siempre admiró a los poetas franceses, hasta los parnasianos y simbolistas, sobre todo a Paul Verlaine.[2]

Aunque Darío escribió mucho en prosa y en verso (se dice que
hizo versos apenas salido de la niñez), su primer libro importante,
prosa y verso, fue *Azul*, publicado en Chile en 1888. Victor Hugo   15
había dicho: "L'Art, c'est l'azur," y Darío había escogido el color
como símbolo de su arte fino y aristocrático. Fue elogiado y favorablemente reseñado por el consagrado y fino novelista y crítico
español Juan Valera,[3] quien notó que el joven nicaragüense parecía
casi más francés que español. Sí, Darío sintió siempre la influencia   20
de Francia, pero su obra total marca una asimilación perfecta de
influencias extranjeras y españolas, y toda su obra queda muy
dariana, muy suya. Su segundo libro importante, *Prosas profanas*
(aquí "prosas" quiere decir "poesías") fue publicado en Buenos
Aires en 1896. El tercer gran libro, *Cantos de vida y esperanza* (Madrid,   25

1. **incólume** *intact*
2. **Paul Verlaine** (1844–1896): poeta
francés

3. **Juan Valera** (1824–1905): famoso
como crítico, novelista y diplomático

1905), marca la plenitud de su obra poética. Dice el poeta en su prefacio: "El movimiento de libertad que me tocó iniciar en América se propagó hasta España, y tanto aquí como allá el triunfo está logrado." Este movimiento se llama Modernismo y su
5 penetración en España bajo la influencia de Darío es el primer ejemplo de la madre patria influida por la literatura de sus antiguas colonias. La poesía española después de los románticos había llegado a un estado lamentable de prosaísmo, y hacía falta una renovación total. Los modernistas crearon en España y en Hispano-
10 américa una poesía antiprosaica, elegante, de gran perfección formal, con imágenes muy sugestivas, de fina sensualidad y sobretodo de gran musicalidad. Tal poesía fue producto de la torre de marfil, cuyas armonías podían gozar todos. La *Sonatina* de Darío, que se lee a continuación se ha llamado la poesía más melodiosa en
15 lengua española. Las dotes poéticas del nicaragüense eran verdaderamente excepcionales y su habilidad métrica sin par.

La escuela poética de Darío pasó de moda, pero no se olvidarán nunca sus mejores poesías como modelos de belleza formal y musicalidad perfecta.

WALT WHITMAN[1]

20   En su país de hierro vive el gran viejo,
      bello como un patriarca, sereno y santo.
      Tiene en la arruga[2] olímpica de su entrecejo[3]
      algo que impera[4] y vence con noble encanto.
          Su alma del infinito parece espejo;
25   son sus cansados hombros dignos del manto;
      y con arpa labrada de un roble añejo,[5]
      como un profeta nuevo canta su canto.
          Sacerdote[6] que alienta[7] soplo divino,
      anuncia en el futuro tiempo mejor.

1. De *Azul* (1888). Por ser esta composición de catorce versos, podría parecer soneto; pero los versos son de 12 sílabas, y riman *abababababcdcdcd*. Los versos del soneto italiano son de 11 sílabas y riman *abbaabba cdecde* (o *cdcdcd*, etcétera). Whitman, un poeta norteamericano muy diferente

de su admirador nicaragüense, vivió de 1819–1892.
2. **arruga** *furrow*
3. **entrecejo** *brow*
4. **impera** *commands, holds sway*
5. **añejo** *ancient*
6. **sacerdote** *priest*
7. **alienta** *inspires*

Dice al águila: "¡Vuela!" "¡Boga!",⁸ al marino,
y " Trabaja!", al robusto trabajador.
¡Así va ese poeta por su camino
con su soberbio rostro de emperador!

8. **¡Boga!** *Row!*

SONATINA[1]

La princesa está triste . . . ¿qué tendrá la princesa?   5
Los suspiros se escapan de su boca de fresa,
que ha perdido la risa, que ha perdido el color.
La princesa está pálida en su silla de oro,
está mudo el teclado de su clave² sonoro;
y en un vaso olvidada se desmaya una flor.   10

El jardín puebla³ el triunfo de los pavos reales.
Parlanchina,⁴ la dueña dice cosas banales,
y vestido de rojo piruetea el bufón.
La princesa no ríe, la princesa no siente;
la princesa persigue por el cielo de Oriente   15
la libélula⁵ vaga de una vaga ilusión.

¿Piensa acaso en el príncipe de Golconda⁶ o de China,
o en el que ha detenido su carroza argentina⁷
para ver de sus ojos la dulzura de luz,
o en el rey de las islas de las rosas fragantes,   20
o en el que es soberano de los claros diamantes,
o en el dueño orgulloso de las perlas de Ormuz?⁸

1. De *Prosas profanas* (1896). Las estrofas de este melodiosísimo poema son de seis versos bastante largos, de 14 sílabas y riman *aabccb*. Muchas palabras han sido escogidas por su musicalidad innata así como por su fuerza sugestiva. Se nota también el uso de palabras esdrújulas (pálida, crisálida, libélula, unánime, príncipe) y el predominio de los sonidos líquidos de la *l* y la *r*.

2. **teclado . . . clave** *keyboard of her clavichord*
3. **puebla** *fills*
4. **Parlanchina** *Chattering (on)*
5. **libélula** *dragonfly*
6. **Golconda**: ciudad de la India famosa por sus diamantes y su gran lujo
7. **carroza argentina** *silvery carriage*
8. **Ormuz**: ciudad persa notable por su riqueza

¡Ay! la pobre princesa de la boca de rosa
quiere ser golondrina, quiere ser mariposa,
tener alas ligeras, bajo el cielo volar;
ir al sol por la escala luminosa de un rayo,
5   saludar a los lirios con los versos de Mayo,
o perderse en el viento sobre el trueno del mar.

Ya no quiere el palacio, ni la rueca[9] de plata,
ni el halcón encantado, ni el bufón escarlata,
ni los cisnes[10] unánimes en el lago de azur.
10   Y están tristes las flores por la flor de la corte;
los jazmines de Oriente, los nelumbos[11] del Norte,
de Occidente las dalias y las rosas del Sur.

¡Pobrecita princesa de los ojos azules!
Está presa en sus oros, está presa en sus tules,
15   en la jaula[12] de mármol del palacio real;
el palacio soberbio que vigilan los guardas,
que custodian cien negros con sus cien alabardas,[13]
un lebrel[14] que no duerme y un dragón colosal.

¡Oh, quién fuera hipsipila que dejó la crisálida![15]
20   (La princesa está triste. La princesa está pálida.)
¡Oh, visión adorada de oro, rosa y marfil!
¡Quién volara a la tierra donde un príncipe existe
(La princesa está pálida. La princesa está triste.)
más brillante que el alba, más hermoso que Abril!

25   —¡Calla, calla, princesa,—dice el hada madrina—[16],
en caballo con alas hacia acá se encamina,
en el cinto la espada y en la mano el azor,[17]

9. **rueca** *spinning wheel*
10. **cisnes** *swans.* Se comentará más
la popularidad de esta ave en las notas
de la poesía *El cisne.*
11. **nelumbos** *lotuses*
12. **jaula** *cage*
13. **alabardas** *halberds*

14. **lebrel** *greyhound*
15. **¡Oh . . . crisálida!** *If one could
only be a butterfly that has left its cocoon!*
16. **hada madrina** *fairy godmother*
17. **en el . . . azor** *with a sword in
his belt and a goshawk (falcon) on his hand*

el feliz caballero que te adora sin verte,
y que llega de lejos, vencedor de la Muerte,
a encenderte los labios con su beso de amor!

El Cisne[1]

Fue en una hora divina para el género humano.
El Cisne antes cantaba sólo para morir.   5
Cuando se oyó el acento del Cisne wagneriano[2]
fue en medio de una aurora, fue para revivir.
Sobre las tempestades del humano oceano
se oye el canto del Cisne; no se cesa de oír,
dominando el martillo del viejo Thor[3] germano   10
o las trompas que cantan la espada de Argantir.[4]
¡Oh Cisne! ¡Oh sacro pájaro! Si antes la blanca Helena[5]
del huevo azul de Leda brotó de gracia llena,
siendo de la Hermosura la princesa inmortal,
bajo tus blancas alas la nueva Poesía   15
concibe en una gloria de luz y armonía
la Helena eterna y pura que encarna el ideal.

1. Se nota que esta composición también podría considerarse como un soneto, por ser de 14 versos, pero los versos son de 14 sílabas en vez de 11. Para los modernistas, su símbolo favorito era el cisne, por sus hermosas líneas clásicas, su blancura, su gracia, y la elegancia de sus movimientos; también por la leyenda que dice que el cisne canta sólo una vez su bello canto, en el momento de morir.
2. En la famosa ópera de Wagner, *Lohengrin*, el Caballero del Cisne, desaparece de los ojos del espectador; parte en el bote del Cisne. Darío menciona a Wagner como renovador de la música y de poesía.
3. **Thor:** en la mitología escandinava, el dios del trueno y de la guerra. Su arma, el martillo, era irresistible.
4. **Argantir:** esta referencia viene sin duda de la poesía *L'Épée d'Argantyr*, de Leconte de Lisle (*Poèmes barbares*, 1859). En la mitología teutónica, el héroe Argantyr tenía una espada centelleante, forjada por los Enanos, de gran poder, heredada de padre a hijo.
5. **Helena de Troya** era hija de Leda, a quien había enamorado Júpiter en forma de cisne, de modo que se consideraba a Helena como de origen divino y modelo de la hermosura pura y perfecta, cuya esencia buscaban los modernistas.

A Roosevelt[1]

¡Es con voz de la Biblia, o verso de Walt Whitman,
que habría que llegar hasta ti, cazador!
¡Primitivo y moderno, sencillo y complicado,
con un algo de Wáshington y cuatro de Nemrod![2]
5   Eres los Estados Unidos,
eres el futuro invasor
de la América ingenua que tiene sangre indígena,
que aún reza a Jesucristo y aún habla en español.

Eres soberbio y fuerte ejemplar de tu raza;
10 eres culto, eres hábil; te opones a Tolstoy.[3]
Y domando caballos, o asesinando tigres,
eres un Alejandro-Nabucodonosor.[4]
(Eres un profesor de Energía,
como dicen los locos de hoy).

15 Crees que la vida es incendio,
que el progreso es erupción;
que en donde pones la bala
el porvenir pones.
          No.

Los Estados Unidos son potentes y grandes.
20 Cuando ellos se estremecen hay un hondo temblor
que pasa por las vértebras enormes de los Andes.
Si clamáis, se oye el rugir del león.

1. Se nota la irregularidad métrica de este poema, pero se nota al mismo tiempo la entonación vigorosa y enérgica, en armonía con el asunto. La mayoría de los versos son de 14 sílabas.
2. **Nemrod:** un gran cazador y "poderoso en la tierra." Véase Génesis 10 y Crónicas 1:1. La afición a la caza de Teodoro Roosevelt era bien conocida.
3. El conde **León Tolstoy** (1828–1910): gran novelista ruso, predicó constantemente la no-violencia.
4. **Alejandro Magno** (356–323 A. de J.C.) conquistó en su corta vida la mayor parte del mundo conocido. **Nabucodonosor** (Nebuchadnezzar), rey de Babilonia (605–562 A. de J.C.), destruyó Jerusalén y esclavizó a los judíos. Claro está que Darío protesta contra el imperialismo yanqui.

Ya Hugo a Grant lo dijo: "Las estrellas son vuestras."[5]
(Apenas brilla, alzándose, el argentino sol
y la estrella chilena[6] se levanta . . .) Sois ricos.
Juntáis al culto de Hércules el culto de Mammón;[7]
y alumbrando el camino de la fácil conquista,   5
la Libertad levanta su antorcha en Nueva York.

Mas la América nuestra que tenía poetas
desde los tiempos viejos de Netzahualcoyotl,[8]
que ha guardado las huellas de los pies del gran Baco;[9]
que el alfabeto pánico en un tiempo aprendió;   10
que consultó los astros, que conoció a Atlántida;
cuyo nombre nos llega resonando en Platón;[10]
que desde los remotos momentos de su vida
vive de luz, de fuego, de perfume, de amor;
la América del grande Moctezuma, del Inca,[11]   15
la América fragante de Cristóbal Colón,
la América católica, la América española,
la América en que dijo el noble Guatemoc:[12]
"Yo no estoy en un lecho de rosas"; esa América
que tiembla de huracanes y que vive de amor;   20
hombres de ojos sajones y alma bárbara, vive.
Y sueña. Y ama y vibra; y es la hija del Sol.
Tened cuidado. ¡Vive la América española!

5. El presidente U. S. Grant visitó al presidente MacMahon de Francia en 1877, y Hugo habrá pronunciado en esta ocasión las palabras citadas.
6. El Sol está en la bandera de la Argentina y la Estrella en la de Chile.
7. Mammón: el dios sirio de la riqueza. Véase San Matías 6:24.
8. Netzahualcoyotl (1403–1470): emperador azteca, el primer poeta azteca de nombre conocido.
9. Se creía que el dios Pan le había enseñado el alfabeto a Baco, dios del vino.
10. El gran filósofo Platón (429–327 A. de J.C.), en el Timeo y en el Critias mencionó el continente Atlántida como una república ideal. Parece que Darío y otros creían que se refería a la civilización maya.
11. Moctezuma (Montezuma, 1466–1520): emperador de los aztecas, vencido por Cortés. El imperio de los Incas fue conquistado por Pizarro en 1533.
12. Guatemoc (su nombre se escribe de varios modos) fue el último emperador azteca de México. Se dice que profirió las palabras citadas mientras los españoles le daban tormento para forzarle a revelar dónde estaba escondido su tesoro.

Hay mil cachorros sueltos del León español.[13]
Se necesitaría, Roosevelt, ser, por Dios mismo,
el Riflero terrible y el fuerte Cazador
para poder tenernos en vuestras férreas garras.

5   Y, pues contáis con todo, falta una cosa: ¡Dios!

13. **cachorros . . . español** *cubs let*   en el escudo de armas español.
loose of the Spanish lion. Hay un león

Nocturno II

Los que auscultasteis[1] el corazón de la noche;
los que por el insomnio tenaz habéis oído
el cerrar de una puerta, el resonar de un coche
lejano, un eco vago, un ligero ruido . . .

10   En los instantes del silencio misterioso,
cuando surgen de su prisión los olvidados,
en la hora de los muertos, en la hora del reposo,
¡sabréis leer estos versos de amargor[2] impregnados! . . .

Como en un vaso vierto en ellos mis dolores
15   de lejanos recuerdos y desgracias funestas,[3]
y las tristes nostalgias de mi alma, ebria[4] de flores
y el duelo de mi corazón, triste de fiestas.

Y el pesar[5] de no ser lo que yo hubiera sido,
la pérdida del reino que estaba para mí,
20   el pensar que un instante pude no haber nacido,
y el sueño que es mi vida desde que yo nací.

Todo esto viene del silencio profundo
en que la noche envuelve la terrena[6] ilusión,
y siento como un eco del corazón del mundo
25   que penetra y conmueve mi propio corazón.

1. **auscultasteis** *listened to*   4. **ebria** *drunk*
2. **amargor** *bitterness*   5. **pesar** *grief*
3. **funestas** *dreadful*   6. **terrena** *earthly*

Don Quixote por la escultora norteamericana Anna Hyatt Huntington, propiedad: Hispanic Society of America, New York.

Un Soneto a Cervantes[1]

Horas de pesadumbre y de tristeza
paso en mi soledad. Pero Cervantes
es buen amigo. Endulza mis instantes
ásperos, y reposa mi cabeza.
Él es la vida y la naturaleza,   5
regala un yelmo[2] de oros y diamantes
a mis sueños errantes.
Es para mí: suspira, ríe y reza.
Cristiano y amoroso y caballero
parla[3] como un arroyo cristalino.   10
¡Así le admiro y quiero,
viendo como el destino
hace que regocije al mundo entero
la tristeza inmortal de ser divino!

1. Un verdadero soneto contiene 14 versos de 11 sílabas cada uno. Se nota que en esta composición los versos 7, 11 y 12 son de 7 sílabas. Darío consagró otro poema al gran genio español, la *Letanía de Nuestro Señor Don Quijote*.
2. Se trata del **yelmo** (*helmet*) descrito en el Capítulo XXI de la Primera Parte del *Quijote*.
3. habla constante y rápidamente

CANCIÓN DE OTOÑO EN PRIMAVERA[1]

Juventud, divino tesoro,
¡ya te vas para no volver!
Cuando quiero llorar, no lloro,
y a veces lloro sin querer . . .

5   Plural ha sido la celeste
historia de mi corazón.
Era una dulce niña, en este
mundo de duelo y de aflicción.

Miraba como el alba pura;
10   sonreía como una flor.
Era su cabellera obscura
hecha de noche y de dolor.

Yo era tímido como un niño.
Ella, naturalmente, fue,
15   para mi amor hecho de armiño,[2]
Herodías y Salomé[3] . . .

Juventud, divino tesoro,
¡ya te vas para no volver!
Cuando quiero llorar, no lloro,
20   y a veces lloro sin querer . . .

1. La canción se compone de cuartetos de versos de 9 sílabas, con rima *abab*. Los versos impares (1, 3, etc.) tienen rima femenina; los pares, masculina.
2. **armiño** ermine
3. **Herodías y Salomé**: mencionadas como tipos de mujeres feroces y crueles. Véase San Matías 15, San Marcos 6 y San Lucas 3. San Juan Bautista había censurado a Herodes por haberse casado con la esposa de su hermano, llamada Herodías, mujer que ni olvidaba ni perdonaba nada. En una fiesta la hija de Herodías (e hijastra de Herodes), Salomé, bailó ante su padrastro y tanto le gustó el baile a Herodes que le prometió cuanto le pidiera. Herodías mandó a su hija que pidiera la cabeza de Juan en una bandeja; y así se hizo.—La Biblia no menciona el nombre de Salomé. Nos lo da el historiador judío Flavio Josefo (Flavius Josephus, 37–93), autor de las *Antigüedades judaicas:* Libro XVIII, capítulo v.

La otra fue más sensitiva
y más consoladora y más
halagadora y expresiva,[4]
cual no pensé encontrar jamás.

Pues a su continua ternura   5
una pasión violenta unía.
En un peplo[5] de gasa pura
Una bacante[6] se envolvía . . .

En sus brazos tomó mi ensueño
y lo arrulló[7] como a un bebé . . .   10
Y le mató, triste y pequeño,
falto de luz, falto de fe . . .

Juventud, divino tesoro,
¡te fuiste para no volver!
Cuando quiero llorar, no lloro,   15
y a veces lloro sin querer . . .

Otra juzgó que era mi boca
el estuche de su pasión;
y que me roería, loca,
con sus dientes el corazón   20

poniendo en un amor de exceso
la mira de su voluntad,
mientras eran abrazo y beso
síntesis de la eternidad;

y de nuestra carne ligera   25
imaginar siempre un Edén,[8]
sin pensar que la Primavera
y la carne acaban también . . .

4. **halagadora y expresiva** *flattering
and sweet-spoken*
5. **peplo** *peplum, Greek short skirt*
6. **bacante** *bacchanalian*

7. **tomó . . . arrulló** *took my dream
and fondled it*
8. **Edén** *paradise*

Juventud, divino tesoro,
¡ya te vas para no volver!
Cuando quiero llorar, no lloro,
y a veces lloro sin querer.

5   ¡Y las demás; en tantos climas,
en tantas tierras siempre son,
si no pretextos de mis rimas,
fantasmas de mi corazón!

En vano busqué a la princesa
10   que estaba triste de esperar.
La vida es dura. Amarga y pesa.[9]
¡Ya no hay princesa que cantar!

Mas a pesar del tiempo terco,[10]
mi sed de amor no tiene fin;
15   con el cabello gris, me acerco
a los rosales del jardín . . .

Juventud, divino tesoro,
¡ya te vas para no volver!
Cuando quiero llorar, no lloro,
20   y·a veces lloro sin querer . . .

¡Mas es mía el Alba de oro!

9. **Amarga y pesa.** *It brings bitterness*   10. **terco** *obstinate*
and sorrow.

Lo Fatal[1]

Dichoso el árbol que es apenas sensitivo,
y más la piedra dura, porque ésa ya no siente,
pues no hay dolor más grande que el dolor de ser vivo,
25   no mayor pesadumbre que la vida consciente.

1. Ésta es una de las poesías más   (14 sílabas) de los cuartetos contri-
pesimistas del autor. Los versos largos   buyen al efecto de tristeza.

Ser, y no saber nada, y ser sin rumbo cierto,
y el temor de haber sido y un futuro terror . . .
y el espanto seguro de estar mañana muerto,
y sufrir por la vida y por la sombra y por

lo que no conocemos y apenas sospechamos,   5
y la carne que tienta con sus frescos racimos,[2]
y la tumba que aguarda con sus fúnebres ramos,
y no saber adónde vamos, ¡ni de dónde venimos . . . !

2. **carne . . . racimos** *flesh tempting with its fresh bunches of grapes*

MARCHA TRIUNFAL[1]

¡Ya viene el cortejo![2]
¡Ya viene el cortejo! Ya se oyen los claros clarines.   10
La espada se anuncia con vivo reflejo;
ya viene, oro y hierro, el cortejo de los paladines.

Ya pasa debajo los arcos ornados de blancas Minervas y Martes,
los arcos triunfales en donde las Famas erigen[3] sus largas trompetas,
la gloria solemne de los estandartes,   15
llevados por manos robustas de heroicos atletas.
Se escucha el ruido que forman las armas de los caballeros,
los frenos[4] que mascan los fuertes caballos de guerra,
los cascos que hieren la tierra
y los timbaleros[5]   20
que el paso acompasan con ritmos marciales.
¡Tal pasan los fieros guerreros
debajo los arcos triunfales!

Los claros clarines de pronto levantan sus sones,
su canto sonoro,   25

1. El ritmo de esta composición su-
giere el movimiento enérgico de un
cortejo. La estructura es irregular y
las rimas varias. Los versos varían
mucho en extensión, desde las 6 sílabas del primero a las 24 del último.
2. **cortejo** (*triumphal*) *procession*
3. **erigen** *hold up*
4. **frenos** *bits*
5. **timbaleros** *drummers*

su cálido[6] coro,
que envuelve en un trueno de oro
la augusta soberbia de los pabellones.[7]
Él dice la lucha, la herida venganza,
5   las ásperas crines,[8]
los rudos penachos,[9] la pica, la lanza,
la sangre que riega[10] de heroicos carmines
la tierra;
los negros mastines[11]
10 que azuza la muerte, que rige la guerra.[12]

     Los áureos sonidos
anuncian el advenimiento
triunfal de la Gloria;
     dejando el picacho[13] que guarda sus nidos,
15 tendiendo sus alas enormes al viento,
     los cóndores llegan. ¡Llegó la victoria!

     Ya pasa el cortejo.
Señala el abuelo los héroes al niño:
Ved cómo la barba del viejo
20 los bucles de oro circunda de armiño.[14]
     Las bellas mujeres aprestan coronas de flores,
y bajo los pórticos vense sus rostros de rosa,
y la más hermosa
sonríe al más fiero de los vencedores.
25 ¡Honor al que trae cautiva la extraña bandera;
honor al herido y honor a los fieles
soldados que muerte encontraron por mano extranjera!
¡Clarines! ¡Laureles!

6. **cálido** *fervent*
7. **pabellones** *pennants, standards*
8. **crines** *manes*
9. **penachos** *plumes*
10. **riega** *waters, sprinkles*
11. **mastines** *mastiffs*

12. **azuza . . . guerra** *death urges on, which war directs*
13. **picacho** *mountain top, high crag*
14. **los bucles . . . armiño** *surrounds his golden curls with* (the white of) *ermine*

Las nobles espadas de tiempos gloriosos,
desde sus panoplias saludan las nuevas coronas y lauros:—
Las viejas espadas de los granaderos, más fuertes que osos,
hermanos de aquellos lanceros que fueron centauros:—
Las trompas guerreras resuenan;   5
de voces los aires se llenan . . .
—A aquellas antiguas espadas,
a aquellos ilustres aceros,
que encarnan las glorias pasadas . . .

Y al sol que hoy alumbra las nuevas victorias ganadas,   10
y al héroe que guía su grupo de jóvenes fieros,
al que ama la insignia del suelo materno,
al que ha desafiado, ceñido[15] el acero y el arma en la mano,
los soles del rojo verano,
las nieves y vientos del gélido[16] invierno,   15
la noche, la escarcha[17]
y el odio y la muerte, por ser por la patria inmortal,
saludan con voces de bronce las trompas de guerra que tocan la
    marcha triunfal . . .

15. **ceñido** *girded on*   17. **escarcha** *frost*
16. **gélido** *frigid, gelid*

Preguntas

INTRODUCCIÓN

1. ¿Es local o universal la fama de Rubén Darío?
2. ¿Cómo fue la vida personal de Darío?
3. ¿Por dónde viajó?
4. ¿Era un lector voraz?
5. ¿Quién reseñó su libro *Azul*? ¿Cuál fue la actitud del crítico?

WALT WHITMAN

1. ¿Dónde vivió Walt Whitman?
2. ¿Qué piensa Vd. de la santidad y serenidad de Whitman?

3. ¿Cómo parecen sus hombros?
4. ¿Qué anuncia en el futuro?
5. ¿Qué clase de rostro tiene?
6. ¿Cuántos versos tiene un soneto? ¿De cuántas sílabas es cada verso?
7. ¿Cuál es la forma métrica de esta composición?

SONATINA

1. ¿Qué síntomas de tristeza presenta la princesa?
2. ¿Qué pájaros hay en el jardín?
3. ¿Cómo va vestido el bufón? ¿Qué hace?
4. ¿Qué persigue la princesa?
5. ¿Cómo es la boca de la princesa? ¿Y sus ojos?
6. ¿Quiénes guardan el palacio?
7. ¿Qué clase de príncipe cree Vd. que desea la princesa?
8. Al llegar de lejos, ¿qué hará el príncipe?

EL CISNE

1. ¿Le gustan o no le gustan los cisnes? ¿Por qué?
2. ¿Qué leyenda hay sobre el canto del cisne?
3. ¿Cuál fue el origen de Helena de Troya?
4. ¿Qué ideal expresa esta composición para la poesía?

A ROOSEVELT

1. ¿Por qué hace Darío la comparación entre Nemrod y Teodoro Roosevelt?
2. ¿Era agresivo o pacífico el conde Tolstoy?
3. ¿Quién fue Alejandro?
4. ¿Qué le dijo Víctor Hugo al general Grant?
5. ¿Qué famosa estatua hay en el puerto de Nueva York?
6. ¿Qué le enseñó el dios Pan a Baco?
7. ¿Quién fue Guatemoc?
8. ¿Qué es lo que les falta a los Estados Unidos?

CANCIÓN DE OTOÑO EN PRIMAVERA

1. ¿Cuándo volverá la juventud?
2. ¿Cuántas veces ha amado el poeta, pocas o muchas?
3. ¿Cómo era su primera amada?
4. ¿Cómo era ella al final?
5. ¿Cómo era la otra?

6. ¿Qué es una bacante?
7. ¿Qué hizo ésta con el ensueño del poeta?
8. ¿Qué suerte tuvo el poeta que buscaba a la princesa ideal?
9. Aun con el cabello gris, ¿cuál es la actitud del poeta?
10. A pesar de todo, ¿qué le queda al poeta?

MARCHA TRIUNFAL

1. ¿Qué se oye mientras pasa el cortejo?
2. ¿Cómo están ornados los arcos?
3. ¿Qué mascan los caballos de guerra?
4. ¿Qué riega la tierra?
5. ¿Qué azuza los mastines?
6. ¿Qué le enseña el abuelo al niño?
7. ¿Qué aprestan las bellas mujeres?
8. ¿Qué virtudes encuentra Vd. en este poema?

Temas

1. La vida de Rubén Darío.
2. *Azul*, primer libro importante de Darío.
3. La admiración de Darío por Walt Whitman.
4. Caracterización de la "Sonatina."
5. La mitología en la obra de Darío.
6. El cisne como ave ideal.
7. Darío y Teodoro Roosevelt.
8. Los amores de Darío.
9. La opinión de Darío sobre las dos Américas.

José Enrique Rodó (*1872–1917*)

El más grande prosista del Modernismo fue el ensayista uruguayo José Enrique Rodó, un hombre de gran cultura y de inmensa influencia en el pensamiento americano. Su obra maestra *Ariel* (1900) tiene la reputación de haber tenido más influencia en el
5 surgimiento del americanismo genuino que cualquier otro libro escrito en Hispanoamérica. El rasgo saliente de la obra de Rodó es el intento de despertar la consciencia de lo americano, revelando sus propios valores en el plano de la cultura universal.

Rodó pasó casi toda su vida en Montevideo, dedicado a sus
10 estudios y a sus trabajos literarios. Fue considerado como el primer crítico literario de su época, y en 1899 escribió un prefacio importante a la segunda edición de las *Prosas profanas* de Rubén Darío. Algunos de sus ensayos, pulidos y cuidadosamente escritos, se encuentran en *Los motivos de Proteo* (1909) y *El mirador de Próspero*
15 (1914).

Ariel, libro breve, es un ensayo dirigido a la juventud de Hispanoamérica el cual les invita a formarse su propio programa ideal de vida y cultura y les exhorta a quedarse con la ética y los ideales del espíritu. Rodó usa los personajes simbólicos de *The Tempest* de
20 Shakespeare para interpretar su visión de lo que debe ser el espíritu hispanoamericano. El ensayo contiene el consejo de Próspero, el maestro viejo, que propone a los jóvenes como guía el genio ideal de Ariel (la cultura, la inteligencia) y les previene en contra de Calibán, símbolo de lo material. Aunque admira muchos aspectos
25 de la civilización norteamericana, el maestro no la propone como modelo. Analiza la naturaleza de la democracia, los peligros que acompañan su desarrollo y la doble amenaza de la mediocridad y el materialismo, que representan el triunfo de Calibán. Predica

una consagración a Ariel para el porvenir de las generaciones futuras.

Se ha llamado *Ariel* el evangelio ético de Hispanoamérica, y se ha comparado este ensayo y su influencia idealista al sur con el "Self-Reliance" de Emerson que tanto ha influido en los norte- 5 americanos. El concepto de la democracia de los Estados Unidos que expresó aquí Rodó dejó una honda impresión en los países latinos. La selección que ponemos aquí contiene consideraciones buenas y malas sobre nuestra civilización. Aunque escrita en 1900, estas ideas todavía influyen en el concepto hispanoamericano de 10 los Estados Unidos y su cultura.

ARIEL

Todo juicio severo que se formule de los americanos del Norte debe empezar por rendirles, como se haría con altos adversarios, la formalidad caballeresca[1] de un saludo. Siento fácil mi espíritu para cumplirla. Desconocer sus defectos no me parecería tan insensato 15 como negar sus cualidades.

Nacidos—para emplear la paradoja usada por Baudelaire[2] a otro respecto—con la *experiencia innata* de la libertad, ellos se han mantenido fieles a la ley de su origen, y han desenvuelto, con la precisión y la seguridad de una progresión matemática, los principios funda- 20 mentales de su organización, dando a su historia una consecuente unidad que, si bien ha excluido las adquisiciones de aptitudes y méritos distintos, tiene la belleza intelectual de la lógica. La huella[3] de sus pasos no se borrará jamás en los anales del derecho humano, porque ellos han sido los primeros en hacer surgir nuestro 25 moderno concepto de la libertad de las inseguridades del ensayo[4] y de las imaginaciones de la utopía, para convertirla en bronce imperecedero[5] y realidad viviente; porque han demostrado con su ejemplo la posibilidad de extender a un inmenso organismo nacional la inconmovible autoridad de una república; porque, con su 30

1. **caballeresca** *chivalrous*
2. **Charles Baudelaire** (1821–1867): poeta francés, empleó esta expresión
en su *Curiosités esthétiques*
3. **huella** *mark*

organización federativa, han revelado—según la feliz expresión de
Tocqueville[6]—la manera como se pueden conciliar con el brillo y
el poder de los Estados grandes la felicidad y la paz de los pequeños.
Suyos son algunos de los rasgos[7] más audaces con que ha de
5 destacarse en la perspectiva del tiempo la obra de este siglo. Suya
es la gloria de haber revelado plenamente—acentuando la más
firme nota de belleza moral de nuestra civilización—la grandeza y
el poder del trabajo: esa fuerza bendita que la antigüedad abandonaba a la abyección de la esclavitud, y que hoy identificamos con
10 la más alta expresión de la dignidad humana, fundada en la
conciencia y en la actividad del propio mérito.

Fuertes, tenaces, teniendo la inacción por oprobio,[8] ellos han
puesto en manos del *mechanic* de sus talleres y el *farmer* de sus campos,
la clava hercúlea del mito,[9] y han dado al genio humano una nueva
15 e inesperada belleza, ciñéndole el mandil de cuero del forjador.[10]
Cada uno de ellos avanza a conquistar la vida, como el desierto los
primitivos puritanos. * * *

Su cultura, que está lejos de ser refinada ni espiritual, tiene una
eficacia[11] admirable siempre que se dirige prácticamente a realizar
20 una finalidad inmediata. No han incorporado a las adquisiciones de
la ciencia una sola ley general, un solo principio; pero la han hecho
maga[12] por las maravillas de sus aplicaciones; la han agigantado
en los dominios de la utilidad; y han dado al mundo, en la caldera
de vapor y en el dínamo eléctrico, billones de esclavos invisibles
25 que centuplican, para servir al Aladino[13] humano, el poder de la
lámpara maravillosa. * * *

Ellos han sabido salvar, en el naufragio[14] de todas las idealidades,
la idealidad más alta, guardando viva la tradición de un sentimiento
religioso que, si no levanta su vuelo en alas de un espiritualismo

---

4. **ensayo** *experiment*
5. **imperecedero** *everlasting*
6. **Alexis de Tocqueville** (1805–
1859) es autor de una obra frecuentemente citada, *De la démocratie en
Amérique.*
7. **rasgos** *characteristics*
8. **oprobio** *disgrace*

9. **la clava . . . mito** *the mythological
Herculean nail*
10. **ciñéndole . . . forjador** *girding
on it the leather apron of the blacksmith*
11. **eficacia** *efficiency*
12. **maga** *great*
13. **Aladino** *Aladdin*
14. **naufragio** *failure*

delicado y profundo, sostiene, en parte, entre las asperezas[15] del tumulto utilitario, la rienda firme del sentido moral.

Han sabido también guardar, en medio de los refinamientos de la vida civilizada, el sello de cierta primitividad robusta. Tienen el culto pagano de la salud, de la destreza, de la fuerza; templan y 5 afinan[16] en el músculo el instrumento preciso de la voluntad; y, obligados por su aspiración insaciable de dominio a cultivar la energía de todas las actividades humanas, modelan el torso del atleta para el corazón del hombre libre. Y del concierto de su civilización, del acordado[17] movimiento de su cultura, surge una 10 dominante nota de optimismo, de confianza, de fe, que dilata los corazones impulsándolos al porvenir bajo la sugestión de una esperanza terca y arrogante; la nota del *Excelsior* y el *Salmo de la vida*[18] con que sus poetas han señalado el infalible bálsamo[19] contra toda amargura en la filosofía del esfuerzo y de la acción. 15

Su grandeza titánica se impone así, aun a los más prevenidos[20] por las enormes desproporciones de su carácter, o por las violencias recientes de su historia. Y por mi parte ya veis que, aunque no les amo, les admiro. . . . Sus relieves[21] característicos son dos manifestaciones del poder de la voluntad: la originalidad y la audacia. * * * 20 Si algo les salva colectivamente de la vulgaridad, es ese extraordinario alarde[22] de energía que lleva a todas partes y con el que imprime cierto carácter de épica grandeza aun a las luchas del interés y de la vida material. * * *

Obra titánica, por la enorme tensión de voluntad que representa 25 y por sus triunfos inauditos en todas las esferas del agrandecimiento material, es indudable que aquella civilización produce en su conjunto una singular impresión de insuficiencia y de vacío. * * * Huérfano[23] de tradiciones muy hondas que le orienten, ese pueblo no ha sabido sustituir la idealidad inspiradora del pasado con una 30

15. **asperezas** *harshness*
16. **afinan** *refine, tune*
17. **acordado** *harmonious*
18. Dos poemas por Longfellow, "Excelsior" y "The Psalm of Life," son típicos del temperamento norteamericano de optimismo y ambición.
19. **bálsamo** *balsam, magic drug*
20. **prevenidos** *cautious*
21. **relieves** *outstanding features*
22. **alarde** *display, show*
23. **huérfano** *orphan*

alta y desinteresada concepción del porvenir. Vive para la realidad
inmediata del presente, y por ello subordina toda su actividad al
egoísmo del bienestar personal y colectivo. * * *

5 En el ambiente de la democracia de América, el espíritu de
vulgaridad no halla ante sí relieves inaccesibles para su fuerza de
ascensión, y se extiende y propaga como sobre la llaneza[24] de una
pampa infinita. * * * La idealidad de lo hermoso no apasiona al
descendiente de los astutos puritanos. Tampoco le apasiona la
idealidad de lo verdadero. Menosprecia[25] todo ejercicio del pensa-
10 miento que prescinda[26] de una inmediata finalidad por vano e
infecundo. No le lleva a la ciencia un desinteresado anhelo de
verdad, ni se ha manifestado ningún caso capaz de amarla por sí
misma. La investigación no es para él sino el antecedente de la
aplicación utilitaria.

15 Sus gloriosos empeños por difundir los beneficios de la educación
popular, están inspirados en el noble propósito de comunicar los
elementos fundamentales del saber al mayor número; pero no nos
revelan que al mismo tiempo que de ese acrecentamiento extensivo
de la educación, se preocupe de seleccionarla y elevarla, para
20 auxiliar el esfuerzo de las superioridades que ambicionen erguirse[27]
sobre la general mediocridad. Así, el resultado de su porfiada[28]
guerra a la ignorancia, ha sido la semicultura universal y una
profunda languidez de la alta cultura. * * *

Inútil sería tender a convencerles de que, aunque la contribución
25 que han llevado a los progresos de la libertad y de la utilidad haya
sido, indudablemente, cuantiosa; y aunque debiera atribuírsele en
justicia la significación de una obra universal, de una obra *humana*,
ella[29] es insuficiente para hacer transmudarse, en dirección al nuevo
Capitolio,[30] el eje[31] del mundo. Inútil sería tender convencerles de
30 que la obra realizada por la perseverante genialidad del ario[32]
europeo, desde que, hace tres mil años, las orillas del Mediterráneo,

24. **llaneza** *flat expanse*
25. **Menosprecia** *He scorns*
26. **prescinda** *dispenses with*
27. **erguirse** *rise up*
28. **porfiada** *persistent*
29. **ella** se refiere a "la contribución"

30. El edificio sobre la colina Capito-
lina en la Roma antigua fue considerado el centro del imperio romano.
31. **eje** *axis*
32. **ario** *Aryan*

civilizador y glorioso, se ciñeron jubilosamente la guirnalda[33] de las ciudades helénicas,[34] la obra que aun continúa realizándose, y de cuyas tradiciones y enseñanzas vivimos, es una suma con la cual no puede formar ecuación la fórmula *Wáshington más Edison*.[35] Ellos aspirarían a revisar el Génesis para ocupar esa primera página. * * *[36]   5

Esperemos que el espíritu de aquel titánico organismo social, que ha sido hasta hoy *voluntad* y *utilidad* solamente, sea también algún día inteligencia, sentimiento, idealidad. Esperemos que, de la enorme fragua,[37] surgirá, en último resultado, el ejemplar humano, generoso, armónico, selecto. . . . Pero no le busquemos ni en la   10 realidad presente de aquel pueblo, ni en la perspectiva de sus evoluciones inmediatas. * * *

33. **guirnalda** *garland*
34. **helénicas** *Grecian*
35. **es una suma . . . Edison** *add up to a total which cannot be equaled by any equation of Washington plus Edison*

36. **Génesis:** el primer libro de la *Santa Biblia.* Esta frase es citada con frequencia, aun hoy día, para caracterizar a los Estados Unidos.
37. **fragua** *forge*

Preguntas

1. Según Rodó, ¿con qué nació el norteamericano?
2. ¿Con qué se compara el desarrollo de la historia norteamericana?
3. ¿Qué han revelado con su organización federal los Estados Unidos?
4. ¿Cómo ha cambiado la actitud hacia el trabajo desde los tiempos antiguos?
5. ¿Cómo califica Rodó la cultura de los Estados Unidos?
6. ¿Qué dos cosas prácticas han contribuido los norteamericanos al mundo?
7. ¿Qué tradición importante se ha guardado en los Estados Unidos?
8. ¿A qué culto pagano se consagran los norteamericanos?
9. ¿Cuál es la nota dominante de la civilización norteamericana?
10. ¿Qué actitud tiene Rodó hacia los Estados Unidos?
11. ¿Por qué es huérfana la civilización norteamericana?
12. Según Rodó, ¿qué opinión de las ideas abstractas tienen los norteamericanos?
13. ¿Cuál es el peligro de la educación popular?
14. Según Rodó, ¿a qué aspiran los norteamericanos?
15. ¿Con qué palabras califica Rodó el espíritu de los Estados Unidos?

Temas

1. El papel de *Ariel* en el pensamiento americano.
2. El simbolismo que se encuentra en *Ariel*.
3. La importancia de la idea de *la utilidad* en la vida norteamericana.
4. Algunas diferencias entre las civilizaciones latinas y las civilizaciones anglosajonas.

Baldomero Lillo (1867–1923)

Los cuentos realistas de Baldomero Lillo tratan de la miseria y de los sufrimientos de los mineros, campesinos y artesanos chilenos. Con su libro *Sub Terra, Cuadros mineros* (1904) Lillo inició la literatura del realismo social en Chile. Influido por la literatura de protesta social de los naturalistas franceses, especialmente Zola, se preocupó 5 con contar y denunciar al mismo tiempo.

Un profundo entendimiento de los desafortunados se destaca siempre en los cuentos de este autor, un hombre que vivió intensa y hondamente muchas páginas de sus libros. Niño enfermizo, de una familia modesta, pasó la juventud en la región de las minas carbo- 10 neras al Sur de Chile, y trabajó en una de las pulperías de la compañía minera. Allí se familiarizó con los dolores de las personas que agotan su vida en las tenebrosas cavernas. Años después se instaló en Santiago a causa de su salud, y con la ayuda de su hermano, el poeta Samuel Lillo, consiguió una oficina universitaria. 15 En aquella época empezó a escribir y obtuvo un éxito inmediato. Además de su primer volumen *Sub Terra*, publicó *Sub Sole* (1907) y muchos cuentos que aparecieron en los periódicos. Murió víctima de tuberculosis.

Su estilo—intenso, narrativo, con detalles palpitantes—muestra 20 imaginación y dramatismo a la vez. Sus mejores cuentos revelan claramente la técnica narrativa que empleó. Siempre empiezan con una situación muy emocionante, continúan hasta llegar a una crisis, y concluyen con un desenlace trágico. Estas tres etapas se ven muy bien en "La compuerta número 12" ("Gate Number 12"), un 25 cuento de rasgo simple pero hondísimo. Es un relato patético que delinea al trabajador manual, un hombre que le entrega a la mina su vida entera, que vegeta en el mismo puesto, que vive urgido por la necesidad. Este hombre no puede educar a sus hijos y nunca podrá mejorar las condiciones de su familia. Los cuentos de Lillo gravitan con frecuencia sobre un detalle central, aquí el niño y la cuerda.

LA COMPUERTA NÚMERO 12

5 Pablo se aferró[1] instintivamente a las piernas de su padre. Zumbábanle los oídos, y el piso que huía debajo de sus pies le producía una extraña sensación de angustia. Creíase precipitado en aquel agujero cuya negra abertura había entrevisto[2] al penetrar en la jaula,[3] y sus grandes ojos miraban con espanto las lóbregas paredes
10 del pozo en el que se hundían con vertiginosa rapidez. En aquel silencioso descenso, sin trepidación ni más ruido que el del agua goteando sobre la techumbre de hierro, las luces de las lámparas parecían prontas a extinguirse y a sus débiles destellos[4] se delineaban vagamente en la penumbra de las hendiduras[5] y partes salientes de
15 la roca: una serie interminable de negras sombras que volaban como saetas hacia lo alto.

Pasado un minuto, la velocidad disminuye bruscamente, los pies asentáronse con más solidez en el piso fugitivo y el pesado armazón[6] de hierro, con un áspero rechinar de goznes y de cadenas,[7] quedó
20 inmóvil a la entrada de la galería.

El viejo tomó de la mano al pequeño y juntos se internaron en el negro túnel. Eran de los primeros en llegar y el movimiento de la mina no empezaba aún. De la galería, bastante alta para permitir al minero erguir su elevada talla, sólo se distinguía parte de la
25 techumbre cruzada por gruesos maderos. Las paredes laterales permanecían invisibles en la oscuridad profunda que llenaba la vasta y lóbrega excavación.

A cuarenta metros del piquete[8] se detuvieron ante una especie de gruta excavada en la roca. Del techo agrietado, de color de hollín,[9]

1. **se aferró** *grasped*
2. **había entrevisto** *he had glimpsed*
3. **jaula** *cage, elevator*
4. **destellos** *gleams*
5. **hendiduras** *clefts*
6. **armazón** *framework*
7. **áspero . . . cadenas** *with a harsh squeaking of hinges and chains*
8. **piquete** *pit*
9. **hollín** *soot*

colgaba un candil de hoja de lata,[10] cuyo macilento resplandor daba
a la estancia la apariencia de una cripta enlutada y llena de sombras. En el fondo, sentado delante de una mesa, un hombre pequeño,
ya entrado en años, hacía anotaciones en un enorme registro. Su
negro traje hacía resaltar la palidez del rostro surcado por profundas   5
arrugas.[11] Al ruido de pasos levantó la cabeza y fijó una mirada
interrogadora en el viejo minero, quien avanzó con timidez, diciendo
con voz llena de sumisión y de respeto:

"Señor, aquí traigo el chico."

Los ojos penetrantes del capataz abarcaron de una ojeada el   10
cuerpecillo endeble[12] del muchacho. Sus delgados miembros y la
infantil inconsciencia del moreno rostro en el que brillaban dos ojos
muy abiertos como de medrosa bestezuela,[13] lo impresionaron des-
favorablemente, y su corazón endurecido por el espectáculo diario
de tantas miserias, experimentó una piadosa sacudida a la vista de   15
aquel pequeñuelo arrancado a sus juegos infantiles y condenado
como tantas infelices criaturas a languidecer miserablemente en las
húmedas galerías, junto a las puertas de ventilación. Las duras
líneas de su rostro se suavizaron y con fingida aspereza le dijo al
viejo, que, muy inquieto por aquel examen, fijaba en él una ansiosa   20
mirada:

"¡Hombre!, este muchacho es todavía muy débil para el trabajo.
¿Es hijo tuyo?"

"Sí, señor."

"Pues debías tener lástima de sus pocos años y antes de enterrarlo   25
aquí, enviarlo a la escuela por algún tiempo."

"Señor," balbuceó la ruda voz del minero, en la que vibraba un
acento de dolorosa súplica, "somos seis en casa y uno solo el que
trabaja. Pablo cumplió ya los ocho años y debe ganarse el pan que
come, y, como hijo de minero, su oficio será el de sus mayores, que   30
no tuvieron nunca otra escuela que la mina."

Su voz opaca y temblorosa se extinguió repentinamente en un
acceso de tos, pero sus ojos húmedos imploraban con tal insistencia
que el capataz, vencido por aquel mudo ruego, llevó a sus labios un

10. **candil . . . lata** *oil lamp of tin*
11. **surcado . . . arrugas** *furrowed with deep wrinkles*
12. **endeble** *weak*
13. **medrosa bestezuela** *scared little animal*

El Teniente, mina de cobre en Sewell, Chile. Los mineros viven con sus familias en pueblos construidos por las compañías mineras. (Corporación de Fomento)

silbato[14] y arrancó de él un sonido agudo que repercutió a lo lejos en la desierta galería. Oyóse un rumor de pasos precipitados y una obscura silueta se dibujó en el hueco de la puerta.

"Juan," exclamó el hombrecillo, dirigiéndose al recién llegado, "lleva este chico a la compuerta número 12, reemplazará al hijo 5 de José, el carretillero,[15] aplastado ayer por la corrida." [16]

Y volviéndose bruscamente hacia el viejo, que empezaba a murmurar una frase de agradecimiento, díjole en tono duro y severo,

"He visto que en la última semana no has alcanzado a los cinco 10 cajones[17] que es el mínimum diario que se exige de cada barretero.[18] No olvides que si esto sucede otra vez, será preciso darte de baja[19] para que ocupe tu sitio otro más activo."

Y haciendo con la diestra un ademán enérgico, lo despidió.

Los tres se marcharon silenciosos y el rumor de sus pisadas fue 15 alejándose poco a poco en la oscura galería. Caminaban entre dos hileras de rieles,[20] cuyas traviesas[21] hundidas en el suelo fangoso trataban de evitar alargando o acortando el paso, guiándose por los gruesos clavos que sujetaban las barras de acero. El guía, un hombre joven aún, iba delante y más atrás con el pequeño Pablo de la mano 20 seguía el viejo con la barba sumida en el pecho, hondamente preocupado. Las palabras del capataz y la amenaza en ellas contenida habían llenado de angustia su corazón. Desde algún tiempo su decadencia era visible para todos, cada día se acercaba más al fatal lindero[22] que una vez traspasado convierte al obrero 25 viejo en un trasto[23] inútil dentro de la mina. En balde desde el amanecer hasta la noche, durante catorce horas mortales, revolviéndose como un reptil en la estrecha *labor*, atacaba la hulla[24] furiosamente, encarnizándose contra el filón inagotable[25] que tantas

---

14. **silbato** *whistle*
15. **carretillero** *wheelbarrow (boy)*
16. **corrida** *haul, load of coal*
17. **cajones** *large boxes* (in which coal is measured)
18. **barretero** *miner*
19. **será . . . baja** *it will be necessary to fire you*

20. **dos . . . rieles** *two lines of rails*
21. **traviesas** *transverse ties*
22. **lindero** *boundary line*
23. **trasto** *nuisance*
24. **hulla** *coal*
25. **encarnizándose . . . inagotable** *hurling himself mercilessly against the in exhaustible vein* (of coal)

generaciones de forzados como él arañaban[26] sin cesar en las entrañas de la tierra.

Pero aquella lucha tenaz y sin tregua convertía muy pronto en viejos decrépitos a los más jóvenes y vigorosos. Allí, en la lóbrega
5 madriguera húmeda y estrecha,[27] encorvábanse las espaldas y aflojábanse los músculos, y como el potro resabiado[28] que se estremece tembloroso a la vista de la vara, los viejos mineros cada mañana sentían tiritar[29] sus carnes al contacto de la vena. Pero el hambre es aguijón más eficaz que el látigo y la espuela, y reanuda-
10 ban taciturnos la tarea agobiadora,[30] y la veta entera, acribillada por mil partes[31] por aquella carcoma humana, vibraba sutilmente, desmoronándose pedazo a pedazo, mordida por el diente cuadrangular del pico, como la arenisca de la ribera a los embates del mar.[32]
15   La súbita detención del guía arrancó al viejo de sus tristes cavilaciones. Una puerta les cerraba el camino en aquella dirección, y en el suelo, arrimado a la pared, había un bulto pequeño cuyos contornos se destacaron confusamente heridos por las luces vacilantes de las lámparas: era un niño de diez años, acurrucado[33] en
20 un hueco de la muralla.

Con los codos en las rodillas y el pálido rostro entre las manos enflaquecidas, mudo e inmóvil, pareció no percibir a los obreros que traspusieron el umbral y lo dejaron de nuevo sumido en la oscuridad. Sus ojos abiertos, sin expresión, estaban fijos obstinada-
25 mente hacia arriba, absortos, tal vez, en la contemplación de un panorama imaginario, que, como el miraje desierto, atraía sus pupilas sedientas de luz, húmedas por la nostalgia del lejano resplandor del día.

Encargado del manejo de esa puerta, pasaba las horas inter-
30 minables de su encierro sumergido en un ensimismamiento[34] doloroso, abrumado por aquella lápida enorme que ahogó para siempre en él la inquietud y grácil movilidad de la infancia, cuyos

26. **arañaban** *scratched out*
27. **lóbrega . . . estrecha** *gloomy, dank and narrow burrow*
28. **potro resabiado** *very wary nag*
29. **tiritar** *shiver*
30. **agobiadora** *oppressive*

31. **la veta . . . partes** *the entire vein, riddled in a thousand places*
32. **como . . . mar** *like the sandiness of the shore by the dashing surf of the sea*
33. **acurrucado** *huddled*
34. **ensimismamiento** *self-absorption*

sufrimientos dejan en el alma que los comprende una amargura
infinita y un sentimiento de execración acerbo por el egoísmo y la
cobardía humanos.

Los dos hombres y el niño, después de caminar algún tiempo por
un estrecho corredor, desembocaron en una alta galería de arrastre,[35] 5
de cuya techumbre caía una lluvia continua de gruesas gotas de
agua. Un ruido sordo y lejano, como si un martillo gigantesco
golpease sobre sus cabezas la armadura[36] del planeta, escuchábase
a intervalos. Aquel rumor, cuyo origen Pablo no acertaba a explicarse, era el choque de las olas en las rompientes de la costa. 10
Anduvieron aún un corto trecho y se encontraron, por fin, delante
de la compuerta número doce.

"Aquí es," dijo el guía, deteniéndose junto a la hoja de tablas
que giraba sujeta a un marco de madera incrustado en la roca.

Las tinieblas eran tan espesas, que las rojizas luces de las lám- 15
paras, sujetas a las viseras de las gorras de cuero, apenas dejaban
entrever aquel obstáculo.

Pablo, que no se explicaba este alto repentino, contemplaba
silencioso a sus acompañantes, quienes, después de cambiar entre
sí algunas palabras breves y rápidas, se pusieron a enseñarle con 20
jovialidad y empeño el manejo de la compuerta. El rapaz, siguiendo
sus indicaciones, la abrió y cerró repetidas veces, desvaneciendo la
incertidumbre del padre, que temía que las fuerzas de su hijo no
bastasen para aquel trabajo.

El viejo manifestó su contento, pasando la callosa mano por la 25
inculta cabellera de su primogénito, quien hasta allí no había
demostrado cansancio ni inquietud. Su juvenil imaginación im-
presionada por aquel espectáculo nuevo y desconocido se hallaba
aturdida, desorientada.[37] Parecíale a veces que estaba en un cuarto
a oscuras y creía ver a cada instante abrirse una ventana y entrar 30
por ella los brillantes rayos del sol, y aunque su inexperto corazon-
cillo no experimentaba ya la angustia que le asaltó en el pozo de
bajada, aquellos mimos y caricias a que no estaba acostumbrado
despertaron su desconfianza.

35. **arrastre** *horizontal opening into the*   37. **aturdida**, **desorientada** *bewil-*
mine   *dered, confused*
36. **armadura** *framework*

Una luz brilló a lo lejos en la galería y luego se oyó el chirrido de las ruedas sobre la vía, mientras un trote pesado y rápido hacía retumbar el suelo.

"¡Es la corrida!" exclamaron a un tiempo los dos hombres.

5 "Pronto, Pablo," dijo el viejo, "a ver cómo cumples tu obligación."

El pequeño, con los puños apretados, apoyó su diminuto cuerpo contra la hoja, que cedió lentamente hasta tocar la pared. Apenas efectuada esta operación, un caballo oscuro, sudoroso y jadeante,
10 cruzó rápido delante de ellos, arrastrando un pesado tren cargado de mineral.

Los obreros se miraron satisfechos. El novato era ya un portero[38] experimentado y el viejo, inclinando su alta estatura, empezó a hablarle zalameramente:[39] él no era ya un chicuelo, como los que
15 quedaban allá arriba, que lloran por nada y están siempre cogidos de las faldas de las mujeres, sino un hombre, un valiente, nada menos que un obrero, es decir, un camarada a quien había que tratar como tal. Y en breves frases le dio a entender que les era forzoso dejarlo solo; pero que no tuviese miedo, pues había en la mina
20 muchísimos otros de su edad, desempeñando el mismo trabajo; que él estaba cerca y vendría a verlo de cuando en cuando, y una vez terminada la faena,[40] regresarían juntos a casa.

Pablo oía aquello con espanto creciente, y por toda respuesta se cogió con ambas manos de la blusa del minero. Hasta entonces no
25 se había dado cuenta exacta de lo que se exigía de él. El giro inesperado que tomaba lo que creyó un simple paseo le produjo un miedo cerval,[41] y dominado por un deseo vehementísimo de abandonar aquel sitio, de ver a su madre y a sus hermanos y de encontrarse otra vez a la claridad del día, sólo contestaba a las afectuosas
30 razones de su padre con un "¡Vamos!" quejumbroso y lleno de miedo. Ni promesas ni amenazas lo convencían y el "¡Vamos, padre!" brotaba de sus labios cada vez más dolorido y apremiante.

Una violenta contrariedad se pintó en el rostro del viejo minero,

---

38. **el novato . . . portero** *the begin-*   40. **faena** *task*
ner was a gatekeeper   41. **cerval** *deerlike*
39. **zalameramente** *flatteringly*

pero al ver aquellos ojos llenos de lágrimas, desolados y suplicantes, levantados hacia él, su naciente cólera se trocó en una piedad infinita: ¡era todavía tan débil y pequeño! Y el amor paternal adormecido en lo íntimo de su ser recobró de súbito su fuerza avasalladora.   5

El recuerdo de su vida, de esos cuarenta años de trabajos y sufrimientos se presentó de repente a su imaginación, y con honda congoja[42] comprobó que de aquella labor inmensa sólo le restaba un cuerpo exhausto que tal vez muy pronto arrojarían de la mina como un estorbo,[43] y al pensar que idéntico destino aguardaba a la triste 10 criatura, le acometió de improviso un deseo imperioso de disputar su presa a ese monstruo insaciable que arrancaba del regazo de las madres los hijos apenas crecidos para convertirlos en esos parias,[44] cuyas espaldas reciben con el mismo estoicismo el golpe brutal del amo y las caricias de la roca en las inclinadas galerías.   15

Pero aquel sentimiento de rebelión que empezaba a germinar en él, se extinguió repentinamente ante el recuerdo de su pobre hogar y de los seres hambrientos y desnudos de los que era el único sostén, y su vieja experiencia le demostró lo insensato de su quimera.[45] La mina no soltaba nunca al que había cogido y, como 20 eslabones nuevos, que se substituyen a los viejos y gastados de una cadena sin fin, allí abajo, los hijos sucedían a los padres y en el hondo pozo el subir y bajar de aquella marea viviente no se interrumpía jamás. Los pequeñuelos, respirando el aire emponzoñado de la mina, crecían raquíticos, débiles, paliduchos, pero había que 25 resignarse, pues para eso habían nacido.

Y con resuelto ademán, el viejo desenrolló de su cintura una cuerda delgada y fuerte, y a pesar de la resistencia y súplicas del niño, lo ató con ella por mitad del cuerpo y aseguró, en seguida, la otra extremidad en un grueso perno[46] incrustado en la roca. Tro- 30 zos de cordel adherido a aquel hierro indicaban que no era la primera vez que prestaba un servicio semejante.

La criatura, medio muerta de terror, lanzaba gritos penetrantes

42. **congoja** *anguish*
43. **estorbo** *hindrance*
44. **parias** *pariahs* (outcasts)

45. **quimera** *chimera* (wild fancy)
46. **perno** *metal bolt*

de pavorosa angustia y hubo que emplear la violencia para arran-
carle de entre las piernas del padre, a las que se había asido con
todas sus fuerzas. Sus ruegos y clamores llenaban la galería, sin
que la tierna víctima, más desdichada que el bíblico Isaac, oyese
5 una voz amiga que detuviera el brazo paternal armado contra su
propia carne, por el crimen y la iniquidad de los hombres.

Sus voces llamando al viejo que se alejaba tenían acentos tan
desgarradores,[47] tan hondos y vibrantes, que el infeliz padre sintió
de nuevo flaquear su resolución. Mas aquel desfallecimiento sólo
10 duró un instante, y tapándose los oídos para no escuchar aquellos
gritos que le atenaceaban las entrañas,[48] apresuró la marcha apar-
tándose de aquel sitio. Antes de abandonar la galería, se detuvo un
instante y escuchó una vocecilla tenue como un soplo, que clamaba
allá muy lejos, debilitada por la distancia: "¡Madre! ¡Madre!"
15 Entonces echó a correr como un loco, acosado por el doliente
vagido,[49] y no se detuvo sino cuando se halló delante de la veta, a la
vista de la cual su dolor se convirtió de pronto en furiosa ira, y,
empuñando el mango del pico,[50] la ataco rabiosamente. En el duro
bloque caían los golpes como espesa granizada sobre sonoros cris-
20 tales, y el diente de acero se hundía en aquella masa negra y brillante, arrancando trozos enormes que se amontonaban entre las
piernas del obrero, mientras un polvo espeso cubría como un velo
la vacilante luz de la lámpara.

Las cortantes aristas del carbón[51] volaban con fuerzas, hiriéndole
25 el rostro, el cuello y el pecho desnudo. Hilos de sangre mezclábanse
al copioso sudor que inundaba su cuerpo, que penetraba como
una cuña[52] en la brecha abierta, ensanchándola con el afán del
presidiario[53] que horada[54] el muro que lo oprime; pero sin la esperanza que alienta y fortalece al prisionero: hallar al fin de la jornada
30 una vida nueva, llena de sol, de aire y de libertad.

---

47. **desgarradores** *heart-rending*
48. **atenaceaban . . . entrañas** *were tearing out his heart*
49. **acosado . . . vagido** *harassed by the sad uneasiness*
50. **empuñando . . . pico** *grasping the handle of his pick*
51. **Las . . . carbón** *The cutting edges of the coal*
52. **cuña** *wedge*
53. **presidiario** *convict*
54. **horada** *digs into*

Preguntas

1. ¿Por qué se hallaba Pablo en la mina?
2. ¿Quién era el hombre pequeño?
3. ¿Por qué experimentó una piadosa sacudida el corazón de este hombre?
4. Según él, ¿dónde debe hallarse el niño Pablo?
5. ¿Por qué era necesario que trabajara Pablo en la mina?
6. ¿Qué será preciso hacer si el padre de Pablo no alcanza los cinco cajones de carbón?
7. ¿Durante cuántas horas trabajaban los mineros?
8. ¿Cómo era el niño de diez años que vieron Pablo y su padre?
9. ¿Cómo pasaba las horas interminables este chico?
10. ¿Qué efecto tenía el amor paternal en el padre de Pablo?
11. ¿Qué destruyó este efecto?
12. ¿Qué hizo el padre con la cuerda?
13. ¿Por qué lanzó Pablo sus gritos de terror?
14. ¿Qué hizo el padre para no escuchar estos gritos?
15. ¿Por qué trabajaba tan rápida y furiosamente el padre de Pablo?

Temas

1. El paseo de Pablo por la mina.
2. La lucha por la vida de los mineros.
3. La familia de Pablo.
4. El dolor y el miedo de Pablo en la mina, después de dejarle su padre.
5. Los sentimientos del padre después de dejar a su hijo.

Ricardo Güiraldes (1886–1927)

Ricardo Güiraldes, poeta y novelista argentino, pasó su niñez entre los gauchos en la estancia de su familia, La Porteña. Llegó a ser hombre de gran cultura; estudió en Europa y hacía frecuentes viajes al extranjero. Admiraba mucho a los simbolistas franceses,
5 y en su estilo Güiraldes se presenta como poeta de tendencias de vanguardia. Le gustaba usar un lenguaje impresionista y una prosa poética. Sus primeras obras, poco distinguidas, muestran estos elementos. Sus novelas, *Raucho* (1917) y *Rosaura* (1922), tienen tendencias ultraístas pero contienen la simiente de su obra maestra.
10 *Xamaica* (1923) es una novela típica de su lirismo brillante, pero carece del sentimiento hondo y del interés perdurable que se ve poco después en *Don Segundo Sombra*.

Con su publicación en 1926 *Don Segundo Sombra* tuvo un éxito inmediato. Aquí Güiraldes dirigió su talento hacia la tradición
15 argentina del gaucho. Su concepto de esta figura poética, idealizada, más bien un mito que un ser humano, le permitió tratar un tema regional con las técnicas de la nueva generación. Esta combinación del estilo moderno con los sentimientos tradicionales idealizados resultó de una originalidad saliente en una obra maestra. *Don*
20 *Segundo Sombra* ganó un lugar permanente como clásico argentino por sus méritos como obra de arte y por su interpretación del gaucho. Don Segundo, igual que Martín Fierro en otra generación, es el gaucho ideal, el símbolo de la pampa. Desgraciadamente murió Güiraldes poco después de la publicación de su obra.
25 En las selecciones que aquí se encuentran de *Cuentos de muerte y sangre* (1915) se puede ver el ambiente rural primitivo y los elementos psicológicos que anuncian los rasgos distintivos de Güiraldes en su obra maestra. Tiene este autor una rara penetración y entendimiento de los temas nativos argentinos.

LA DEUDA MUTUA

Don Regino Palacios y su mujer habían adoptado a los dos muchachos como cumpliendo una obligación impuesta por el destino. Al fin y al cabo no tenían hijos y podrían criar esa yunta de cachorros,[1] pues abundaba carne y hubiesen considerado un crimen abandonarlos en manos de aquel padre borracho y pendenciero.[2]   5
"Déjelos, no más, y Dios lo ayude," contestaron simplemente.

Sobre la vida tranquila del rancho pasaron los años. Los muchachos crecieron, y don Regino quedó viudo sin acostumbrarse a la soledad.

Los cuartos estaban más arreglados que nunca; el dinero sobraba   10
casi para la manutención,[3] y sólo faltaba una presencia femenina entre los tres hombres.

El viejo volvió a casarse. En la intimidad estrecha · de aquella vida pronto se normalizó la primera extrañeza de un recomienzo de cosas,[4] y la presente reemplazó a la muerta con miras e ideas   15
símiles.

Juan, el mayor, era un hombre de carácter decidido, aunque callado en las conversaciones fogoneras.[5] Marcos, más bullanguero[6] y alegre, cariñoso con sus bienhechores.

Y un día fue el asombro de una tragedia repentina. Juan se   20
había ido con la mujer del viejo.

Don Regino tembló de ira ante la baja traición y pronunció palabras duras delante del hermano, que, vergonzoso, trataba de amenguarla con pruebas de cariño y gratitud.

Entonces comenzó el extraño vínculo que había de unir a los   25
dos hombres en común desgracia. Se adivinaron, y no se separaban para ningún quehacer; principalmente cuando se trataba de arreos[7] a los corrales, andanzas penosas para el viejo. Marcos siempre hallaba modo de acompañarle, aunque no le hubiesen tratado para el viaje.   30

1. **yunta de cachorros** *pair of cubs*
2. **pendenciero** *quarrelsome*
3. **manutencion** *maintenance*
4. **primera . . . cosas** *first strangeness of a new beginning of things*

5. **fogoneras** *fireside*
6. **bullanguero** *turbulent*
7. **se trataba de arreos** *was a question of cattle drives*

Gauchos de Santa Rosa, cuidad importante de las pampas de la Argentina. (Three Lions)

Juan hizo vida vagabunda y se conchabó[8] por temporadas donde quisieran tomarlo, mientras la mujer se encanallaba[9] en el pueblo.

Fatalmente, se encontraron en los corrales. El prurito[10] de no
5 retroceder ante el momento decisivo los llevó al desenlace[11] sangriento.

El viejo había dicho:

"No he de buscarlo, pero que no se me atraviese en el camino."[12]

Juan conocía el dicho, y no quiso eludir el cumplimiento[13] de la
10 amenaza.

Las dagas chispearon odio en encuentros furtivos buscando el claro para hendir la carne, los ponchos estopaban[14] los golpes y ambos paisanos reían la risa de muerte.

8. **se conchabó** *hired himself out*
9. **se encanallaba** *associated with low company*
10. **prurito** *urge*
11. **desenlace** *outcome*
12. **pero . . . camino** *don't let him cross my path*
13. **cumplimiento** *fulfillment*
14. **estopaban** *padded*

Juan quedó tendido.[15] El viejo no trató de escapar a la justicia,
y Marcos juró sobre el cadáver la venganza.

Seis años de presidio. Seis años de tristeza sorbida,[16] día a día,
como un mate de dolor.[17]

Marcos se hizo sombrío, y cuanto más se acortaba el plazo, 5
menos pensaba en la venganza jurada sobre el muerto.

"Pobre viejo, arrinconado[18] por la desgracia."

Don Regino cumplió la condena. Recordaba el juramento de
Marcos.

Volvió a sus pagos,[19] encontró quehacer, y los domingos, cuando 10
todos reían, contrajo la costumbre de aturdirse con bebidas.

En la pulpería fue donde vio a Marcos y esperó el ataque,
dispuesto a simular defensa hasta caer apuñalado.

El muchacho estaba flaco; con la misma sonrisa infantil que el
viejo había querido, se aproximó, quitándose el chambergo[20] 15
respetuosamente:

"¿Cómo le va, don Regino?"

"¿Cómo te va, Marcos?"

Y ambos quedaron con las manos apretadas, la cabeza floja,[21]
dejando en torno a sus rostros llorar la melena.[22] Lo único que 20
podía llorar en ellos.

Yo he conocido a esa pareja unida por el engaño y la sangre
más que dos enamorados fieles.

Y los domingos, cuando la semana ríe, vuelven al atardecer,[23]
ebrio el viejo, esclavo el muchacho de aquel dolor incurable, bajas 25
las frentes, como si fueran buscando en las huellas del camino la
traición y la muerte que los acallara[24] para siempre.

---

15. quedó tendido *was stretched out* (killed)
16. **sorbida** *swallowed*
17. **como . . . dolor** *like the bitter tea of sorrow*
18. **arrinconado** *cornered*
19. **pagos** *districts*
20. **chambergo** *hat*. El sombrero típico que usan los gauchos argentinos es un sombrero blando de ala ancha que se conoce como *schomberg* en inglés. Hubo un regimiento schomberg in Madrid en el siglo XVIII.
21. **floja** *hanging*
22. **dejando . . . melena** *letting their long hair weep* (droop) *over their faces*
23. **al atardecer** *in the evening*
24. **los acallara** *would silence them*

EL POZO

Sobre el brocal desdentado del viejo pozo,[1] una cruz de palo[2] roída por la carcoma[3] miraba en el fondo su imagen simple.
Todo una historia trágica.

Hacía mucho tiempo, cuando fue recién herida la tierra y pura
5 el agua como sangre cristalina, un caminante sudoroso se sentó en el borde de piedra para descansar su cuerpo y refrescar la frente con el aliento que subía del tranquilo redondel.[4]

Allí le sorprendieron el cansancio, la noche y el sueño; su espalda resbaló al apoyo y el hombre se hundió, golpeando blandamente
10 en las paredes hasta romper la quietud del disco puro.

Ni tiempo para dar un grito o retenerse en las salientes,[5] que le rechazaban brutalmente después del choque. Había rodado llevando consigo algunos pelmazos de tierra pegajosa.[6]

Aturdido por el golpe, se debatió[7] sin rumbo en el estrecho
15 cilindro líquido hasta encontrar la superficie. Sus dedos espasmódicos, en el ansia agónica de sostenerse, horadaron el barro rojizo.[8] Luego quedó exánime, sólo emergida la cabeza, todo el esfuerzo de su ser concentrado en recuperar el ritmo perdido de su respiración.

Con su mano libre tanteó el cuerpo, en que el dolor nacía con la
20 vida.

Miró hacia arriba: el mismo redondel de antes, más lejano, sin embargo, y en cuyo centro la noche hacía nacer una estrella tímidamente.

Los ojos se hipnotizaron en la contemplación del astro pequeño,
25 que dejaba, hasta el fondo, caer su punto de luz.

Unas voces pasaron no lejos, desfiguradas, tenues; un frío le mordió del agua y gritó un grito que, a fuerza de terror, se le quedó en la boca.

Hizo un movimiento y el líquido onduló en torno, denso como

1. **brocal** . . . **pozo** *the aged curb of the old well*
2. **palo** *wood*
3. **carcoma** *woodborer*
4. **redondel** *circular opening*
5. **retenerse** . . . **salientes** *to support* *himself upon the projecting stones*
6. **pelmazos** . . . **pegajosa** *lumps of sticky earth*
7. **se debatió** *he battled*
8. **horadaron** . . . **rojizo** *dug holes in the reddish clay*

mercurio. Un pavor místico contrajo sus músculos, e impelido por esa nueva y angustiosa fuerza, comenzó el ascenso, arrastrándose a lo largo del estrecho tubo húmedo; unos dolores punzantes abriéndole las carnes, mirando el fin siempre lejano como en las pesadillas.[9]

Más de una vez, la tierra insegura cedió a su peso, crepitando[10] abajo en lluvia fina; entonces suspendía su acción tendido de terror, vacío el pecho, y esperaba inmóvil la vuelta de sus fuerzas.

Sin embargo, un mundo insospechado de energías nacía a cada paso; y como por impulso adquirido maquinalmente, mientras se sucedían las impresiones de esperanza y desaliento, llegó al brocal, exhausto, incapaz de saborear el fin de sus martirios.

Allí quedaba, medio cuerpo de fuera, anulada la voluntad por el cansancio,[11] viendo delante suyo la forma de un aguaribay[12] como cosa irreal. . . .

Alguien pasó ante su vista, algún paisano del lugar seguramente, y el moribundo alcanzó a esbozar[13] un llamado. Pero el movimiento de auxilio que esperaba fue hostil. El gaucho, luego de santiguarse, resbalaba del cinto su facón,[14] cuya empuñadura, en cruz, tendió hacia el maldito.

El infeliz comprendió: hizo el último y sobrehumano esfuerzo para hablar; pero una enorme piedra vino a golpearle en la frente, y aquella visión de infierno desapareció como sorbida por la tierra.

Ahora todo el pago conoce el pozo maldito, y sobre su brocal, desdentado por los años de abandono, una cruz de madera semipodrida defiende a los cristianos contra las apariciones del malo.

9. **pesadillas** *nightmares*	12. **aguaribay** *pepper tree*
10. **crepitando** *falling noisily*	13. **esbozar** *to voice*
11. **anulada . . . cansancio** *his will dulled by weariness*	14. **facón** *a long Gaucho knife*

Preguntas

LA DEUDA MUTUA

1. ¿Cuántos hijos tenía don Regino y cómo se llamaban?
2. ¿Cómo eran sus hijos?
3. ¿Qué hicieron Juan y la esposa de don Regino?
4. ¿Quién quedó tendido después de la batalla entre padre e hijo?
5. ¿Qué se hizo con don Regino?
6. ¿Durante cuántos años quedó en presidio don Regino?
7. ¿Cómo vivían padre e hijo después de salir don Regino del presidio?

EL POZO

1. ¿Por qué se sentó el caminante en el brocal del pozo?
2. ¿Por qué se dejó caer en el pozo?
3. ¿Qué vió desde el fondo del pozo?
4. ¿Cómo podía arrastrarse a lo largo del pozo?
5. ¿Adónde llegó al fin de sus esfuerzos?
6. ¿Qué hizo el gaucho al ver al hombre saliendo del pozo?
7. ¿Qué hizo este gaucho después?
8. ¿Por qué se llama este pozo el pozo maldito?

Temas

1. La adopción de Juan y Marcos por Don Regino.
2. La vida de Marcos y don Regino después de la fuga de Marcos.
3. La lucha por la vida del caminante en el pozo.
4. La superstición del gaucho que lo atacó.

Horacio Quiroga (1878–1937)

Al uruguayo Quiroga, figura cumbre en la cuentística[1] hispanoamericana, se le ha llamado el Edgar Allan Poe de la ficción
suramericana, debido a la gran influencia que recibió del norteamericano. Quiroga basó varias historias en las de Poe, como por
ejemplo en el caso de uno de sus libros más famosos, *Cuentos de amor,*   5
de locura y de muerte (1917). Sin embargo, siguió otros senderos[2]
exóticos en sus escritos. Además de ser cosmopolita, se le puede
considerar como el fundador del "criollismo," la tendencia de
cultivar temas, ambientes y detalles típicamente nativos, americanos. Pasó muchos años en la selva[3] exótica y magnífica del Chaco   10
y Misiones, en la Argentina. En este ambiente produjo cuentos
fantásticos y horripilantes sobre los bosques tropicales, los ríos
salvajes y las bestias feroces, descritos con imaginación y poder
inusitados.[4] Les impresiona a todos el extraño y conmovedor cuento
de una gran serpiente que en las páginas de Quiroga adquiere   15
una dimensión humana al hacer frente a[5] los desafíos de la selva y
muere finalmente en una batalla escalofriante[6] con las víboras. Se
conoce este cuento bajo el título de *Anaconda* y fue publicado en 1921.
Es fácil percibir aquí la influencia de Rudyard Kipling, influencia
aun más manifiesta en una colección de primorosas historias que   20
Quiroga escribió para los niños: *Cuentos de la selva para niños* (1918).
   Quiroga posee también una gran fuerza narrativa en los cuentos
de horror, y pocos le han superado en esta clase de narraciones
breves. Algunos tratan del fascinante efecto de terror producido por
lo anormal y la locura.   25

1. **figura . . . cuentística** *top figure in*   4. **inusitados** *unusual*
short-story writing   5. **hacer frente a** *facing*
2. **senderos** *paths*   6. **escalofriante** *chilling, hair-raising*
3. **selva** *jungle(s)*

El cuento que sigue es un buen ejemplo de la preocupación principal del autor: la muerte, que se cierne[7] constantemente sobre sus personajes, sean seres humanos o sean animales. La actitud hacia la muerte no es nada sentimental ni dramática; es una muerte acciden-
5 tal, súbita, pero siempre tan despiadada[8] como inevitable. Como dice el poeta español Jorge Manrique a fines del siglo XV en sus famosas *Coplas*: ". . . cómo se viene la muerte tan callando."

7. **se cierne** *hovers*   8. **despiadada** *pitiless*

EL HOMBRE MUERTO

El Hombre y su machete acababan de limpiar la quinta calle del bananal.[1] Faltábanles aún dos calles; pero como en éstas abundaban
10 las chircas[2] y malvas silvestres,[3] la tarea que tenían por delante era muy poca cosa. El hombre echó, en consecuencia, una mirada satisfecha a los arbustos rozados,[4] y cruzó el alambrado[5] para tenderse un rato en la gramilla.

Mas al bajar el alambre de púa[6] y pasar el cuerpo, su pie iz-
15 quierdo resbaló sobre un trozo de corteza desprendida del poste, a tiempo que el machete se le escapaba de la mano. Mientras caía, el hombre tuvo la impresión sumamente lejana de no ver el machete de plano[7] en el suelo.

Ya estaba tendido en la gramilla,[8] acostado sobre el lado derecho,
20 tal como él quería. La boca, que acababa de abrírsele en toda su extensión, acababa también de cerrarse. Estaba como hubiera deseado estar, las rodillas dobladas y la mano izquierda sobre el pecho. Sólo que tras el antebrazo,[9] e inmediatamente por debajo del cinto, surgían de su camisa el puño y la mitad de la hoja del
25 machete; pero el resto no se veía.

El hombre intentó mover la cabeza, en vano. Echó una mirada de reojo a la empuñadura[10] del machete, húmeda aún del sudor

1. **quinta . . . bananal** *fifth lane in the banana plantation*
2. **chircas** *euphorbias, tropical trees*
3. **malvas silvestres** *wild mallows*
4. **arbustos rozados** *bushes cleaned out*
5. **alambrado** *wire fence*
6. **alambre de púa** *barbed wire*
7. **de plano** *flat*
8. **gramilla** *grass*
9. **antebrazo** *forearm*
10. **mirada . . . empuñadura** *sidelong glance at the handle*

de su mano. Apreció mentalmente la extensión y la trayectoria del machete dentro de su vientre, y adquirió, fría, matemática e inexorable, la seguridad de que acababa de llegar al término de su existencia.

La muerte. En el transcurso de la vida se piensa muchas veces 5 en que un día, tras años, meses, semanas y días preparatorios, llegaremos a nuestro turno al umbral de la muerte. Es la ley fatal, aceptada y prevista; tanto, que solemos dejarnos llevar placenteramente[11] por la imaginación a ese momento, supremo entre todos, en que lanzamos el último suspiro.   10

Pero entre el instante actual y esa postrera expiración, ¡qué de sueños, trastornos,[12] esperanzas y dramas presumimos en nuestra vida! ¡Qué nos reserva aún esta existencia llena de vigor, antes de su eliminación del escenario humano!

Es éste el consuelo, el placer y la razón de nuestras divagaciones 15 mortuorias:[13] ¡Tan lejos está la muerte, y tan imprevisto lo que debemos vivir aún!

¿Aún? . . . No han pasado dos segundos: el sol está exactamente a la misma altura; las sombras no han avanzado un milímetro. Bruscamente, acaban de resolverse para el hombre tendido las di- 20 vagaciones a largo plazo:[14] Se está muriendo.

Muerto. Puede considerarse muerto en su cómoda postura.

Pero el hombre abre los ojos y mira. ¿Qué tiempo ha pasado? ¿Qué cataclismo ha sobrevivido en el mundo? ¿Qué trastorno de la naturaleza trasuda[15] el horrible acontecimiento?   25

Va a morir. Fría, fatal e ineludiblemente, va a morir.

El hombre resiste —¡es tan imprevisto ese horror! Y piensa: Es una pesadilla; ¡esto es! ¿Qué ha cambiado? Nada. Y mira: ¿No es acaso ese bananal su bananal? ¿No viene todas las mañanas a limpiarlo? ¿Quién lo conoce como él? Ve perfectamente el bananal, 30 muy raleado,[16] y las anchas hojas desnudas al sol. Allí están, muy cerca, deshilachadas[17] por el viento. Pero ahora no se mueven. . . . Es la calma del mediodía; pero deben ser las doce.

11. **placenteramente** *pleasantly*
12. **trastornos** *upsets*
13. **divagaciones mortuorias** *musings about death*
14. **a largo plazo** *long-term*
15. **trasuda** *is exuding, sweating through*
16. **raleado** *thinned out*
17. **deshilachadas** *tattered, shredded*

Cosechando las bananas cerca de Bananera, Guatemala. (United Fruit Company)

Por entre los bananos, allá arriba, el hombre ve desde el duro suelo el techo rojo de su casa. A la izquierda, entreví el monte y la capuera de canelas.[18] No alcanza a ver más, pero sabe muy bien que a sus espaldas está el camino al puerto nuevo; y que en la
5 dirección de su cabeza, allá abajo, yace en el fondo del valle el Paraná dormido como un lago. Todo, todo exactamente como siempre; el sol de fuego, el aire vibrante y solitario, los bananos inmóviles, el alambrado de postes muy gruesos y altos que pronto tendrá que cambiar. . . .
10 ¡Muerto! ¿Pero es posible? ¿No es éste uno de los tantos días en que ha salido al amanecer de su casa con el machete en la mano? ¿No está allí mismo con el machete en la mano? ¿No está allí mismo,

18. **capuera de canelas** *thicket of cinnamon trees*

a cuatro metros de él, su caballo, su malacara,[19] oliendo parsimonio-
samente el alambre de púa?

¡Pero sí! Alguien silba. . . . No puede ver, porque está de
espaldas al camino; mas siente resonar en el puentecito los pasos
del caballo. . . . Es el muchacho que pasa todas las mañanas hacia 5
el puerto nuevo, a las once y media. Y siempre silbando. . . .
Desde el poste descascarado[20] que toca casi con las botas, hasta el
cerco vivo de monte[21] que separa el bananal del camino, hay
quince metros largos. Lo sabe perfectamente bien, porque él mismo,
al levantar el alambrado, midió la distancia.   10

¿Qué pasa, entonces? ¿Es ése o no un natural mediodía de los
tantos en Misiones, en su monte, en su potrero,[22] en el bananal ralo?
¡Sin duda! Gramilla corta, conos de hormigas, silencio, sol a
plomo. . . .

Nada, nada ha cambiado. Sólo él es distinto. Desde hace dos 15
minutos su persona, su personalidad viviente, nada tiene ya que
ver ni con el potrero, que formó él mismo a azada, durante cinco
meses consecutivos; ni con el bananal, obra de sus solas manos. Ni
con su familia. Ha sido arrancado bruscamente, naturalmente, por
obra de una cáscara lustrosa[23] y un machete en el vientre. Hace dos 20
minutos: Se muere.

El hombre, muy fatigado y tendido en la gramilla sobre el
costado derecho, se resiste siempre a admitir un fenómeno de esa
trascendencia, ante el aspecto normal y monótono de cuanto mira.
Sabe bien la hora: las once y media. . . . El muchacho de todos 25
los días acaba de pasar el puente.

¡Pero no es posible que haya resbalado! . . . El mango de su
machete (pronto deberá cambiarlo por otro; tiene ya poco vuelo[24])
estaba perfectamente oprimido entre su mano izquierda y el
alambre de púa. Tras diez años de bosque, él sabe muy bien cómo 30
se maneja un machete de monte. Está solamente muy fatigado del
trabajo de esa mañana, y descansa un rato como de costumbre.

¿La prueba? . . . ¡Pero esa gramilla que entra ahora por la

19. **malacara** *horse* (with a vertical   22. **potrero** *cattle lot, pasture*
white stripe from forehead to nostrils)   23. **cáscara lustrosa** *slick piece of bark*
20. **descascarado** *with the bark peeled off*   24. **tiene . . . vuelo** *it is worn out*
21. **cerco . . . monte** *live brush hedge*

comisura[25] de su boca la plantó él mismo, en panes de tierra[26] distantes un metro uno de otro! ¡Y ése es su bananal; y ése es su malacara, resoplando cauteloso[27] ante las púas del alambre! Lo ve perfectamente; sabe que no se atreve a doblar la esquina del
5 alambrado, porque él está echado casi al pie del poste. Lo distingue muy bien; y ve los hilos oscuros de sudor que arrancan de la cruz y del anca.[28] El sol cae a plomo, y la calma es muy grande, pues ni un fleco[29] de los bananos se mueve. Todos los días, como *ése*, ha visto las mismas cosas.
10   . . . Muy fatigado, pero descansa solo. Deben de haber pasado ya varios minutos . . . Y a las doce menos cuarto, desde allá arriba, desde el chalet de techo rojo, se desprenderán[30] hacia el bananal su mujer y sus dos hijos, a buscarlo para almorzar. Oye siempre, antes que las demás, la voz de su chico menor que quiere soltarse de la
15 mano de su madre: ¡Piapiá! ¡Piapiá![31]
    ¿No es eso? . . . ¡Claro, oye! Ya es la hora. Oye efectivamente la voz de su hijo . . .
    ¡Qué pesadilla! . . . ¡Pero es uno de los tantos días, trivial como todos, claro está! Luz excesiva, sombras amarillentas, calor
20 silencioso de horno sobre la carne, que hace sudar al malacara inmóvil ante el bananal prohibido.
    . . . Muy cansado, mucho, pero nada más. ¡Cuántas veces, a mediodía como ahora, ha cruzado volviendo a casa ese potrero, que era capuera cuando él llegó, y antes había sido monte virgen!
25 Volvía entonces, muy fatigado también, con su machete pendiente de la mano izquierda, a lentos pasos.
    Puede aun alejarse con la mente, si quiere; puede si quiere abandonar un instante su cuerpo y ver desde el tajamar[32] por él construido, el trivial paisaje de siempre: el pedregullo[33] volcánico
30 con gramas rígidas; el bananal y su arena roja: el alambrado empequeñecido en la pendiente,[34] que se acoda hacia el camino.

25. **comisura** *corner*
26. **panes de tierra** *sod*
27. **resoplando cauteloso** *snorting warily*
28. **de la cruz** : . . **anca** *from his withers and his rump*
29. **fleco** *ragged edge* (of leaves)
30. **se desprenderán** *will detach themselves, will come out*
31. **Piapiá** *papa, daddy*
32. **tajamar** *dam, dike*
33. **pedregullo** *rocky soil*
34. **pendiente** *slope*

Y más lejos aún ver el potrero, obra sola de sus manos. Y al pie de un poste descascarado, echado sobre el costado derecho y las piernas recogidas, exactamente como todos los días, puede verse a él mismo, como un pequeño bulto asoleado[35] sobre la gramilla— descansando, porque está muy cansado . . .   5

Pero el caballo rayado[36] de sudor, e inmóvil de cautela ante el esquinado[37] del alambrado, ve también al hombre en el suelo y no se atreve a costear el bananal, como desearía. Ante las voces que ya están próximas—¡Piapiá!—vuelve un largo, largo rato las orejas inmóviles al bulto: y tranquilizado al fin, se decide a pasar 10 entre el poste y el hombre tendido—que ya ha descansado.

35. **bulto asoleado** *sun-covered shape*   37. **esquinado** *corner*
36. **rayado** *streaked*

Preguntas

1. ¿En qué país nació Horacio Quiroga?
2. ¿De qué autor norteamericano recibió mucha influencia?
3. ¿Dónde pasó muchos años de su vida?
4. En general, ¿cómo son sus cuentos?
5. ¿De qué trata el cuento *Anaconda*?
6. ¿Dónde se nota la influencia de Rudyard Kipling?
7. ¿Cuál es la preocupación principal de Quiroga?
8. ¿Cuál es su actitud hacia la muerte?
9. ¿Con qué limpió el hombre las calles de su bananal?
10. ¿Dónde quería tenderse?
11. ¿Sobre qué resbaló su pie izquierdo?
12. ¿Qué surgía de su camisa?
13. ¿Qué vió de reojo?
14. ¿De qué tenía la seguridad?
15. ¿Cómo puede considerarse ahora?
16. ¿Qué ha deshilachado las hojas?
17. ¿Qué nota el hombre en este mediodía?
18. ¿Qué tiene en el vientre?
19. ¿Qué voz oye?
20. ¿Por dónde se decide a pasar el malacara?
21. Mientras tanto, ¿qué ha hecho el hombre?

Temas

1. Las ideas de Vd. sobre la muerte improvista y súbita.
2. Sus impresiones de la selva suramericana.
3. La tragedia de la familia del hombre.
4. La reacción del caballo.
5. Su opinión sobre el arte literario de este cuento.

Eduardo Barrios (1884–1963)

Estilista brillante de la novela psicológica, el chileno Eduardo Barrios es uno de los grandes maestros contemporáneos de la literatura emocional. Después de una juventud en el Perú, tierra natal de su madre, Barrios se dedicó a una existencia vagabunda, durante la cual trabajó en oficios innumerables. Fue explorador en Colla- 5 huasi, entregaba máquinas a una fábrica de hielo en Guayaquil, vendía estufas en Buenos Aires y en Montevideo,—hasta viajó con un circo y apareció como levantador de pesas. Por fin volvió a Santiago y se consagró a la literatura. También fue Director de la Biblioteca Nacional y Ministro de Educación. 10

Escribió cuentos y dramas, pero adquirió su reputación con sus tres novelas: *El niño que enloqueció de amor* (1915), el diario íntimo de un caso de psicología infantil; *Un perdido* (1917), un análisis de carácter y un documento social; y *El hermano asno* (1922), que trata de los tormentos místicos de un monje. Menos conocidas son dos 15 obras más recientes: *Tamarugal* (1944) que trata de la vida chilena en el norte, y *Gran señor y rajadiablos* (1948), una evocación de la vida de un proprietario rico frente al panorama social a fines del siglo diez y nueve y a principios del veinte. Su última novela es *Los hombres del hombre* (1950), otro estudio de tipo psicológico. 20

En su temperamento Barrios se muestra romántico y sentimental Su estilo es elegante, aunque sencillo. Tiene a veces una calidad musical y transparente. En *El hermano asno*, su obra maestra, el autor se supera a sí mismo como delineador de emociones. Pinta las crisis emocionales, las luchas interiores de dos sacerdotes, y por 25 fin la locura en una novela notablemente hermosa.

En el cuento, más o menos frívolo, "Como hermanas," se nota el subjetivismo que utiliza Barrios al desarrollar sus personajes.

COMO HERMANAS

Eran las nueve de la noche.

Un húmedo olor de agua y vinagre aromático refrescaba la atmósfera tibia. El cuarto, a causa de los preparativos de Laura para el teatro, estaba más iluminado que de costumbre. La lámpara
5 desprendía por sus cuatro bombillas[1] un torrente de luz; sobre las paredes tapizadas[2] en blanco, destacaban con firmeza los retorcidos contornos del amueblado Luis XV y los mil cuadritos y monerías que son frívolo y amable adorno en el dormitorio de una soltera.

Encima de la colcha rosa del lecho, un traje pintaba entre gasas
10 un brochazo de azul pizarra;[3] y al lado, Margarita, sentada en una butaca, esperaba que su amiga terminara su tocado. Entreteníase examinando un delicado abanico veneciano del siglo XVIII, con esa minuciosidad que exige el tiempo a quien ha de soportar una larga espera.

15 "¡Qué preciosidad! ¡Qué primor de abanico!"[4] exclamó de repente, entusiasmada. "¡Y qué perfección en las pinturas!"

"Sí, es una obra de arte," repuso Laura, sin volverse y mientras hundía, para esponjar el peinado,[5] los dedos largos y pálidos en su grávida cabellera negra de criolla.[6]
20 Luego añadió:

"No te lo ofrezco porque es de mamá; pero . . ."

Margarita no la dejó concluir:

"¡Qué ocurrencia, niña!" dijo. "Aunque fuese tuyo . . ."

Cambiaron dos o tres frases más, de pura cortesía, y el silencio
25 sólo fue entonces interrumpido por el sonido seco de los utensilios que Laura manejaba sobre el mármol del tocador,[7] a medida que daba realce a sus encantos.[8] Con un poco de carmín reforzó el garabatito[9] de su boca, tornándolo ardiente y provocativo; luego

1. **bombillas** _bulbs_
2. **tapizadas** _tapestried_
3. **un traje . . . pizarra** _a dress stood out amid chiffon garments as a streak of slate blue_
4. **¡Qué primor de abanico!** _What a beauty of a fan!_
5. **mientras . . . peinado** _while she plunged, so as to fluff up her hairdo_
6. **de criolla** _Creole_
7. **tocador** _dresser_
8. **realce . . . encantos** _emphasis to her charms_
9. **garabatito** _curve_

limpióse los polvos de las pestañas, y los ojos resurgieron en su fulgor sombrío,[10] mareantes y profundos como dos simas[11] cuya oscuridad exigía admirar la tez pálida.

De pronto llamaron a la puerta.

"¿Quién?"   5

"Yo, señorita. Una carta para usted," respondió la criada desde afuera.

"Margarita, hazme el favor; recíbela tú, que yo no estoy visible." [12]

La amiga se levantó entonces y fue a recibir la carta.   10

"Es de Valparaíso," dijo, volviendo con ella.

"A ver . . . La letra es de Constancia Cabero . . . Déjala sobre la cómoda, para saborearla con calma cuando esté vestida."

"Constancia Cabero . . ." repitió Margarita, como escudriñando en su memoria. "¡Ah! ¿Es aquella amiga que tenías cuando te 15 conocí? ¿Aquélla que se paseaba contigo y ese joven alto en la Plaza?"

"La misma. Una de las amigas que más quiero, una alhaja." [13]

"Muy linda."

"Y de tanto corazón como hermosura."   20

"La verdad es que era preciosa," confirmó la otra, con entusiasmo. "Y óyeme una cosa: cuando las veía yo a ustedes dos juntas con aquel joven, no acerté a explicarme nunca de cuál estaba él enamorado."

"Como que nosotras mismas no lo sabíamos. A las dos nos 25 cortejaba. ¡Figúrate! . . . ¡Ay! No sé . . . Si no peleamos, fue por el cariño realmente grande, entrañable,[14] que nos teníamos. Cuando me acuerdo . . ."

"¡Cómo! . . . ¿De manera que a las dos . . . ?"

"A las dos."   30

"¡Qué divertido! Cuéntame, cuéntame eso . . ."

Sin interrumpir el pulido de las uñas, cedió Laura a la curiosidad de Margarita, y empezó a hilvanar recuerdos y acoplar detalles.[15]

---

10. **fulgor sombrío** *dark glow*
11. **simas** *chasms*
12. **que yo . . . visible** *for I am not presentable*
13. **alhaja** *jewel*
14. **entrañable** *intimate*
15. **a hilvanar . . . detalles** *to sketch memories and to fit details together*

Evocó en primer término a Carlos Romero, que así se llamaba
el galán. No éra posible hallar tipo más seductor: alto, esbelto, de
facciones correctísimas, elegante y distinguido; tanto, que ambas
sentíanse igualmente atraídas por sus ojazos castaños y dormidos,[16]
5 de largas pestañas que dábanle una expresión acariciadora, avasallante, al mirar. Fino y oportuno en sus atenciones, descubría al
hombre avezado[17] en las costumbres sociales. Como decía Laura,
tenía un refinamiento natural de expresión, una confianza de sí
mismo, un no sé qué de exquisito en sus galanteos,[18] que les ocasio-
10 naba subidísimo,[19] incomparable deleite y hacía titubear en ellas
la educación, el recato[20] y . . . casi el pudor. No ignoraban que
era algo tunante, trasnochador[21] y hasta que trataba ciertas amigas
poco escrupulosas, y, no obstante, esto le rodeaba de un aura
seductora que las envolvía y las fascinaba. Aquella vida adornada
15 por aventuras, amoríos ilícitos y fiestas galantes producía en ellas,
como en la mayoría de las muchachas solteras del "gran mundo,"
un encanto misterioso a la vez que mortificante.[22] Cuando, en las
noches, separábanse de él y pensaban en los goces que otras más
libres que ellas le proporcionarían,[23] quedábanse largo rato tristes
20 y aun pesarosas de no haberle permitido, siquiera tal cual vez,
alguna pequeña libertad de ésas que el estricto recato llega a vedar
con exceso a las señoritas . . .

Tras de estos silencios meditabundos,[24] solían buscarse, presas de
invencible necesidad de expansión.

25   "A mí," decía entonces Laura, en un arranque de intimidad,
"me entran unos deseos de ser libre, de acompañarlo a todas
partes . . ."

Constancia callaba unos momentos, y al fin añadía:

"Se me figura que esas mujeres deben ser muy interesantes, muy
30 zalameras en su trato,[25] en su . . . ¡quién sabe en qué! . . . para

16. **sus ojazos . . . dormidos** *his large
chestnut-colored sleepy eyes*
17. **avezado** *accustomed to*
18. **galanteos** *flirting*
19. **subidísimo** *very intense*
20. **recato** *modesty*
21. **algo tunante, trasnochador** *some-*

what of a rascal, a night owl
22. **mortificante** *mortifying* (embar-
rassing)
23. **proporcionarían** *would provide*
24. **meditabundos** *thoughtful*
25. **muy . . . trato** *very flattering in
their dealings*

Plaza de Mayo, Buenos Aires, Argentina. (Di Sandro)

que trastornen de ese modo a los hombres. Créeme, a ratos, pensando en ellas, me siento muy insignificante, sin atractivos poderosos, demasiado severa, desabrida,[26] fúnebre en mi conducta y . . . llego a renegar[27] de . . . No, no. ¡Por Dios! ¡Lo que iba a decir! . . ."

5   "No, no lo digas. No hay necesidad de que me lo digas. Otro tanto me pasa a mí. Y son los celos, niña, los celos, que la hacen a una disparatar."[28]

"En mí no son los celos; es rabia, mira, una rabia atroz. Yo, a esas mujeres, las pulverizaría."[29]

10   "¿Por qué existirán? Debían prohibirse."

"Así es."

Siempre concluían de semejante manera estas confidencias; pero se repetían casi a diario. Los corazones de las dos muchachas se exaltaban, desfallecían, alternativamente sensatos y enloquecidos.[30]

15   Cuando Laura, entre acomodos al corsé y retoques al peinado,[31] hubo expuesto a Margarita, con cierto dejo nostálgico, aquellos amores, la curiosa amiga arguyó aún:

"Por lo visto, estaban ustedes muy enamoradas. Y, realmente, se me hace incomprensible que no hayan peleado[32] nunca."

20   "¡Ah!" dijo Laura con vehemencia. "Eso hubiera sido imposible entre nosotras, que nos queríamos tanto, que nos queríamos ya como dos hermanas."

"Pero también las hermanas pelean en tales casos."

"Pues nosotras, no. Por el contrario, habíamos convenido que

25   cada una, por su parte, hiciera cuanto estuviese a su alcance para decidir a Carlos Romero en su favor, siempre que para soliviantarlo[33] en sus inclinaciones, no usara de medios indignos."

"¡Ah!"

"Ya ves. Con este convenio[34] no cabían disgustos. Además, te

---

26. **desabrida** *insipid*
27. **llego a renegar** *I begin to repent
. . . ; I almost wish I had. . . .*
28. **que . . . disparatar** *which make
one talk nonsense*
29. **Yo . . . pulverizaría** *I would pulverize* (destroy) *those women*
30. **alternativamente . . . enloquecidos** *alternately sensible and maddened*

31. **entre . . . peinado** *amid adjust-
ments of her corset and putting the finishing
touches on her hairdo*
32. **que . . . peleado** *that you never
fought*
33. **siempre . . . soliviantarlo** *always
in order to arouse him*
34. **convenio** *agreement*

repito, nuestra amistad fue siempre demasiado firme para que un advenedizo la desbaratara." [35]

Y Laura continuó así, recorriendo la gama de los elogios para ponderar aquella inquebrantable unión. ¿Reñir ellas, pues? No, ni pensar se podía en semejante absurdo. 5

"Aunque me lo hubiera ganado ella," concluyó, "mi cariño habría sido el mismo, como es hoy."

"Y al fin, ¿en qué pararon los amores?" preguntó intrigada Margarita, mientras pasaba a Laura el vestido, recogido como aro,[36] por encima de la cabeza. 10

"¡Pse! . . . en que nadie triunfó. Carlos fue llamado a Valparaíso por su padre, para hacerse cargo de sus negocios, y tuvo que abandonar a Santiago sin decidirse por ninguna de las dos."

"¡Qué tontas! Lo más discreto hubiera sido que una de las dos renunciase." 15

"¡Qué quieres! . . . No se pudo. Varias veces lo pensamos. Una vez llegamos a sortearnos:[37] pero en seguida anulamos el juego, alegando trampas y jugarretas;[38] aunque me parece que la verdadera causa era que ninguna podía sufrir indiferente el sacrificio de la otra. Nos queríamos tanto . . ." 20

Pronto Laura terminó de vestirse y, cogiendo la carta, se acercó a la lámpara, a fin de leer mejor.

Su silueta robusta irradiaba en la luz, que se escurría por el descote fresco. El vestido insinuaba las caderas de morena fogosa[39] y caía en levísimos pliegues.[40] 25

Con la carta entre los dedos, leía Laura en silencio, descubriendo a ratos, con una sonrisa, la línea brillante de los dientes. A su lado, Margarita, con mirada interrogadora, esperaba impaciente alguna noticia; sus ojos seguían el zig-zag que describían los de Laura sobre el papel. Aquel semblante de rubia vivaracha[41] era un espejo 30 de los gestos de su amiga; en el se repetían, con el poder del contagio, las muecas y las sonrisas.

35. **para que** . . . **desbaratara** *for an outsider to ruin it*
36. **recogido** . . . **aro** *suspended like a hoop*
37. **sortearnos** *cast lots*
38. **alegando** . . . **jugarretas** *alleg-* ing traps and tricks
39. **insinuaba** . . . **fogosa** *hinted at hips of a fiery brunette*
40. **pliegues** *folds*
41. **vivaracha** *vivacious*

De pronto, la sonrisa de Laura dejó de ser la flama producida por el goce de las nuevas agradables; trocóse primero en indecisa, luego en amarga, después en irónica, indefinible, mientras las pupilas ávidas se dilataban para releer un trozo de la carta. Por
5 último, los brazos se descolgaron, a lo largo de los flancos.[42] Laura quedó abismada. Su respiración se había hecho fatigosa, su pecho se agitaba en reprimidas ondulaciones, cual si en su interior una tempestad de ira despertase. La cólera llevó de repente una oleada oscura a los ojos, que chispearon. Los labios se entreabrieron como
10 para decir algo. . . . Pero la muchacha vaciló, cohibida,[43] unos instantes.

Al fin, no pudo reprimirse. Su ira estalló, desbordante, incontenible ya.

"¡Falsa, infame, ruin!" dijo, mordiendo las palabras. "No merecía
15 mi cariño. ¡Desleal, mezquina, miserable!"

"¿Qué te pasa? ¿Qué hay?" preguntó alarmada Margarita.

"¡Qué desengaños causan las amigas, hija! Imagínate que . . ."

No prosiguió. La razón se sobreponía a la cólera. Limitóse a pronunciar, con tono desdeñoso y lágrimas en los ojos, estas
20 palabras:

"Nada; falsías, que es mejor olvidar."

Estrujó[44] la carta, la arrojó a un rincón y, sacudiendo altanera la cabeza para despejar de un rizo la frente, salió diciendo:

"Voy a ver si mamá está lista."

25 Margarita, alelada,[45] no podía explicarse tan repentino cambio. ¿Por qué Laura, después de ponderar tanto las buenas cualidades de su amiga, de su *hermana*, como la había llamado, la insultaba ahora?

La curiosidad invencible de las mujeres la indujo a faltar a la
30 buena educación.

Temblorosa, mirando a todos lados, recogió la bolita de papel, la estiró y leyó en uno de sus párrafos:

"Te llamará mucho la atención que nada te haya dicho hasta ahora de mis famosos *flirts*. Pues bien, Laura, se acabaron las
35 tonterías. Estoy de novia. Y ¿a que no adivinas con quién? . . . Con

42. **flancos** *sides*   44. **Estrujó** *She crushed*
43. **cohibida** *checked, inhibited*   45. **alelada** *dumbfounded*

Carlos Romero. Ya estoy pedida y el primero de septiembre es el día convenido para el matrimonio. Todo ha sido muy rápido. . . ."

Preguntas

1. ¿Qué hacía Laura en su cuarto?
2. ¿Por qué se hallaba Margarita también en este cuarto?
3. ¿Quién llamó a la puerta? ¿Qué le trajeron a Laura?
4. ¿Quién era Constancia Cabero? ¿Cómo era ella?
5. ¿Por qué no peleaban Constancia y Laura cuando aquel joven las cortejaba?
6. ¿Qué clase de joven era Carlos Romero?
7. ¿Qué rodeaba a Carlos con un aura seductora?
8. ¿Qué produjo en las jóvenes un encanto?
9. ¿Qué deseo entraba en Laura, pensando en Carlos?
10. ¿Qué habían convenido Constancia y Laura en cuanto al amor de Carlos?
11. ¿Por qué salió Carlos para Montevideo?
12. ¿Por qué no llegaron a sortearse Constancia y Laura?
13. ¿Qué se hizo la sonrisa de Laura?
14. ¿Cómo quedó Laura después de terminar la carta de Constancia?
15. ¿Qué descubrió Margarita en la carta que explicaba la ira de su amiga?

Temas

1. Describa los preparativos de Laura para el teatro.
2. El carácter de Carlos.
3. Los sentimientos de Laura mientras que leía la carta de Constancia.
4. La fe que tenía Laura para con su amiga Constancia.

José Vasconcelos (1882–1959)

El ilustre y vigoroso pensador y escritor mexicano, José Vasconcelos, tiene fama de ensayista y filósofo aunque escribió también cuentos y teatro. Intensamente nacionalista, se interesaba en el futuro racial y cultural de Iberoamérica. Sus libros célebres *La raza cósmica* 5 (1925) e *Indología* (1926) expresan la idea de una quinta raza, un mestizaje, un agregado de razas en formación que será un puente de razas futuras.

Empezó desde muy joven a expresar ideas que constituyen la parte importante de su obra: su teoría general de América que 10 incluye raza, historia, cultura y destino. Vasconcelos estudió Derecho y trabajó en la ciudad de México con una casa norteamericana. Fundó el célebre Ateneo de la Juventud con Alfonso Reyes, Pedro Henríquez Ureña, Martín Luis Guzmán, Carlos González Peña, el pintor Diego Rivera y otros. Enemigo del dictador-15 presidente Porfirio Díaz, tuvo un papel importante en la revolución mexicana. Se puso al lado de Francisco Madero y fue considerado un revolucionario peligroso. Sufrió varios períodos de destierro en los Estados Unidos y participó activamente en la lucha política. Después, bajo el gobierno de Obregón, Vasconcelos ocupó el puesto 20 de Ministro de Educación Pública (1920–1925), también sirvió de Rector de la Universidad Nacional. En el campo de la educación pública hizo un trabajo memorable: reorganizó los estudios y elevó su nivel, fundó centros educativos, estableció escuelas rurales, y mandó editar colecciones de libros de cultura general y literaria. 25 También fomentó el interés por la pintura que produjeron los magníficos murales de Diego Rivera, Orozco y otros. Quería hacer de México el centro de la cultura hispanoamericana, y los congresos

José Vasconcelos en 1920 cuando fue Ministerio de Educación Pública de México. (Culver Pictures)

estudiantiles lo designaron "Maestro de la juventud de América." Su carrera política culminó y fracasó con su candidatura en las elecciones presidenciales de 1929. Convencido que había sido despojado de su verdadero triunfo por sus adversarios, se ausentó del país y atacó la situación política. Más tarde, cuando Ávila 5 Camacho era presidente, aceptó el puesto de Director de la Biblioteca Nacional.

La obra filosófica y literaria de Vasconcelos no se interrumpió nunca, a pesar de su dramática vida y los años tempestuosos en que vivió. En la literatura mexicana se le conoce mejor por su auto- 10 biografía de cinco libros que contienen una historia de los acontecimientos políticos y culturales. Empieza con *Ulises criollo* (1935); después *La tormenta* (1936), *El desastre* (1936), *El proconsulado* (1939), y *La llama* (1959). Vasconcelos quería transformar su país por medio de la educación y sus memorias forman un compendio 15 excelente de la evolución del México moderno.

Indología constituye su interpretación de la cultura iberoamericana. Es una serie de conferencias que dio el autor en Puerto Rico y Santo Domingo y es una cristalización de las ideas ya expresadas en *La raza cósmica*. La sección que sigue explica su esperanza en la 20 estirpe poderosa que resultará de la fusión de las razas americanas.

El título mismo de esta obra, una palabra que inventó el autor, indica su preocupación por el indio y por el mestizaje.

INDOLOGÍA

Al juntarse en la América españoles con indios se produjo un caso totalmente distinto de todos los que antes había conocido la historia:
5 el español y el indio, después de luchar, se unieron y mezclaron sus sangres. No es que antes no hubiese habido mestizajes. Sabido es que conforme a los etnólogos, no hay una sola raza pura, y cuando se encuentran grupos humanos relativamente puros se les ve decaídos y prostrados en su aislamiento; pero el caso de América
10 es el primero de un mestizaje brusco y en grande.[1] No hay ningún parentesco étnico entre el español de la península y el indígena americano. Si los conquistadores de América hubieran sido mongoles, quizás el contraste de sangres habría sido mucho menos marcado. Afirmamos esto sin dar mayor importancia a las teorías
15 que se han querido dar, algunas veces como verdad experimental, a propósito de la procedencia asiática del hombre americano. Suponiendo que esas afirmaciones fuesen exactas, la identidad de los tipos estudiados por el profesor Hrdlicka[2] en Siberia con los tipos de algunos salvajes americanos probaría solamente la existencia
20 de corrientes inmigratorias por el extremo ártico del continente; pero el hecho deja en pie[3] el misterio de las civilizaciones aparecidas por el Centro y por el Sur. Lo indiscutible es que las dos razas, que se mezclaron para formar lo que hoy es el *substratum* de la población iberoamericana, representaban dos polos étnicos, y el hecho de su
25 intermixión parece una de esas sorpresas del tiempo y uno de los más curiosos, de los más transcendentales ensayos fisiológicos que se han producido.[4]

1. **en grande** *on a large scale*
2. **Ales Hrdlicka**, (1869–1943): famoso antropólogo, director por muchos años del Smithsonian Institute de Wáshington. Creía en la teoría del origen asiático de los indios americanos.
3. **el hecho . . . pie** *the fact leaves unexplained*
4. **de los más . . . producido** *one of the most significant physiological experiments ever carried out*

Esto nos trae de lleno[5] a uno de los problemas capitales de Iberoamérica: el problema del mestizaje. Ya hemos dicho que, en general, el mestizaje ha sido la ley de la humanidad entera y que la pureza de la sangre, entendiendo por tal la descendencia de una sola línea de un solo tipo, sólo pueden reclamarla las poblaciones 5 reducidas y aisladas. Basta, por otra parte, el menor contacto con otro grupo humano para que produzca un mestizaje que no va ciertamente de las capas bajas de un grupo a las capas bajas del otro, sino todo lo contrario, puesto que siempre es el hombre fuerte y poderoso de la clase dominante el que busca entre la población 10 vecina oportunidades nuevas de goce. Esto hace exclamar, por ejemplo, a Pittard[6] "que son los pobres diablos los que poseen la más grande nobleza étnica." A pesar de eso, el caso de América fue tan singular que se produjo cierta vacilación en el funcionamiento de la ley normal de las relaciones sexuales humanas. La 15 vacilación llegó a la abstención, por ejemplo, en la zona que más tarde ocuparon los ingleses. En la zona clásica de la Nueva Inglaterra, fueron raros los casos de matrimonio de blanco con india; pero en las colonias americanas de Portugal y Castilla, la regla fue el libertinaje, y la práctica obtuvo sanción en el instante en que la 20 Iglesia católica reconoció la calidad de hombres con alma a los indígenas[7] y, en consecuencia, los autorizó para recibir los sacramentos y, entre ellos, el matrimonio. No debemos desconocer que todavía hay algunos que juzgan que fue un error esta legalización de un proceso discutible desde el punto de vista étnico. Todavía 25 para muchos el fracaso de la América latina consiste precisamente en ese mestizaje que califican de inferior y el éxito del sajón depende de la dominación continuada y severa de la sangre puritana que vendría a constituir una especie de nobleza dominadora y directora. No niego ni la contraposición, ni la fuerza de las dos tesis. Pero así 30 como tantos se han ocupado ya de aportar argumentos en favor de la tesis de la raza pura como factor dominante y, en resumen, en favor de la tesis que dice *a good Indian is a dead Indian*, yo me he

5. de lleno *head on*
6. **Eugenio Pittard** (1867–?): antropólogo y naturalista suizo, catedrático en la Universidad de Ginebra

7. **reconoció . . . indígenas** *recognized that the natives (Indians) were men with souls*

estado dedicando a encontrar argumentos y, lo que es más importante, pruebas, de que también la tesis contraria, la tesis favorable
al mestizo, tiene fundamento y valor.

    Sostengo que será más fecunda a la larga, y que tiene más impor-
5 tancia para la humanidad en general la obra de este mestizaje que
la obra de cualquier raza anterior. Y eso no obstante que es tan
fácil condenar al mestizo hoy que está amenazado de disgregación,[8]
en tanto que el poderío del blanco renovado en Norte América se
extiende victorioso por el mundo. Se necesita tener un criterio
10 hecho a resistir las seducciones del éxito para perdurar en una fe
que sólo va dejando en su camino la amargura, la desilución y el
desastre. Sin embargo, hay no sé qué de profundamente disgustante
y casi sospechoso en todo éxito demasiado brusco y resonante.
Comúnmente, el éxito no responde sino a la limitación y al empe-
15 queñecimiento del ideal, y entonces es preferible, aun como acicate,[9]
para la ascensión al más allá: vale más una desolada desesperanza
que una ruin y pragmática conformidad. ¡Prefiramos la eterna sal
en la boca a tener que proclamar que la dicha es como un caramelo!
Que adulen el presente los que en él se satisfacen.

20   Es cómodo, pero muy aburrido, eso de ser nada más el filósofo
del éxito y además expuesto a no pocas sorpresas. Pues ya hemos
visto que las razas americanas, precisamente a causa del aislamiento
que las impuso el medio físico, se habían quedado en el limbo,[10]
en tanto que las razas europeas, constantemente trabajadas por las
25 traslaciones y las conquistas, las emigraciones y la mezcla de sangres,
pusieron tal cantidad de vida en acción que el impulso las llevó al
descubrimiento de lo desconocido, las llevó hasta el Nuevo Mundo.

    Vinieron a la América los españoles, y hay que desengañarse:
vinieron los mejores. Porque al principio no procedían de la Corte,
30 suponen algunos historiadores con criterio de *sirvientes de casa bien*[11]
que aquello fue una invasión de jayanes.[12] Pero en aquellos tiempos,
como en los actuales, no proceder de la Corte es ya una recomenda-
ción y, por otra parte, lo que aquí hicieron los soldados de España

---

8. **disgregación** *disintegration*
9. **acicate** *stimulus*
10. **en el limbo** *confused, undefined*

11. **sirvientes . . . bien** *servants from the manor house*
12. **jayanes** *rough field hands*

supera a lo que se hizo no sólo en la Reconquista:[13] supera en muchos casos a todo lo que se había hecho en la historia. La epopeya de las misiones castellanas es uno de esos capítulos heroicos en la lucha del alma con las tinieblas. Lo cierto es que la mejor casta española vino al continente, la mejor en la devoción y en el esfuerzo. 5 Como dominadores hábiles que fueron, es natural soponer que elegían la flor de las poblaciones indígenas, ya fuera para el hogar, ya para la enseñanza y el trabajo.

Los orígenes del mestizaje iberoamericano no son entonces tan turbios como a primera vista estamos acostumbrados a suponer. 10 En cierta manera procede nuestra estirpe de dos aristocracias vitales: selección rudamente probada y acendrada[14] por el esfuerzo. Tan brusco fue, sin embargo, el encuentro, que la nueva situación producida entró otra vez en una especie de fermentación durante los trescientos años de la Colonia. 15

El primer brote[15] autóctono se manifiesta en el movimiento de emancipación; pero autóctono en cuanto a la nueva raza mestiza, no en cuanto al indígena que ya no volvería a obrar por su cuenta. En efecto, la rebelión contra la Corona española la hubo también en la misma época en la península, y españoles fueron los mejores 20 auxiliares del movimiento. El nuevo patriotismo perseguía fines económicos y políticos más bien que étnicos. Ni podía haber sido un movimiento de liberación del indio, sencillamente porque el indio ya no existía; no existió quizás nunca como entidad nacional y ya no existía espiritualmente, puesto que todo lo que sabe, todo 25 lo que piensa, todo lo que hoy es, procede de la invasión europea. Lo suyo se disgregó, tal y como se han disgregado todas las antiguas culturas, para no volver más. Y en el centro del conflicto, para concretarlo y para sintetizarlo, quedó la enorme masa de la población mestiza, la primera raza realmente nueva que conoce la 30 historia. Y he aquí a los mestizos presentándose en el mundo ante la injuria y la desconfianza de los unos, ante la mirada protectora e interesada de los más, y siendo presa, en el mejor de los casos, de

13. **La Reconquista** representa la época en la historia española desde 711 hasta 1492, cuando los españoles reconquistaron su país de los moros.
14. acendrada *refined*
15. **brote** *bud, germ*

un tutelaje que ninguno de los grandes pueblos desdeña ejercitar, aun cuando nos clasifiquen, como negroides, por lo bajo. ¡Así de pueril es el ansia de la dominación colectiva! Se diría que el mestizaje iberoamericano—Benjamín[16] de la historia—atraviesa aquel
5 estado pavoroso, pero lleno de misterio y de promesas que tienen que recorrer en biología todos los casos nuevos de la vida. Con las salvedades[17] que sea necesario hacer, a causa de la diferencia de especies, me recuerda la vida mestiza iberoamericana la experiencia del naturalista Paul Bert,[18] citado por Romanes. Se toman crustáceos
10 de agua dulce y paulatinamente[19] se les va cambiando el agua en salada. Los crustáceos padecen desazón inmensa y se mueren; pero no antes de que engendren una generación de crustáceos ya adaptados al nuevo elemento salobre. Así me explico yo la esterilidad evidente de la raza mestiza iberoamericana durante todo el primer
15 siglo de su autonomía política. Aparentemente no ha hecho otra cosa que irse muriendo, mal habituada como está a un ambiente que no es ni el antiguo de América ni el de Europa. Bienaventurados,[20] sin embargo, los organismos fuertes que tienen que avivar su dinámica[21] y que castigar su destino para obligarles a que respondan
20 con celeridad a las solicitaciones de la vida. Y cuando esa dinámica no sólo se emplea, como la de los peces, en bajar hasta el ambiente para someterse a él, sino en forzar el ambiente y en forzar la historia, para que la vida entera mejore, entonces no se puede por menos de reconocer que esa tremenda palpitación nuestra es ,como un reto[22]
25 a las capacidades de la naturaleza. Yo no sé si el mestizaje latinoamericano sólo aprenderá, como los crustáceos del laboratorio, a mantenerse en el agua salada y ya bastante pútrida de las viejas maneras o si logrará superar al crustáceo y extraer del ejercicio de su adaptación fuerza bastante para volver sobre el medio y engen-
30 drar una nueva cultura. Pero veo en el triunfo remoto, mas no imposible, de esta aventura del mestizaje, la única esperanza del mundo.

Sin embargo, guardémonos una vez más de la seducción de las

16. **Benjamín** the youngest
17. **salvedades** *reservations*
18. **Paul Bert** (1833–1886): psicólogo y político francés que pasó muchos años en el oriente

19. **paulatinamente** *gradually, by degrees*
20. **bienaventurados** *fortunate*
21. **dinámica** *dynamics*
22. **reto** *challenge*

meras frases y procuremos precisar más nuestro pensamiento. No creo que ningún hombre sincero se atreva a recomendar a los pueblos en formación un solo modelo de desarrollo. Todavía la vida de la especie entera es un proceso turbio y a menudo nauseabundo. Que nadie entonces imponga su propia cultura como 5 modelo, ni está nadie autorizado para condenar un caso que apenas ha ido saliendo de las entrañas fecundas y embrolladas de la etnología. Toda variedad, según la ley formulada por Hugo de Vries,[23] tiende a fundirse en una población tipo, si un factor no interviene para protegerla, es decir, para conservar sus peculiari- 10 dades. El factor protector suele ser, en el caso de las especies animales, la segregación de que hablan los naturalistas. La historia ya aplicó estos procesos a la vida humana, y hemos visto que el tiempo los castiga con la decadencia. La segregación, por otra parte, está hoy fuera de las prácticas del tiempo. El porvenir es hoy de mezclas 15 y combinaciones cada vez más acentuadas y múltiples. La población mestiza de la América latina no es más que el primer brote de una manera de mestizaje que las nuevas condiciones del mundo irán engendrando por todo el planeta. Al período de segregación y de aislamiento de las naciones correspondía la división y autogenesia 20 de las razas. Al período de civilización, ya no nacional, ni siquiera racial, sino planetario, tiene que corresponder una raza total, una raza que en su sangre misma sea síntesis del hombre en todos los varios y profundos aspectos del hombre. He aquí la conclusión atrevida, pero fatal, que debemos de formular. 25

El germen de esta futura raza cósmica lo encuentro yo en la población contemporánea de la América latina.

23. **Hugo de Vries** (1848–1935): botánico holandés, autor de una teoría   nueva sobre las mutaciones de las plantas

Preguntas

1. ¿Qué hicieron el español y el indio después de luchar?
2. ¿Qué les ocurre a grupos humanos relativamente puros?
3. ¿Qué prueban los estudios a propósito de la procedencia asiática del hombre americano?

4. ¿Cuál es uno de los problemas capitales de Iberoamérica?
5. ¿Qué fue raro en la Nueva Inglaterra?
6. ¿En qué consiste para muchos el fracaso de la América latina?
7. Según algunos, ¿de qué depende el éxito del sajón?
8. ¿Cómo describe Vasconcelos la filosofía del éxito?
9. ¿Cómo explica Vasconcelos la cantidad de vida en acción que tenían los europeos?
10. ¿Qué tipo de españoles vinieron a América?
11. ¿Qué hicieron los españoles durante la Reconquista?
12. ¿Cuántos años duró el coloniaje en la América española?
13. ¿Cómo se manifestó el primer brote autóctono?
14. ¿Qué le ocurrió a la cultura de los indios?
15. Describa la experiencia del naturalista Paul Bert.
16. ¿Por qué no ha hecho muchas cosas la raza mestiza iberoamericana?
17. Según Vasconcelos, ¿qué es como un reto a las capacidades de la naturaleza?
18. ¿Cómo describe Vasconcelos el porvenir?
19. ¿Cómo será la raza de la civilización planetaria?
20. ¿Dónde se encuentra el germen de esta futura raza cósmica?

Temas

1. El papel de Vasconcelos en la educación pública del México moderno.
2. Lo que es "la raza cósmica."
3. La esperanza del mundo futuro, según Vasconcelos.
4. Una comparación entre la experiencia del naturalista con los crustáceos y lo que pasa con la raza mestiza iberoamericana.
5. La importancia del fin del aislamiento de las naciones y la segregación de las razas hoy día.

Mariano Azuela (1873–1952)

Iniciador y maestro de la novela de la revolución mexicana, Mariano Azuela era un médico joven que entre los años 1896–1905 había escrito cuadros costumbristas y tres novelas que condenaban las injusticias sociales. Enemigo decidido del presidente-dictador Porfirio Díaz, se convirtió en jefe político de su pueblo natal de 5 Lagos de Moreno, Jalisco. Sirvió en el ejército revolucionario y huyó del país con las fuerzas de Pancho Villa. Al mismo tiempo estaba escribiendo *Los de abajo*, que publicó en el destierro en El Paso, Texas en 1915. Esta obra no logró fama verdadera hasta el fin de 1924 cuando se aceptó como un ejemplo sobresaliente de la 10 literatura moderna mexicana—única novela de la Revolución. *Los de abajo*, una relación de las hazañas militares y la muerte del caudillo típico, Demetrio Macías, explica el proceso revolucionario a través de una historia individual, mientras que da un retrato de ese personaje-masa que hace la revolución, luchando ciegamente 15 sin saber exactamente por qué.

Entre las más de veinte novelas de Azuela se deben mencionar *Mala yerba* (1909), *Los caciques* (1917), *La luciérnaga* (1932), *Regina Landa* (1939) y *Sendas perdidas* (1949). En todas sus novelas Azuela ataca la injusticia, presenta problemas sociales que necesitan 20 reforma, y denuncia los defectos sociales que quedaron a pesar de la Revolución. Azuela también siguió su carrera de médico porque quería hacer por sí mismo algo más, además de escribir sobre las miserias humanas.

Azuela tiene un estilo pintoresco, lleno de vida, a veces fragmen- 25 tario. Una descripciones vigorosas y artísticas de costumbres y tipos rurales. Le gusta poner en contraste tipos opuestos, y frecuentemente no le falta cierto fatalismo. El cuento que aquí presentamos, "En

derrota,"\ revela tendencias estilísticas y también actitudes que son
características del autor. Esta historia apareció por primera vez
en *Kalendas,* una revista mensual de Lagos en 1908. El estilo poético
predomina con el fatalismo que se nota en otras obras suyas. Se ve
5 algo de la misma técnica artística que emplea Azuela al terminar
Los de abajo: traza un círculo perfecto y aquí muere Juan en el mismo
lugar donde empezaron sus esperanzas de amor.

EN DERROTA

I

El primer rosario de grullas[1] atravesó el cielo rizado de plumones
blancos, el día en que Juan llegó a la hacienda. Nadie lo conocía,
10 se ignoraba de dónde había llegado; pero como mostraba unos
bellos músculos de acero bajo su piel tostada y bruñida[2] y ya la
cosecha se estaba viniendo, encontró trabajo luego y un arrimo en
la venta de tío Chepe.

¡Qué guapeza de muchacho![3] Las chicas más lozanas[4] del rancho
15 se lo comían con los ojos. A la hora del almuerzo, cuando el sol
reverbera en el oro de los rastrojales[5] y las blancas siluetas de los
pizcadores diseminados por el surquerío[6] se juntaban y salían por
un extremo del barbecho salpicado de faldas rojas,[7] verdes, amarillas
y de muchos colores, el fornido mocetón broncíneo esquivaba,[8]
20 los ojos bajos, las miradas de las mozas.

En el fandango de acabamiento de pizcas se encendieron riva-
lidades y odios. Las muchachas sin novio se disputaban a Juan; las
que lo tenían se dejaban tentar por la sabrosa tentación de ser
infieles. Pero el brutazo de Juan como si tal cosa.[9] Retraído, hosco,

1. **rosario de grullas** *rosary* (line) *of cranes*
2. **bruñida** *burnished*
3. **¡Qué guapeza de muchacho!** *What a handsome boy!*
4. **lozanas** *buxom, exuberant*
5. **rastrojales** *stubblefields*
6. **los pizcadores . . . surquerío** *the*
harvesters scattered over the furrowed ground
7. **del barbecho . . . rojas** *of the fal-*
low land sprinkled with red skirts
8. **el fornido . . . esquivaba** *the husky,*
bronzelike, strapping young fellow avoided
9. **Pero . . . cosa** *But no such thing for*
the rough-and-ready Juan

sombrío, no decía una sola palabra halagadora, ni tentaba vanidades. Sus caricias sólo eran para su perro blanco.

Una vez, a la caída de la tarde, cuando una alegre bandada de aguadoras bajaba al río, él apareció en el ribazo.

"¡Cómo! ¿Juan por aquí?" se preguntaron con estupor.   5

"¡Juan está enamorado!" exclamó sentenciosamente una jamona más fogosa que la borrica que retozaba[10] en la pradera.

Camila, la más hermosa de todas, la que llevaba la voz y daba el tono al coro general, entre sonoras carcajadas hacía burla de Juan, diciendo que su novia no podía ser sino el hoyanco[11] del río, al pie 10 del ribazo.

Las chicas acabaron por enfadarse ante la obstinación de mutismo de Juan y lo tuvieron por loco.

Tarde a tarde la blanca silueta de Juan aparecía a la hora de los arreboles,[12] entre las verdes madejas del saucedal[13] y allí permanecía 15 mudo e inmóvil hasta que la última aguadora con su cántaro al hombro se perdía de vista. Entonces, paso a paso, tomaba la ribera y entre sauces y pirules[14] se alejaba silbando una tonadilla hondamente triste.

Le hablaban las hojas secas quebradas bajo su planta: el río, 20 rumoroso en ondas que se quebraban en los macollales[15] como una caricia, le contaba cosas tiernas; el soplo del viento en las cimas tremorosas, los mil ecos del monte repercutiendo en confusa armonía, le arrancaban tiernos suspiros.

De pronto se detuvo, volvió su rostro hacia una blanca casita de 25 pretiles rojos[16] que se asomaba entre el glauco verdeguear de una nopalera.[17] Abrió sus brazos en un anhelo de abarcarlo todo. Allí, allí dentro de esa casita estaba lo imposible. ¿Quién era él, pobre aventurero, sin familia y sin hogar, para aspirar a Camila, la hija del mayordomo y novia de Basilio, el más guapo y valiente entre 30

10. **una jamona . . . retozaba** *a husky woman more impetuous than the burro colt which gamboled*
11. **hoyanco** *bed of the river*
12. **arreboles** *red clouds of sunset*
13. **verdes . . . saucedal** *green skeins of the willow thickets*
14. **pirules** *pepper trees*
15. **macollales** *clumps of bushes*
16. **de pretiles rojos** *with red brick railings*
17. **el glauco . . . nopalera** *the light-green cactus hedge*

los mozos de los alrededores, de Basilio el hijo del mayordomo de
la hacienda vecina?

En silencio enjugaba una lágrima, acariciando el suave lomo[18]
de su perro blanco que clavaba en él sus ojos húmedos y brillantes
5 y lanzaba apagados gruñidos.

II

Fue una tarde de estío. Rachas de aire húmedo y fragante refres-
caban como una caricia. Había desaparecido ya la última aldeana
y Juan, de pie, abandonaba el arroyo. Un ruido en el zarzal[19] lo
detuvo de pronto. Apareció Camila más esbelta y más hermosa que
10 nunca. Se atrevió a mirarla y sus ojos encontraron la dulzura arro-
badora de su mirada. Turbado no encontró ni una frase para
hablarle. Y Camila fue la primera:

"Te quiero decir una cosa, Juan. Por eso me he cortado de las
muchachas."[20]

15 "¿A mí? . . . ¿Qué tiene usted que decirme a mí? . . ."

"Tú ya lo sabes, pero ¿por qué no me dices nada?"

El jayán[21] se había convertido en un imbécil perfecto.

"¿Qué tengo yo que decirle a usted? . . ."

Como en vivos toques de acuarela,[22] en el fondo de un verde
20 cálido se destacaba la recia silueta blanca de Juan y la roja y gra-
ciosa de Camila. Aquél cogido de la rama de un mezquite, mostrando sus combos[23] músculos bajo su piel quemada por el sol; ella
con el cántaro al hombro, enarcando el busto; una redonda cadera
echada hacia un lado en esfuerzo de equilibrio, mostraba sus
25 formas gráciles.

"¿Sabes que esta noche me van a pedir para Basilio?"

Juan, retorciéndose de desesperación, hubiera querido hablar;
pero los sollozos que con tantos trabajos contenía le habrían ahogado
su voz.

30 Camila bajó el cántaro y lo sentó en la arena, esperando que él
se decidiera.

---

18. **lomo** *back* (of an animal)   21. **jayán** *big brute*
19. **zarzal** *bramble thicket*   22. **en vivos . . . acuarela** *in vivid*
20. **me he . . . muchachas** *I have*   *water-color strokes*
broken away from the girls   23. **combos** *curved muscles*

Pero él, baja la cabeza, la estaba contemplando con arrobo[24] en el fondo del pocito de agua azul, agua diáfana donde ella se retrataba y que él, fascinado, veía entera, desde sus tobillos blancos y redondos, sus flancos esbeltos y vigorosos, los pliegues de su camisa amoldándose a su pecho palpitante, hasta la cabeza de negrísimos cabellos 5 cogidos por una cinta roja.

Levantó al fin la cabeza y Camila sorprendió dos lagrimones puros y cristalinos que rodaban por las mejillas tostadas del mozo. Entonces se resolvió a decirlo todo:

"¿Por qué no me dices nada, Juan? Yo no quiero a Basilio." 10

El pelmazo[25] abrió los ojos con asombro y en un rapto de júbilo y de atrevimiento inesperado cogió estrechamente a Camila entre sus brazos y se anudó a su cintura.

Flexible y ágil como una culebra, se le deslizó de las manos.

"Más tarde, Juan, más tarde. Anda esta misma noche a mi casa; 15 no le tengas miedo a mi padre, que yo misma se lo voy a contar todo. Él te quiere bien."

Luego escapó pronta con su cántaro vacío, después de una sonrisa prometedora y delirante.

Juan, pues, había aprendido a hablar con elocuencia más con- 20 vincente que la de su palabra.

III

Esa noche los enviados de Basilio salieron de la casa de Camila con mucho ruido de sables, tintinear de espuelas, rechinido de vaquerillos y piafar de potros.[26] Escupiendo por un colmillo borbotaban injurias y amenazas,[27] con voz apagada por la rabia y el 25 despecho. Entretanto el pretendiente esperaba ansioso a distancia, al pie de un mezquite, el *sí* de la pretensa.[28]

"Compadre, te invitamos a la boda de Camila con Juan Lanas, uno de los peones de este rancho. Ni siquiera nos han dejado hacer nuestro pedimento."[29] 30

---

24. **arrobo** *ecstasy*
25. **pelmazo** *slow fellow*
26. **tintinear . . . potros** *jingling of spurs, squeaking of saddles and pawing of horses*
27. **borbotaban . . . amenazas** *boasting they poured forth insults and threats*
28. **pretensa** *the girl being courted*
29. **pedimento** *request* (here, a request for her hand in marriage)

"Compadre," bramó el desairado Basilio, dirigiéndose al más viejo de sus emisarios, "juro por Dios y esta cruz que beso, que he de rayar en la cara de esa infame la mofa[30] que ha hecho de mí."

Y que ya sabría el desgraciado que le quitaba la novia quién
5 mero era Basilio.[31]

"Le he de beber la sangre así me lo halle en los mismos infiernos." [32]

Las insolencias afluíanle a bocanadas.[33] Y todos convinieron en que para apagar ese coraje no había más que el aguardiente.

10 Entonces los labriegos pacíficos por evitarse compromisos con sus patrones, las viejas por esconder a sus doncellas, éstas por no darles celos a sus novios, todos cerraron sus puertas y apagaron las velas. Los charros en tropel escandaloso[34] iban y venían por los callejones a lo largo de las casas y de los jacales.[35] Sólo el tío Chepe
15 seguía con su venta abierta, porque conocía su negocio. Pero cuando Basilio entre tendido y tendido de copas dijo que andaba buscando a un tal Juan para hacerle su regalo de bodas, que era la cartuchera[36] apretada de tiros que traía fajada a la cintura, y mostraba su cartera reventando de billetes "para pagar el pellejo del novio," [37] azorado
20 escapó presuroso a decirle a Juan que huyera al instante si no quería verse hecho cecina por aquellos desalmados.

"Sí, ya me voy," dijo Juan y embozándose en su cobertor salió del mesón pero para entrar en la vinata.[38]

"Oiga, amigo, échese un jondazo[39] de aguardiente y síganos.
25 Usted es del lugar y ha de conocer a un tal Juan que me ha ganado a mi novia. Nos va a llevar ahora mismo a su casa."

Tío Chepe se persignó debajo de su gabán y Juan apretó muy bien el mango del machete que llevaba oculto.

"Tío Chepe, sírvasela a este amigo.

---

30. **he de . . . mofa** *I must carve this insult on the face of that treacherous girl*
31. **Y que . . . Basilio** *And now the luckless one who was taking Basilio's sweetheart away from him would know just who Basilio was*
32. **Le he . . . infiernos** *I will avenge myself even if I have to go to hell to find him*
33. **afluíanle a bocanadas** *flowed from him in bursts*
34. **Los charros . . . escandaloso** *The cowboys in a wild rush*
35. **jacales** *huts*
36. **cartuchéra** *cartridge belt*
37. **"para . . . novio"** *for the hide of the groom*
38. **vinata** *wine room*
39. **jondazo** *a big drink*

"Yo no bebo," respondió Juan desdeñoso e insolente.

"¿Quién dice que no bebe?" preguntó con socarronería Basilio,
después de haber apurado de un solo trago su vaso y de limpiarse
las barbas con la manga de su blusa. "Pues si no toma esa copa
por la buena[40] yo hago que se la trague por las narices."   5

"Tómala, Juan, no seas malcriado," intervino caritativamente
tío Chepe muy asustado. "A estos señores no se les desaira nunca.
Dispénsenlo ustedes, es muy tonto y no es de este rancho.

Al nombre de Juan muchos pararon la oreja. En la duda, Basilio
se tiró a fondo: 10

"Pues que sepa el tal Juan que va a lo que le dejo . . . de
Camila." [41]

Juan abrió el jorongo[42] y como una fiera saltó sobre ellos, blan-
diendo el machete. Brillaron las pistolas al instante, se oyó el cric
crac de un gatillo. Pero antes de que el arma se disparara, Juan   15
metió la mano que al golpe fue desgarrada;[43] y se frustró el balazo.[44]
Entonces con destreza sin igual saltó sobre el brioso potro, que a
la sacudida arrojó lejos a su jinete, sin lograr echar al que de en
ancas saltó luego en la montura.[45] El valiente alazán[46] educado a
tales hazañas, espumoso el hocico, las narices abiertas y anhelantes, 20
se lanzó impetuoso sobre los otros montados y a brutales empellones
y mandobles a diestra y siniestra,[47] los valientes de profesión se
pusieron en fuga vergonzosa.

IV

"No te fíes de ése. Es de los de Basilio," le dijo uno de los camaradas.   25

Pero Juan, confiado como nunca, seguía aceptando ollas y más
ollas de pulque, que uno del otro rancho le ofrecía a cada instante.

Pronto comenzaron a flaquear sus piernas, a no poderse sos-

40. **por la buena** *willingly*
41. **Pues** . . . **Camila** *Well, let this
John know that he is going to get what I
leave him of Camila*
42. **jorongo** *poncho*
43. **metió** . . . **desgarrada** *struck out
with his hand which was wounded by the
blow*
44. **y se** . . . **balazo** *and the bullet went*

astray
45. **sin lograr** . . . **montura** *with being able to throw the one who had re-
mounted behind*
46. **alazán** *sorrel horse*
47. **y a brutales** . . . **siniestra** *with
brutal shoves and whip slashes to right and
left*

tener más en pie, su vista obnubilada[48] le presentaba en borrosas figuras a los que bailaban cerca de el. La borrachera de Juan no lleva la alegría que rompe en un grito agudo y vibrante o en la carcajada sabrosa, en un alarido del salvaje o en el mugir del toro
5 bravo en la serranía desierta; era la suya una borrachera de ensimismamiento de los que nacieron tristes.

En el centro del corral una pareja de bailadores levantaba polvo de los tepetates en un jarabe picado.[49] Alambicada, ella alza con la punta de los dedos la enagua floreada y crujiente de almidón;[50] él,
10 repicando con la botonadura de sus calzones de gamuza,[51] sacude el zapateado, caída la ancha falda del sombrero hasta media cara y meneando sus brazos a compás. En torno la muchedumbre: disparatado colorear de blusas y enaguas, peinados abrillantados con mucílago de membrillo[52] y adornados con listones de vivos
15 colores; camisas blancas y tiesas como cartón, pañuelos y mascadas encendidas, anudadas al cuello de mozos y mozas.

Más allá de la cerca que limita el corral del fandango, del otro lado y al parejo de la nopalera y el áspero huizachal,[53] relinchaban los cuacos[54] contagiados del regocijo de sus amos. Valentones de
20 oficio[55] hacían acto de presencia, comiéndose los barboquejos, bajos los sombrerazos hasta las mismas narices,[56] mirando al sesgo,[57] misericordiosamente, y haciendo rayar de cuando en cuando a sus potros que después de brusca y violenta acometida se sentaban sobre sus patas traseras dejando una huella de muchos metros al
25 ras del suelo.

De pronto se suspendieron los acordes de la guitarra y los arpegios del harpa, cesó el seco ruido de los zapatones y el murmullo de la multitud se apagó en un murmullo de espanto. Tres montados llegaron a todo galope derribando cuanto a su paso encontraban.

48. **obnubilado** *clouded*
49. **levantaba . . . picado** *were raising dust from the turf in a rhythmic jarabe*
50. **la enagua . . . almidón** *her petticoat flowered and crackling with starch*
51. **repicando . . . gamuza** *jingling the set of buttons on his chamois trousers*
52. **con mucílago de membrillo** *with quince pomade* (a sweet-smelling hair dressing)
53. **áspero huizachal** *stiff clump of sponge trees*
54. **cuacos** *ponies*
55. **valentones de oficio** *professional bullies*
56. **comiéndose . . . narices** *gnawing their chin straps, their great sombreros down to their very noses*
57. **al sesgo** *obliquely*

Se produjo gran confusión: muchos se arremolinaron[58] en medio del patio sin tiempo de coger la salida, otros saltaban la cerca y muchos se habían escondido entre los nopales y huizaches. Y dominando los agudos gritos de las rancheras borrachas, una voz que no se sabía si era de burla o de alarma: 5
"¡Cuidado con la novia!"
Todo fue obra de unos momentos; pero la confusión se tornó en angustia, cuando alguno dijo:
"¡Se robaron a Camila!"
"Fue Basilio con sus compañeros." 10
"El viejo mayordomo gimiendo de rabia, las piernas trémulas por los muchos años, encorvadas las espaldas por el mucho trabajar, iba de grupo en grupo en busca de su yerno, increpando a los charros de la hacienda porque de nada servían,[59] ni siquiera para hacerles frente a tres cobardes que sólo sabían robarse a las mujeres y matar 15 a los desarmados."
"Despierta, borracho infeliz, que te han robado a tu mujer."
Cerca de los filarmónicos que contemplaban con aflicción el violín reventado y con las tripas rotas, el arpa desfondada y patas arriba, Juan roncaba. 20
"¡Levántate, desgraciado . . . !"
A empujones y puntapiés lograron incorporarlo como quien levanta una vaca desbarrancada.[60] Juan alzó pesadamente la cabeza, entreabrió los ojos y sin entender palabra de lo que le decían volvió a quedarse dormido. 25
Entonces un cántaro de agua desde la cabeza hasta los pies hubo de conseguir lo que ni a manazos se lograba.[61] Con asombro rayano en estupidez, poco a poco, fue comprendiéndolo todo. Aturdido se encaminó a ensillar un viejo rocín que le ofreció el suegro.
De lo alto de una loma lo veían los de a caballo. En medio de 30 una nube de polvo aparecían y desaparecían las ancas del jamelgo[62] en desenfrenada carrera.

58. **se arremolinaron** milled about
59. **increpando . . . servían** rebuking the ranchhands of the hacienda because they were useless
60. **una vaca desbarrancada** a cow which had fallen over a cliff
61. **lo que . . . lograba** what slaps and blows did not bring about
62. **jamelgo** nag

"¡Córrele, Juan, que ahora sí los vas alcanzando!" le gritaban a pleno pulmón entre carcajadas estrepitosas.

V

Al anochecer, cuando la comba nacarada de la luna[63] empalidecía el valle y llenaba de misterio el negrear de la arboleda, cuando las 5 ranas en las charcas y los grillos en los herbazales cantaban la gigantesca sinfonía de la hora, una silueta blanca se abrió paso entre los tupidos follajes del ribazo[64] deteniéndose un instante al borde de un hoyanco profundo.[65] El agua dormía tranquila y en su fondo se bañaban las estrellas.

10 Se oyó una caída estruendosa; un borbotón[66] de agua se levantó en diamantina cascada; las ondas se enturbiaron ensanchándose, enlazándose y confundiéndose. Ahora la silueta blanca flotó por un momento como un enorme pescado.

Durante un momento no más. Todo desapareció en la oscuridad 15 impenetrable de aquella negra garganta.[67] Las ondas se asilenciaron y el agua volvió a dormirse bajo el encanto de bosque que prosiguió solemne e imperturbable su himno majestuoso.

Allá, de tarde en tarde, se oía un ladrido agudo,[68] prolongado e infinitamente triste, doloroso como un lamento humano. El del 20 perro blanco con su mirada brillante fija en el fondo del río.

63. **cuando . . . luna** *when the pearly curve of the moon*
64. **tupidos . . . ribazo** *the dense thicket of the river bank*
65. **hoyanco profundo** *deep pool*
66. **borbotón** *large bubble*
67. **negra garganta** *black throat* (the black throat of the river)
68. **ladrido agudo** *sharp bark*

Preguntas

1. ¿De dónde vino Juan y cómo era?
2. ¿Qué impresión producía en las chicas del rancho?
3. ¿Para quién eran las caricias de Juan?
4. Al verle en el ribazo, ¿qué dijo Camila de Juan?
5. ¿Quién era Camila? ¿Cómo era ella?
6. ¿De quién era novia Camila?
7. ¿Qué ocurrió al lado del arroyo una tarde de estío?

8. ¿Qué le reveló Camila a Juan?
9. ¿Cuál fue la reacción de Basilio al saber que Camila iba a casarse con otro?
10. Para calmar su enojo, ¿qué necesitaba Basilio?
11. ¿Quién fue a avisarle a Juan del peligro?
12. ¿Cómo se escapó Juan por fin?
13. El día de la boda, ¿qué hacía Juan?
14. ¿Quién le ofrecía las ollas de pulque?
15. ¿Qué causó un murmullo de espanto?
16. ¿Qué hicieron los tres jinetes?
17. Mientras tanto, ¿dónde estaba Juan?
18. ¿Dónde ocurrió la última escena del cuento?
19. ¿Qué se oyó de repente y qué causó este ruido?
20. ¿Qué se oía al lado del río de tarde en tarde?

Temas

1. Las costumbres rurales que se ven en este cuento.
2. El papel de la naturaleza en este cuento.
3. El fatalismo en este cuento.
4. El estilo poético de Azuela.

Rómulo Gallegos (1884–   )

El venezolano Rómulo Gallegos hoy figura entre los más grandes novelistas hispanoamericanos. Nacido en Caracas, empezó desde muy joven a hacerse notar en el campo de las letras. El tema predilecto de este autor es la lucha entre la civilización y la barbarie.
5 Logró fama mundial como intérprete del paisaje y de la vida americana. La selva tropical y los llanos venezolanos sirven de fondo y a veces toman la forma de protagonistas en sus mejores novelas: *La trepadora* (1925), *Doña Bárbara* (1929), *Cantaclaro* (1931), *Canaima* (1935) y *Pobre negro* (1937).
10 Enemigo de la ignorancia y del despotismo, Gallegos se opuso al infame dictador-presidente Juan Vicente Gómez, y pasó algunos años (1932–1936) en España en un destierro voluntario. Gallegos, hombre de recia personalidad, se ha destacado en el campo de la educación; era maestro, director del Liceo Andrés Bello en Caracas,
15 y Ministro Nacional de Educación (1936). Tuvo una breve y fracasada carrera política; fue elegido presidente de Venezuela en 1947, pero una junta militar lo expulsó.

Su obra maestra, *Doña Bárbara*, alcanzó un éxito extraordinario. Es un conjunto admirable de novela realista, simbólica y poética.
20 El llano venezolano "bello y terrible a la vez" sirve de fondo al choque entre la civilización y la barbarie, un choque que se desarrolla mientras los hombres se destruyen entre sí. El simbolismo de Doña Bárbara, que representa la barbarie, y de Santos Luzardo, el hombre que trae la civilización, es algo exagerado; pero el
25 mérito artístico de esta novela y su impacto violento son inolvidables.

El estilo de Gallegos es vigoroso y castizo, aunque usa un buen número de americanismos. Sobresale en la creación de personajes. Una calidad doble marca su estilo; el impresionismo artístico y el

238

realismo descriptivo. Sus descripciones del paisaje a veces llegan a
ser poesía, mientras que su penetración en la vida psicológica de
los tipos nativos muestra un realismo poderoso.

El cuento que ofrecemos aquí, "Un místico," de la colección
La rebelión y otros cuentos (1947) muestra otro aspecto de la lucha   5
entre la civilización y la barbarie, esta vez el barbarismo de las
supersticiones e ideas atrasadas de un pueblo pequeño del interior
de los llanos. El joven médico, Eduardo Real, trae consigo ideas
modernas. Es un hombre fuerte que siente placer al ver "desarrollarse ante sus ojos una perspectiva de luchas y victorias." La manera   10
astuta en que logra su propósito es el tema del cuento. Muestra el
autor con leve tono satírico su preocupación con las condiciones
sociales en Venezuela. La psicología de los hombres del interior se
nota muy bien aquí, desde el Padre Juan Solís, tan absorto en su
misticismo que no puede actuar, hasta el doctor Artemio, el medica-   15
cho que tiene tanto poder en el pueblo.

UN MÍSTICO

I

"¿Con que decididamente te quedas entre nosotros?" Decía el Padre
Juan Solís a su amigo el doctor Eduardo Real, reanudando[1] la amigable plática que sostuvieron durante el almuerzo con que obsequiara[2] al médico, recién llegado al pueblo.   20

"Sí. Hay aquí una buena cantidad de enfermos que prometen
abundante clientela."

"Desgraciadamente es así. Este es un pueblo de enfermos. El
nombre poético con que lo has designado le viene de perlas: Valle
de los Delirios. ¡Y qué delirios, querido Eduardo, qué delirios!   25
Ya irás viendo."

"No podía ocurrírseme otro nombre mejor. Imagínate: los
primeros seres vivientes que encuentro a mi llegada son tres enfermos
que están tendidos en la tierra, a orillas del camino, delirando.
¡Qué cuadro!"   30

1. **reanudando** *renewing*   2. **obsequiara** *he had presented*

"Y los que te quedan por ver. Pobre gente. Pero créeme a mí, ellos mismos son la causa de sus males. Tú dices que la causa de esta mortífera enfermedad está en el agua que bebemos; yo creo que por detrás de esta causa material e inmediata, hay otra, la
5 verdadera: estos desgraciados viven así porque no tienen un momento de elevación espiritual que₊ los limpie de la podre en que se revuelcan.³ Si lo sabré yo que les hurgo la conciencia.⁴ Son unos infelices. No voy a hablarte de la fe de esta gente, que es una horrible mezcla de burdas⁵ supersticiones que ni siquiera se pueden justificar
10 por el lado poético; tampoco quiero referirme a la pecaminosa⁶ indiferencia con que miran los deberes de su religión. Nada de esto sería para ti," positivista y posiblemente incrédulo, "razón de peso;⁷ me limito a echar de menos entre mis feligreses eso que se llama idealidad. Son almas privadas del don de la visión superior que va
15 más allá de las cosas materiales."

"Observo que no se ha extinguido en ti el aliento místico."

"A Dios gracias."

Respondió el sacerdote reclinando la cabeza, ya pintada de canas precoces que brillaban como hilos de plata, y guardó un prudente
20 silencio.

Eduardo Real lo imitó, entreteniéndose en contemplar las desvanecentes coronas que el humo de su cigarro iba formando en el calmo ambiente del caluroso mediodía, bajo el verde y sombroso toldo de la troje de parchas granadinas⁸ que se rendía al peso de sus
25 olorosos frutos en la huerta de la casa parroquial.

Un mismo pensamiento los ocupaba. Evocaban los años de la adolescencia, cuando se conocieron en el colegio. Juan Solís era objeto de burla de los condiscípulos, a causa de la angelical delicadeza de su espíritu y de su acendrada piedad;⁹ pero atraído por la
30 beata dulzura que bañaba la faz cavada¹⁰ de aquel joven, en el fondo de cuyos ojos había un brillo singular, Eduardo Real se aficionó desde el primer momento a su apacible compañía. Recípro-

---

3. **la podre . . . revuelcan** *the pus in which they wallow*
4. **Si lo . . . conciencia** *I ought to know because I search their consciences*
5. **burdas** *coarse*
6. **pecaminosa** *sinful*

7. **razón de peso** *convincing reason*
8. **toldo . . . granadinas** *awning of the Grenadine passion flowers on the granary*
9. **acendrada piedad** *spotless piety*
10. **cavada** *sunken*

camente Solís le cobró afecto, tierno y extremoso,[11] y se consagró a
ayudarle en el aprendizaje de las matemáticas inaccesibles para
Real, y en fraternas confidencias, tímidas y unciosas,[12] fue abriendo
ante los ojos de éste místicas puertas de relampagueantes[13] claridades.   5
Pero fueron emociones fugaces que otras influencias más largas
y más enérgicas borraron bien pronto del alma de Eduardo Real.
Concluídos los estudios en el colegio, cada cual escogió el camino
de su vocación: Solís pasó al Seminario; Real ingresó en la Universidad a cursar medicina.   10
Ahora se encontraban de nuevo. Una irreductible antinomia[14]
de principios separaba sus espíritus. Ejerciendo el curato en aquel
pueblo internado en el corazón de fragosas y desoladas tierras, Juan
Solís había aquilatado[15] su misticismo de tal modo que Eduardo
Real no dudaba que aquellos ojos febriles estuviesen acostumbrados 15
a la celeste visión; por su parte el médico ajustaba su vida a las claras
normas de la ciencia y creía que sólo este camino era terreno firme
y transitable.
Rompiendo la pausa dijo, como si respondiera a las reflexiones
que debía estar haciendo el sacerdote: 20
"Al fin y al cabo, el positivismo tiene también su idealidad. No
todos servimos para los grandes vuelos del espíritu; pero todos
tenemos una hermosa misión que cumplir en este valle de los
delirios."
"Así es," asintió el Cura, dando suaves golpecitos a su cigarro 25
para tumbarle la ceniza. "Y la tuya, a más de útil es en este caso
necesaria: en este pueblo la muerte ha sentado sus reales[16] y no hay
quien le dispute sus víctimas."
"¿Y el doctor Artemio?"
"Que mi lengua no quite honras ni mengüe[17] reputaciones; pero 30
parece que el doctor Artemio no ha encontrado todavía el remedio
para esa fiebre que está diezmando[18] la población. Quiera Dios que
tú seas más afortunado. Eso sí, dinero no le falta, porque se hace

11. **extremoso** *demonstrative*   16. **la muerte . . . reales** *death has*
12. **uncioso** *complacent*   *pitched its camp*
13. **relampagueantes** *flashing*   17. **mengüe** *lessen* (del verbo **men-**
14. **antinomia** *contradiction*   **guar**)
15. **aquilatado** *refined*   18. **diezmando** *decimating*

pagar caro. Pero te advierto que aunque los enfermos abunden
no te será fácil allegarte clientela,[19] porque tu rival es hombre de
recursos y mantiene buenas relaciones con los personajes de la
localidad. Ándate, pues, con tiento, que no sea que vayas a caer
5   en un mal paso. No quiero desalentarte, pero la empresa en que
te has metido es muy escabrosa;[20] veo tu camino sembrado de
contratiempos y de peligros."

Hizo una pausa. Eduardo Real permaneció pensativo, dejando
vagar las miradas por el panorama que desde allí se divisaba. En
10 redor de la huerta del cura, arbolada y jugosa,[21] se extendían las
vegas de las márgenes del río, llenas de silencio y de sol, hasta una
barrera de pardas colinas[22] en cuyos flancos lucían los rojizos tajos[23]
de solitarios caminos. El vaho caliente de la tierra soleada, el
campesino silencio y la cruda luz que caía a plomo[24] sobre todas
15 las cosas producían en la sensibilidad del médico una sabrosa sensación, tónica y soporosa[25] a la vez, que, acelerando el ritmo de su
juvenil vitalidad le llenaba la conciencia con el sano deleite de la
propia fortaleza.[26] A través de este sentimiento de sí mismo, los
sombríos presagios del sacerdote se trocaron para él en enérgicos
20 estímulos: veía desarrollarse ante sus ojos una perspectiva de luchas
y de victorias.

El sacerdote volvió a hablar, ahora de pie, con el brazo vibrando
en el aire, como una rama sacudida por el viento que precede a las
tormentas y el rostro lleno de verdes reflejos, súbitamente transfigu-
rado por la violencia de la cólera mística:
25 "¿Quién asegura que nuestro deber no sea aumentar los males que
afligen a este pueblo, en vez de disminuírlos. Nuestra desgracia no
es el hambre ni la peste,[27] sino la falta de vida espiritual. Este pueblo
tiene el alma sepultada, totalmente abolida.[28] Los males del cuerpo
son males precarios de los cuales no vale la pena ocuparse; lo que
30 debemos procurar es sacar el espíritu del letargo en que duerme,

19. **allegarte clientela** *to build up a*   23. **tajos** *cuts*
clientele   24. **a plomo** *perpendicularly*
20. **escabrosa** *rough*   25. **soporosa** *drowsy*
21. **arbolada y jugosa** *wooded and*   26. **fortaleza** *strength*
verdant   27. **peste** *plague*
22. **barrera . . . colinas** *barrier of dark*   28. **abolida** *canceled out*
hills

La calle principal de un pueblo muy pequeño, Marín, en Yaracuy, Venezuela. (Standard Oil Co., N.J.)

insuflarle[29] la vida que se le extingue gradualmente por falta de
ideales. Tráigannos ustedes ideales, cualesquiera que ellos sean, y
ya verán cómo los cuerpos sanan y se fortalecen. La salud y el
bienestar no son el remedio que necesitamos; por el contrario,
siempre ha sido el dolor el abono de las mejores flores espirituales. 5
¡Que siga echando Dios dolores en el surco[30] hasta que revienten
las semillas! Pero esa es nuestra desgracia, nuestro mal incurable;
por más sufrimientos que haya, en este pueblo no acaba de surgir
el alma sepultada."

Eduardo Real lo miró sin decir palabra. Parecía acometido[31] por 10
una fiebre violenta, en el fondo de sus ojos negros y circundados de
ojeras violáceas, relampagueaba una lumbre alucinante; su silueta
alargada y escuálida, iluminada por los reflejos de la huerta bañada
de sol, se agrandaba trémula bajo la enramada,[32] como si el soplo

29. **insuflarle** *to breathe into it*
30. **surco** *furrow*
31. **acometido** *overcome*
32. **enramada** *arbor*

místico que agitaba su espíritu lo levantase del suelo en ascensión de arrobamientos.[33]

II

Días después, el nombre de Eduardo Real era en el Valle de los Delirios una bandera suelta al viento de las vehementes pasiones de
5 aldea. Había asegurado el médico, en una conferencia, que el agua que allí se bebía era algo comparable a un caldo de cultivos bacteriológicos a fuerza de estar plagada de infinito número de gérmenes nocivos.[34] Esto no había sido afirmado nunca en el Valle de los Delirios en lenguaje categórico y científico, pero estaba en la
10 convicción de todo el mundo; sin embargo, bastó que el médico lo dijera para que todos dejasen de creerlo.

Por otra parte, el doctor Artemio salió en defensa de lo que él llamaba los fueros[35] del lugar, desvirtuando[36] la afirmación de su colega fundada en estudios hechos con buena voluntad y procla-
15 mando—sin dar razones—que el agua que allí se bebía no sólo era buena, sino que era la mejor del mundo.

Naturalmente el pueblo se puso de su parte y so capa de[37] indignación patriótica desatáronse contra Real las iras populares, hasta el punto de formarse motines[38] para apedrear al forastero que pagaba
20 con la injuria la hospitalidad que se le había brindado.

No obstante, Eduardo Real no desistió de su empeño de procurar el mejoramiento del agua que bebían y que era causa de aquella fiebre mortífera que diezmaba la población. Buen conocedor del medio y suficientemente sagaz para que no se le escapase cuánto
25 había de bribón en aquel doctor Artemio, llamólo un día a su casa y le dijo sin preámbulos:

"Colega, usted está cometiendo una tontería impropia de un hombre de sus alcances.[39] En esto del agua no hay de mi parte nada de lo que usted ha querido ver. Tan forastero es usted entre estas
30 gentes como lo soy yo y por lo tanto no tiene motivos *patrióticos* para tomar la cosa a pechos.[40] Yo voy a decirle la verdad sin eufemismos:

33. **arrobamientos** *ecstasies*
34. **nocivos** *noxious*
35. **fueros** *codes*
36. **desvirtuando** *detracting from*
37. **so capa de** *under the cloak*

38. **motines** *uprisings*
39. **alcances** *capabilities*
40. **tomar . . . pechos** *to take things to heart*

mi conferencia no ha sido sino una propaganda comercial. Dije que el agua del río no es potable y usted sabe que no lo es . . ."

"Pero eso equivale a una injuria lanzada a la faz de un pueblo hospitalario," comenzó a declamar el medicacho.[41]

"Dejémonos de sentimentalismos, estimable colega. Y déjeme 5 decir lo que tampoco me dejaron exponer en mi conferencia. Cuando ustedes se levantaron indignados dejándome con la palabra en la boca, iba a decir que más arriba del pueblo cae al río un arroyo de agua excelente . . ."

"La quebrada[42] que nace en la posesión de don Luis López." 10

"Justamente."

"¡Ah! En efecto es excelente."

"Pues bien. Si don Luis López, que por su riqueza es como si dijéramos el amo del pueblo, tiene el agua verdaderamente potable y suficiente dinero para construir un acueducto que la traiga hasta 15 aquí, lo más natural es que pretenda[43] venderla para el consumo de la población. Pero habría necesidad de obligar a la gente a comprársela y eso es lo que he tratado de hacer yo: recabar[44] de la autoridad la prohibición terminante de coger agua del río para el consumo. Usted con sus réplicas[45] ha echado a perder el 20 negocio . . ."

Artemio se rascó largo espacio la áspera pelambre[46] de sus barbas y al fin dijo:

"No se ha perdido nada, colega. Al contrario se ha ganado. Ya verá usted: mañana o pasado daré yo una conferencia y diré que, 25 habiendo estudiado bien el asunto mediante análisis y exámenes bacteriológicos, he encontrado que efectivamente el agua del río es un caldo de cultivos, es decir: veneno líquido."

Eduardo Real se quedó viéndolo, admirado de la estupenda desvergüenza de aquel bribonazo. 30

Y Artemio se apresuró a agregar:

"Con lo cual no traiciono a mi conciencia, doctor. Porque como usted ha comprendido perfectamente, yo sé que el agua del río no es potable y la prueba es que en mi casa no se bebe; pero usted se

41. **medicacho** quack doctor
42. **quebrada** gorge
43. **pretenda** try
44. **recabar** to succeed in getting
45. **réplicas** arguments
46. **pelambre** hair

da cuenta, este pueblo ha sido muy generoso conmigo y no podía
faltar a los dictados de la gratitud. Sabía que decirles que estaban
bebiendo un agua emponzoñada era avergonzarlos;[47] yo los conozco
muy bien: tienen una susceptibilidad excesivamente quisquillosa[48]
5 y lo tomarían a injuria."

"Pues bien. Ya está usted al cabo de la calle. Yo me voy de aquí
muy pronto y usted se quedará; justo es que sea usted y no yo quien
se beneficie con la partición que don Luis López me ha ofrecido en
el negocio."

10 "Es demasiada generosidad la suya, querido colega. Yo . . ."

"Sí. Usted es el hombre," le dijo Eduardo Real tocándolo en el
hombro y cortando así aquella lamentable entrevista, en la cual él
había tenido necesidad de exhibirse como un pícaro para desarmar
al que lo era de veras.

III

15 Al día siguiente, listo ya para marcharse del pueblo, le contaba
a su amigo el Cura el resultado de sus gestiones.[49] Y finalizó, pa-
rándose para despedirse:

"No había más remedio, querido amigo. Hay que combatir con
las armas que nos ponen en las manos. En cuanto me di cuenta de
20 que por el camino recto no iba al resultado apetecido, porque a
estas gentes nadie las convencería con razones desinteresadas, me
dejé de lirismos y me fui donde el tal don Luis López a desarrollarle
la perspectiva del pingüe negocio[50] del acueducto. Maneras había
de procurar agua buena y gratuita para el consumo de la población,
25 a costa de un pequeño esfuerzo de todos; pero habría sido necesario
el poder de Dios para hacer entrar en cordura a tus obcecados
feligreses.[51] Ahora la tendrán que pagar a la fuerza: don Luis la
suministrará a buen precio, de acuerdo con Artemio que va a
dedicarse a buscarle milagrosas virtudes medicinales para todas
30 las dolencias. Ya lo creo que las encontrará y todos creerán en ellas.

47. **era avergonzarlos** *was to shame
them*
48. **quisquilloso** *squeamish*
49. **gestiones** *plans*
50. **fui . . . negocio** *I went to the afore-*

*mentioned Luis López' house to awaken
his interest in the profitable deal*
51. **obcecados feligreses** *blinded pa-
rishioners*

Ha sido necesario que un bribón las pregone y que un poderoso se los imponga como una obligación ineludible. Allá ellos se las entiendan. Yo me marcho en seguida."

"¿Con la conciencia tranquila, Eduardo?" preguntó el sacerdote, clavando en él la mirada buida[52] de sus ojos febriles.   5

"¿Por qué no? Me llevo las manos vacías. Les dejo un beneficio que me ha costado algunos días de estudio y otros tantos de sinsabores,[53] sin que me haya reportado[54] un centavo."

"Pero tú lo acabas de decir: cuando te diste cuenta de que por el camino recto no irías al fin deseado . . ."   10

"Culpa mía no es que no haya bastado mi buena intención para llevar a cabo una empresa de utilidad general. Fue menester que un bribón metiera las manos en el negocio."

52. **buida** *sharp*   54. **reportado** *brought*
53. **sinsabores** *anxieties*

Preguntas

1. ¿Por qué había tantos enfermos en el valle?
2. Según el cura, ¿cuál era la otra causa de la enfermedad?
3. ¿Por qué era la fe de los habitantes una horrible mezcla?
4. ¿Por qué sería difícil que Real allegase clientela?
5. ¿Por qué dijo el cura:—¡Que siga echando Dios dolores en la gente del valle?
6. ¿Qué había asegurado Real en cuanto al agua?
7. ¿Qué hizo el doctor Artemio para destruir el plan de Real?
8. ¿Quién tenía el agua verdaderamente potable?
9. ¿Qué diría el doctor Artemio en su conferencia?
10. ¿Cuál era la prueba de que el doctor Artemio no creía que el agua era mala?
11. ¿Con qué armas nos es necesario combatir, según Real?
12. ¿A qué se dedicaría el doctor Artemio, si hubiera agua pura?
13. ¿Tendría Real la conciencia tranquila cuando saliese del valle?
14. ¿Qué ha costado el beneficio que dejó Real en el valle?
15. ¿Por qué era necesario que un bribón metiera las manos en el negocio?

Temas

1. El agua que bebían los del valle.
2. La amistad de Eduardo Real y Juan Solís en el colegio.
3. El carácter del doctor Artemio.
4. La actitud de los habitantes del valle hacia Eduardo Real.
5. El plan de Real que produjo agua potable para los habitantes.

Alfonso Reyes (1889–1959)

Uno de los mejores ensayistas de América, Alfonso Reyes, maestro mexicano de prosa y verso, tiene cierta unidad cristalina en toda su obra. Su poesía es concisa, insinuante, grave; su prosa es prismática, aguda, culta y profunda. Ha escrito innumerables ensayos literarios, científicos y filosóficos, además de ediciones eruditas de algunos 5 clásicos castellanos.

Nacido en Monterrey, estudió en la Facultad de Derecho de la ciudad de México y recibió el título de abogado en 1913. Sirvió de enviado diplomático y cultural en Francia y en España entre los años 1914–1927. También fue embajador en la Argentina y en el 10 Brasil (1927–1938). Director del Colegio de México, que estableció en 1940, tuvo una influencia profunda en el desarrollo intelectual de su país. En 1945 recibió el Premio Nacional de Literatura. Sus obras completas llenan una docena de volúmenes, con muchas páginas brillantes, pero sin una obra maestra que sobresalga. 15 Entre sus obras están *Visión de Anáhuac* (1917), *Ifigenia cruel* (1932), *Huellas* (1922), y *El deslinde* (1944).

Reyes se preocupaba mucho por la idea de una cultura orientada hacia Hispanoamérica, lo mismo que Rodó a comienzos del siglo XX y Vasconcelos unos años más tarde. Creía que todo el pasado 20 de Hispanoamérica indicaba que era tierra propicia para la unión y para la democracia. En *Última Tule*, una serie de ensayos que abarcan los años de 1920 hasta 1941, escribió mucho sobre el futuro cultural de América. El ensayo que incluimos aquí, de *Última Tule*, muestra estas ideas y a la vez sirve como ejemplo excelente de su 25 estilo. Sus ensayos son siempre líricos a causa de la manera personal que emplea.

CAPRICHO DE AMÉRICA

La imaginación, la loca de la casa,[1] vale tanto como la historia para
la interpretación de los hechos humanos. Todo está en saberla in-
terrogar y en tratarla con delicadeza. El mito es un testimonio
fehaciente[2] sobre alguna operación divina. La *Odisea* puede servir
5 de carta náutica al que, entendiéndola, frecuente los pasos del
Mediterráneo. Dante,[4] enamorado de las estrellas,

> . . . Le divine fiammelle
> dànno per gli occhi una dolcezza al core
> che intender non la può chi non la prova,[5]

acaba por adelantarse al descubrimiento de la Cruz del Sur.[6] Y
asimismo, entre la más antigua literatura, los relatos novelescos de
los egipcios (y quién sabe si también entre las memorias de la
10 desaparecida y misteriosa era[7] de Aknatón),[8] encontramos ya que
la fantasía se imanta[9] hacia el Occidente, presintiendo la existencia
de una tierra ignota americana. A través de los griegos, Europa
hereda esta inclinación de la mente, y ya en el Renacimiento[10]
podemos decir que América, antes de ser encontrada por los nave-
15 gantes, ha sido inventada por los humanistas y los poetas. La
imaginación, la loca de la casa, había andado haciendo de las
suyas.[11]
   Préstenos la imaginación su caballo con alas y recorramos la historia del mundo en tres minutos. La masa solar, plástica y blanda

1. una expresión frecuentemente
usada que significa que la imaginación, como una mujer loca, no se
puede contener
2. **fehaciente** *authentic*
3. **Odisea:** obra clásica del poeta
griego Homero
4. **Dante** (1265–1321): poeta italiano,
autor de *La divina commedia*
5. "Las divinas llamas
   dan por los ojos una dulzura al
   corazón
   que no la puede entender quien no
   la prueba"

6. **Cruz del Sur** *Southern Cross,* una
constelación astronómica
7. **era = época**
8. **Aknatón** era un rey de Egipto en
el siglo XIV antes de Jesucristo, que
se rebeló contra la religión tradicional
y estableció un culto que adoraba al
sol. Era esposo de la reina Nefertiti.
9. **se imanta** *is magnetized*
10. **Renacimiento** *Renaissance*
11. **haciendo de las suyas** *having its
own way*

—más aún: vaporosa—, solicitada un día por la vecindad de algún
otro cuerpo celeste que la atrae, levanta una inmensa cresta de
marea. Aquella cresta se rompe en los espacios. Los fragmentos son
los planetas y nuestra Tierra es uno de ellos. Desde ese remoto día,
los planetas giran en torno a su primitivo centro como verdaderas 5
ánimas en pena. Porque aquel arrancamiento con que ha comenzado su aventura es el pecado original de los planetas, y si ellos
pudieran se refundirían otra vez en la unidad solar de que sólo son
como destrozos.[12]

La Tierra, entregada pues a sí misma, va equilibrando como 10
puede sus partes de mar y suelo firme. Pero aquella corteza[13] de
suelo firme se desgarra un día por las líneas de menor resistencia,
ante las contracciones y encogimientos de su propia condensación.
Y aquí—nueva ruptura y destrozo, segundo pecado—comienzan a
alejarse unos de otros los continentes flotantes, según cierta fatalidad 15
geométrica. Uno de los resultados de este destrozo es nuestra
América.

Imaginemos todavía. Soñemos, para mejor entender la realidad.
Soñemos que un día nuestra América constituyó, a su vez, una
grande comunidad humana, cuyas vinculaciones[14] salvaran mágica- 20
mente la inmensidad de los territorios, las murallas de montañas, la
cerrazón[15] de los bosques impracticables. A la hora en que los
primeros europeos se asoman a nuestro Continente, esta unidad se
ha roto ya. Quetzalcoatl,[16] el civilizador de México, ha huído hacia
el Sur, precisamente empujado por las tribus sanguinarias que 25
venían del Norte, y ha dejado allá por Guatemala la imprenta de sus
plantas, haciéndose llamar Cuculcán. Semejante fenómeno de disgregación se ha repetido en todos los focos del Nuevo Mundo. Acaso
hay ya pueblos des-civilizados, recaídos en la barbarie a consecuencia de la incomunicación, del nuevo destrozo o tercer pecado. 30
Los grandes imperios americanos no son ya centros de cohesión, sino
residencias de un poder militar que sólo mantiene la unión por la
fuerza.

Todavía la historia hace un nuevo intento de reunificación,

12. **destrozos** *ruins*
13. **corteza** *outward crust*
14. **vinculaciones** *bonds*

15. **cerrazón** *dark threatening clouds*
16. **Quetzalcoatl:** el dios legendario
de los aztecas

atando, ya que no a una sola, a dos fuertes razas europeas toda esta
pedacería de naciones americanas. Sajones e iberos se dividen el
Continente. Pero como todo aspira a bastarse a sí mismo, las dos
grandes familias americanas que de aquí resultan se emancipan un
5   día. El proceso de fecundación europea sólo ha servido, como un
recurso lateral, para nutrirlas artificialmente, para devolverles la
conciencia de su ser continental, para restaurar entre ellas otra vez
el sueño de una organización coherente y armónica.

Y, en efecto, cuando los padres de las independencias americanas
10 se alzan contra las metrópolis europeas, bien puede decirse que se
sienten animados de un espíritu continental. En sus proclamas de
guerra se dirigen siempre a "los americanos", de un modo general
y sin distinción de pueblos, y cada uno de ellos se imagina que lucha
por todo el Continente. Naturalmente, este fenómeno sólo es
15 apreciable en los países hispanoamericanos, únicos para los cuales
tiene sentido. Luminosa imagen del planeta que ronda en torno a
su sol, Bolívar sueña entonces en la aparición de la Grande América.
Pero el tiempo no está maduro, y la independencia procede por
vías de fraccionamientos nacionales.

20   En las distintas etapas recorridas, asistimos, pues, a un juego
cósmico de rompecabezas.[17] Los tijeretazos[18] de algún demiurgo[19]
caprichoso han venido tajando[20] en fragmentos la primitiva unidad,
y uno de los fragmentos en partes, y una de las partes en pedazos,
y uno de los pedazos en trozos. Y la imaginación—cuyo consejo
25 hemos convenido en seguir para ver a dónde nos lleva—nos está
diciendo en voz baja que, aunque esa unidad primitiva nunca haya
existido, el hombre ha soñado siempre con ella, y la ha situado unas
veces como fuerza impulsora y otras como fuerza tractora[21] de la
historia: si como fuerza impulsora, en el pasado, y entonces se llama
30 la Edad de Oro; si como fuerza tractora, en el porvenir, y entonces se
llama la Tierra Prometida. De tiempo en tiempo, los filósofos se di-
vierten en esbozar[22] los contornos de la apetecida ciudad perfecta, y
estos esbozos se llaman Utopías, de que los Códigos Constitucionales

17. **rompecabezas** *puzzles, problems*   20. **tajando** *cutting*
18. **tijeretazos** *scissor snips*   21. **tractora** *traction*
19. **demiurgo:** un dios creador, en la   22. **esbozar** *sketching*
filosofía platónica

La ciudad de México (Pan American)

(si me permitís una observación de actualidad) no son más que la última manifestación.

Así pues—y aquí volvemos a la realidad profunda de los mitos con que he comenzado estas palabras—, hay que concebir la esperanza
5 humana en figura de la antigua fábula de Osiris:[23] nuestra esperanza está destrozada, y anda poco a poco juntando sus *disjecti membra*[24] para reconstruirse algún día. Soñamos, como si nos acordáramos de ella (Edad de Oro a la vez que Tierra Prometida), en una América coherente, armoniosa, donde cada uno de los fragmentos, triángulos
10 y trapecios encaje, sin frotamiento ni violencia, en el hueco de los demás.[25] Como en el juego de dados[26] de los niños, cuando cada dado esté en su sitio tendremos la verdadera imagen de América.

Pero —¡Platón[27] nos asista!— ¿existe en algún repliegue de la realidad esta verdadera imagen de América? ¡Oh, sí: existe en nues-
15 tros corazones, y para ella estamos viviendo! Y he aquí cómo llegamos a la Idea de América, idea que tiene de paradójico el que casi se la puede ver con los ojos, como aquella *Ur-Pflanze* o planta de las plantas (verdadero paradigma del reino vegetal) en la célebre conversación de Goethe y Schiller.[28]

23. **Osiris:** dios egipcio de la muerte y de la resurrección. Según el mito, Osiris era un rey bueno que fue asesinado por su hermano envidioso. Este hermano despedazó el cuerpo y enterró los restos en varias secciones de Egipto. Isis, la mujer de Osiris, recobró el cuerpo y lo reanimó y después éste llegó a ser el dios de la muerte.
24. **disjecti membra** [poetae], los trozos del cuerpo destrozado. La cita es de Ovidio, *Sátiras*, I, 4.62.

25. **donde . . . demás** *where each one of the fragments, triangles, and trapezia fits without friction or violence into the hollow of the rest*
26. **dados** *blocks*
27. **Platón** (*c.* 427–347 A. de J.C.): filósofo griego
28. Esta conversación ocurrió en 1794 entre los poetas alemanes, Goethe (1749–1832) y Schiller (1759–1805), después de la cual siguieron como buenos amigos hasta la muerte de éste.

Preguntas

1. ¿Cuáles son dos cosas que valen mucho para interpretar los hechos humanos?
2. Según el autor, ¿de qué puede servir la lectura de la *Odisea*?
3. ¿Hacia dónde se imantaba la fantasía aun en los tiempos antiguos?
4. ¿En qué se convirtieron los fragmentos de la masa solar?
5. Según el autor, ¿cuál es el pecado original de los planetas?
6. ¿Cuál es el segundo pecado?
7. ¿Cuál es uno de los resultados de esa nueva ruptura?
8. ¿Quién fue el civilizador de México?
9. ¿Por qué tuvo que huir hacia el Sur?
10. ¿Entre quiénes se divide el continente americano?
11. ¿Qué espíritu animó a los padres de la independencia americana?
12. ¿Qué sueño tuvo Bolívar?
13. En la imaginación de los hombres, ¿con qué nombre califican la unidad perfecta del pasado? ¿Y con qué palabras se refieren a la del futuro?
14. ¿Por qué se compara la esperanza con la antigua fábula de Osiris?
15. Según Reyes, ¿dónde existe la verdadera imagen de América?

Temas

1. Lo que puede la imaginación en el mundo moderno.
2. El papel de la imaginación en los tiempos antiguos.
3. Las dos grandes familias americanas y cómo ganaron su independencia.
4. Los sueños de una organización coherente y armoniosa en este continente: la Unión panamericana y la O. E. A. (Organización de Estados Americanos).
5. El estilo de Alfonso Reyes.

Martín Luis Guzmán (1887–   )

Entre los mejores novelistas de la revolución mexicana, Martín Luis Guzmán, novelista, periodista, soldado, nació en Chihuahua y estudió jurisprudencia en la Universidad de México. Sirvió en el ejército del Norte durante la revolución mexicana; en 1914 tenía el
5 puesto de coronel bajo Pancho Villa. Exilado político desde 1914 hasta 1934, vivió en Nueva York y en España. Ha tenido puestos en el gobierno mexicano y ha sido director de la Biblioteca Nacional.

Su novela más importante, *El águila y la serpiente* (1928) recoge un personaje-masa, de los que viven y luchan con el espíritu de la
10 revolución. La figura central es Pancho Villa, el héroe más popular de todos los revolucionarios. Guzmán relata hazañas de Villa que son todas verdaderas pero que parecen casi increíbles. En este libro el entendimiento y la penetración del autor nos revelan lo más profundo del alma mexicana. La revolución misma, llena de violencia
15 y, al parecer, sin propósito fijo, se ve redimida por los sueños de la justicia y de una vida mejor.

Guzmán usa una prosa vigorosa y un sentido directo de narración. Otra obra suya que trata de los abusos políticos y la corrupción en el gobierno después de la revolución es *La sombra del caudillo* (1929).
20 *El águila y la serpiente* no es precisamente una novela, sino un conjunto de episodios que brotan de las experiencias del autor durante la guerra. Así "La fuga de Pancho Villa," que incluimos aquí, forma un episodio íntegro. La figura de Villa atraía a Guzmán y a otros hombres de gran calidad intelectual. Por eso pinta a Villa
25 con mucha simpatía, mostrando la devoción de éste por la causa del pueblo y su profundo dominio sobre los que le siguieron.

Acerca del título: Dice la leyenda que los dioses les dijeron a los aztecas que fundaran una ciudad donde encontraran un águila

que con el pico cogía una serpiente. Así se fundó la ciudad de
Tenochtitlán, ahora México. Esta águila y esta serpiente figuran en
la actual bandera de México.

LA FUGA DE PANCHO VILLA

Mis primeras semanas de Ciudad Juárez fueron a manera de baño
de inmersión en el mundo que rodeaba al general Villa. Aparte el 5
trato con él, conocí entonces a su hermano Hipólito, a Carlitos
Jáuregui (el más joven de sus partidarios, aquél en quien Villa
ponía sus mayores confianzas), a Juan N. Medina (jefe, hasta poco
antes, de su estado mayor), a Lázaro de la Garza (su agente finan-
ciero) y a otros muchos, en fin, de sus subordinados y servidores más 10
próximos; todos los cuales—cada quien a su modo—fueron acercán-
dome al jefe de la División del Norte y envolviéndome en la
atmósfera que su sola presencia creaba.

Carlitos Jáuregui me contó, una noche en que esperábamos
en Juárez la llegada de Villa, el origen de sus relaciones con el 15
guerrillero. Nos habíamos subido, para estar más cómodos, sobre un
montón de cajas y fardos[1] próximos a los andenes[2] de las bodegas de
la estación. Noche de mayo, hacía una temperatura tibia y deliciosa.
Jáuregui se había ido recostando sobre las cajas hasta quedar tendido
del todo,[3] cara al cielo y blandamente inmóvil. Mientras hablaba 20
tenía fijos los ojos en las estrellas. Yo, apoyadas las espaldas contra
el costado de un bulto, lo oía sin interrumpirlo y me divertía a la
vez en seguir con la vista las órbitas de unas lucecitas rojas que
vagaban en la sombra bajo el cobertizo[4] de enfrente. Las lucecitas
se movían, ya con violencia, ya con lentitud; viajaban de un lado 25
para otro con trayectorias sinuosas; caían de pronto; describían
largas parábolas, como proyectiles lanzados horizontalmente; se
quedaban fijas en el aire por unos momentos, o quietas en el suelo;
se iban apagando, se reanimaban, se extinguían. Eran los cigarros
de los soldados y oficiales que esperaban el tren militar. 30

1. **fardos** *bundles*   3. **tendido del todo** *fully stretched out*
2. **andenes** *railway platforms* 4. **cobertizo** *shed*

"Cuando Villa estaba preso en Santiago Tlaltelolco," me iba relatando Jáuregui, "yo trabajaba como escribiente[5] en uno de los juzgados militares.[6] Aquellos días los recordaré siempre como los de mi mayor miseria. Tenía de sueldo alrededor de cuarenta o cin-
5 cuenta pesos. A causa de esto vivía triste, tan triste que, según me parece, la tristeza se me echaba de ve., en raro contraste con mis pocos años. Para ganar un poco más solía ir por las tardes al juzgado, pasadas las horas de oficina, y allí escribía solo hasta acabar las copias que me encargaban abogados y reos.[7] Mi escritorio estaba
10 cerca de la reja de hierro tras la cual comparecían los acusados,[8] de manera que desde mi asiento podía yo ver una parte del pasillo de la prisión, solitario casi siempre a esas horas.

"Una tarde, al alzar la vista de sobre el escritorio y mirar distraído hacia el pasillo, vi a Villa, de pie detrás de la reja. Había venido tan
15 calladamente, que no sentí sus pasos. Llevaba, como de costumbre, puesto el sombrero y echado sobre los hombros el sarape.[9]

" 'Buenas tardes, amiguito,' me dijo amable y afectuoso.

"Su aspecto no era exactamente igual al que le había conocido las mañanas en que el juez le tomaba declaración[10] o lo llamaba
20 para cualquier diligencia.[11] Me pareció menos lleno de desconfianza, menos reservado, más franco. Lo que sí conservaba idéntico era el toque de ternura que asomaba a sus ojos[12] cuando me veía. Esa mirada, que entonces se grabó[13] en mí de modo inolvidable, la descubrí desde la primera ocasión en que el juez me encomendó
25 asentar en el expediente las declaraciones[14] que Villa iba haciendo.

" 'Vengo a ver,' añadió, 'si quiere usted hacerme el servicio de ponerme en limpio una cartita.'[15]

"Luego conversamos un buen rato; me dio el papel que le debía

5. **escribiente** *stenographer*
6. **juzgados militares** *military courts*
7. **y allí . . . reos** *and there I wrote alone until I finished the copy which lawyers and criminals asked me to prepare*
8. **tras . . . acusados** *behind which appeared the accused*
9. **puesto . . . sarape** *his sombrero on and his serape thrown over his shoulder*
10. **declaración** *statement*

11. **diligencia** *business*
12. **el toque . . . ojos** *the touch of tenderness which came to his eyes*
13. **se grabó** *was fixed upon*
14. **el juez . . . declaraciones** *the judge ordered me to set down the statements which Villa was making*
15. **el servicio . . . cartita** *the favor of copying a little letter for me*

copiar, y quedó en que volvería él mismo a recogerlo[16] a la tarde siguiente, a la misma hora.

"Al otro día, después que hubo recogido su carta, clavó en mí los ojos por mucho tiempo y, al fin, me preguntó, haciendo más notable el matiz afectuoso de su sonrisa y su mirada: 5

" 'Oiga, amiguito: ¿pues qué le pasa que lo veo tan triste?

" 'No me pasa nada, general.' No sé por qué llamé yo a Villa general desde la primera vez que hablamos. Y añadí luego, 'Así estoy siempre.'

" 'Pues si así está siempre, eso quiere decir que siempre le pasa 10 algo. Vaya, vaya, dígamelo. A lo mejor resulta que yo puedo sacarlo de sus penas.'

"Aquel tono, un poco cariñoso, un poco rudo, un poco paternal, me conquistó. Y entonces, dejándome arrastrar por la simpatía que Villa me manifestaba,[17] le pinté en todos sus detalles las pri- 15 vaciones y miserias de mi vida. Él me escuchó profundamente interesado, y tan pronto como terminé de hablar metió mano en el bolsillo del pantalón:

" 'Usted, amiguito,' me dijo, 'no debe seguir padeciendo de ese modo. Yo voy a encargarme de que su vida cambie.[18] Por principio 20 de cuentas[19] tome esto para que se ayude.'

"Y me tendió, por entre los barrotes de la reja, un billete de banco doblado tantas veces que parecía un cuaderno diminuto.

"Al principio yo rechacé[20] con energía aquel dinero que no había pedido; pero Villa me convenció pronto con estas palabras: 25

" 'Acepte, amiguito; acepte y no sea tonto. Yo le hago hoy un servicio porque puedo hacérselo. ¡Usted qué sabe si mañana ha de resultar al revés![21] Y tenga por seguro que si usted puede hacer algo por mí cualquier día, no esperaré a que me lo ofrezca;[22] se lo pediré yo mismo. 30

16. y quedó . . . recogerlo and he said that he himself would pick it up
17. dejándome . . . manifestaba allowing myself to be drawn out by the friendliness which Villa was showing me
18. Yo . . . cambie I am going to see that your life changes

19. por . . . cuentas first of all
20. rechacé I refused
21. Usted . . . revés You never know if tomorrow everything will go in the opposite way
22. no esperaré . . . ofrezca I shall not wait for you to offer it to me

"Esa noche, ya en la calle, estuve a punto de desmayarme al pie del primer foco de luz que encontré en mi camino. Al desdoblar el billete vi algo que apenas podía creer: ¡el billete era de a cien pesos! ¡Nunca había tocado con mis manos otro billete igual! Tenía
5 dibujada, sobre fondo rojo, una hermosísima águila mexicana con las alas abiertas y muy largas.

"Aunque nada tenía que escribir, acudí a la oficina la tarde siguiente, después de las horas de trabajo. Me impelía una secreta necesidad de hablar con Villa; de expresarle mi agradecimiento; de
10 mostrarle mi regocijo. Pero él, por razones que más tarde he comprendido al conocerlo mejor, no se apareció por la reja. Aquello me produjo una profunda contrariedad, pues de ese modo me era imposible comunicar a nadie mis impresiones; porque Villa me había recomendado que no dijese una sola palabra, ni en mi casa, del
15 dinero que me había dado, y yo estaba resuelto a guardar silencio. Por fin, volvimos a vernos dos días después.

" '¿Qué tal le va ahora, amiguito?' me dijo tan pronto como llegó. 'Se me figura que anda con mejor cara que antes.'

" 'Estoy muy bien, general, y sobre todo muy agradecido por el
20 servicio que se empeñó usted en hacerme.'

"Y así seguimos conversando.

"Nuestra plática fue esta vez más larga y comunicativa. Yo, ciertamente, sentía una gratitud profunda por aquel hombre rudo que se mostraba tan bueno conmigo, y trataba de hacerle com-
25 prender mis sentimientos. Al despedirnos alargó el brazo por entre las barras de la reja y me ofreció la mano. Yo se la estreché sin titubear;[23] pero como noté, al juntarse nuestros dedos, que Villa ponía algo entre los míos, traté de retirarlos. Él, apretándomelos con más fuerza, me dijo:
30   " 'Esto que le doy aquí es también para usted. Cuando uno ha estado pobre mucho tiempo, el poco dinero que halla de repente no le alcanza para maldita la cosa.[24] Apuesto, amiguito, a que ya no le queda ni un centavo de lo del otro día.'

" 'Sí, general, sí me queda. Me queda casi todo.'

23. **titubear** *hesitating*
24. **no . . . cosa** *is not enough for anything at all*

Pancho Villa (1877–1923) en su expedición de 1914. (The Bettmann Archive)

" 'Pues si le queda,' replicó, 'es que usted no ha hecho lo que debe. Usted está necesitando desde hace tiempo un buen rato de alegría, de diversión; y créame: la diversión y la alegría cuestan hasta cuando no se compran.[25] Además, mire lo que son las cosas: yo ya ando en cavilaciones sobre[26] un favor que he de pedirle; un favor más importante, mucho más, que estos pequeños que yo le hago, y estoy seguro de que usted no va a negármelo.' 5

" '¿Qué favor, general?' le pregunté, resuelto ya a dar hasta la vida por aquel hombre, el primer hombre bueno para mí con quien tropezaba yo en el mundo.' 10

25. **diversión . . . compran** *pleasure and joy cost a lot even when you don't have to buy them*

26. **ando . . . sobre** *I am thinking about*

" 'Hoy no, amiguito, hoy no se lo solicitaré. Hoy diviértase y esté contento. Mañana a mí me tocará.'[27]

"Yo no me divertí aquella noche; al contrario, sufrí más que en ninguna otra hasta entonces. Haciéndome preguntas y cálculos no
5   logré dormir un solo minuto. ¿Podría yo hacer lo que Villa pensaba pedirme? La posibilidad de que me exigiera algo malo no se me ocurría. Pero sí me inquietaba mucho la sola idea de que pretendiese cosas fuera de mi alcance,[28] superiores a mis fuerzas y a mi inteligencia; temía no ser capaz de corresponder, temía quedar mal.
10   " Nuestra entrevista siguiente fue muy breve. Villa empezó diciéndome, con tono persuasivo, que si yo era valiente podía prestarle un gran favor, pero que si era cobarde, más convendría no hablar del asunto.

" 'Yo no tengo miedo de nada, general,' le aseguré desde luego.
15   " '¿Ni de hacer cosas malas, amiguito?'

" 'De eso . . . ,'' y vacilé en terminar la frase.'

" 'Claro que de eso sí, porque usted es un buen muchacho. Yo nomás se lo preguntaba para ver qué respondía,[29] pues a buen seguro[30] que no he de pedirle nada que esté mal.'
20   " 'Yo sé que usted es un buen hombre, general.'

" '¡Eso, eso! De eso quería hablarle, amiguito. Usted que ha escrito todos los papeles de mi causa, ¿le parece justo que me tenga preso el gobierno?'

" 'No, general.'
25   " '¿No es verdad que todo se vuelve una pura intriga?'

" 'Sí, general.'

" 'Entonces, ¿no cree usted bueno que yo salga de aquí por mi cuenta,[31] puesto que los jueces no han de dejar que me vaya?'

" 'Sí, general.'
30   " '¿Y no es bueno también que alguien me ayude en este trance[32] difícil?'

" 'Sí, general.'

---

27. **Mañana . . . tocará** *Tomorrow it will be my turn* (*to ask a favor*)
28. **pretendiese . . . alcance** *he would ask things beyond my power*
29. **Yo nomás . . . respondía** *I only*

asked you to see what you replied
30. **a buen seguro** *surely*
31. **por mi cuenta** *on my own*
32. **trance** *situation*

" 'Bueno, amiguito. Pues usted es quien va a ayudarme . . . Pero ya le digo: eso, siempre que usted sea valiente; si es miedoso, no.'

" 'Miedo no tengo, general. Haré todo lo que usted me diga.'

"La duda de Villa acerca de mi valor personal me produjo un efecto extraño, tan extraño que ya no pensaba sino en escuchar lo 5 que él esperaba de mí, para acometerlo, fuese lo que fuese.

" 'Así me gusta que se hable,' [33] continuó. 'Estamos arreglados. En primer lugar tome este paquete y guárdelo en su escritorio, bajo llave y donde nadie lo descubra.'

"Al decir estas palabras sacó de entre los pliegues de su sarape 10 un bulto pequeño que me pasó por entre los barrotes. Yo me acerqué, lo tomé y lo metí en uno de los cajones de mi escritorio, debajo de varios papeles. Villa siguió diciendo:

" 'En ese paquete van unas seguetas, un portasierra[34] y una bola de cera negra. Cuando venga usted mañana por la tarde, arme la 15 sierra,' [35] al pronunciar estas palabras bajó la voz y le imprimió un tono más confidencial y más enérgico, 'cierre bien las puertas y póngase, amiguito, a la obra de aserrar mis barras. El aceite de la botellita,[36] que está también en el paquete, es para untar la sierra; así no se calienta ni rechina.[37] Corte primero aquí, luego aquí,' y 20 señalaba en los travesaños[38] de la reja. 'Después de cortar bien, llene con cera las cortaduras,[39] para taparlas; pero llénelas bien, que no se conozca. Pasado mañana corte estos otros dos barrotes, en estos lugares. Fíjese bien, amiguito: aquí y aquí. Cuando acabe, tape las cortaduras, como las otras. Luego, en dos tardes más, corte en estos 25 cuatro puntos; pero no completamente, sino dejando sin aserrar un poquito para que los barrotes no se caigan. La última tarde vendré a verlo, y si ya ha acabado de aserrar lo que le dije, le diré qué más hay que hacer. Conque[40] adiós. Me voy, porque ya llevo aquí parado algún tiempo. Y a ver si es verdad que no conoce el miedo . . . ¡Ah! 30 Cuide de recoger bien la limadura[41] que se le caiga; la que no pueda

33. **Así . . . hable** *That's the way I like it said*
34. **seguetas, un portasierra** *hacksaw blades, a saw handle*
35. **arme la sierra** *assemble the saw*
36. **el aceite . . . botellita** *the oil in the little bottle*
37. **rechina** *squeak*
38. **travesaño** *crosspiece*
39. **cortaduras** *cuts*
40. **Conque** *So*
41. **limadura** *metal dust (caused by sawing)*

pepenar[42] con los dedos, recójala apretando la cera contra el piso.' [43]

"A medida que Villa me fue dando aquellas instrucciones yo sentí que el cuerpo se me ponía más y más frío, y que me quedaba como lelo,[44] aunque no acertaría a decir si de miedo o de emoción. Y todas 5 las palabras suyas, que yo oí tan atentamente que no las he olvidado jamás, me daban vueltas en la cabeza mezcladas de modo extraño con la figura del águila, de alas hermosas y largas, que había visto por primera vez en el billete de a cien pesos bajo los focos eléctricos de la calle.

10 "De acuerdo con su propósito, Villa no volvió a visitarme hasta pasados cuatro días. Durante éstos llevé a buen término, al pie de la letra,[45] cuanto él me indicara.[46] Mi único contratiempo fue que las seguetas se me rompían mucho al principio. Cuando Villa se acercó a la reja, al oscurecer[47] del cuarto día, me dijo con su manera tran-15 quila de siempre:

" '¿Qué tal, amiguito? ¿Cómo van esos negocios? ¿Cómo se siente del ánimo?'

" 'Todo perfectamente, general; todo según usted me dijo,' le respondí, temblando de emoción y bajando la voz, al grado de que 20 casi no se me oía.

" 'Bueno, amigo, bueno,' dijo, y pasó las manos con disimulo por los lugares donde los barrotes estaban cortados. Luego añadió, 'Mañana venga a la hora de costumbre. Con mucho cuidado acabe de aserrar los puntos por donde los barrotes han quedado sujetos.[48] 25 Pero no los corte todos: nomás tres. El otro déjelo como está ahora, para que el pedazo de la reja se quede en su sitio. Así que usted acabe, estaré aquí de vuelta.'

"La tarde siguiente vino Villa a poco de que terminara yo[49] de aserrar tres de las espigas[50] que aún mantenían fijos los barrotes. 30 Me preguntó si había concluido. Le dije que sí. Entonces, con una

---

42. **pepenar** *to pick up*
43. **recójala . . . piso** *gather it by pressing the wax against the floor*
44. **lelo** *simpleton*
45. **llevé . . . letra** *I carried out to the last detail*
46. **indicara** *he had indicated* (otra vez tenemos ejemplo del pluscuamperfecto

antiguo que se emplea de vez en cuando en el español moderno)
47. **al oscurecer** *at dusk*
48. **sujetos** *attached*
49. **a poco . . . yo** *a little after I had finished*
50. **espigas** *pins*

de las manos, empujó hacia dentro el cuadro de la reja que estaba
cortado, el cual se dobló con gran facilidad y quedó vuelto hacia
arriba y prendido apenas por[51] uno de sus ángulos. En seguida, a
través del hueco, me dio Villa un bulto de ropa que traía en la otra
mano oculto bajo el sarape. Miró después a ambos lados del pasillo; 5
saltó súbitamente por el agujero; forzó otra vez el pedazo de la reja,
para colocarlo en su posición original, y en un rincón de la oficina
se mudó el vestido rápidamente. Se puso otro sombrero. Se lo caló.[52]
En lugar del sarape se echó una capa sobre los hombros. Se embozó
en ella. Y cuando hubo terminado, me dijo,   10

" 'Ahora, amiguito, vámonos pronto. Usted camine por delante
y yo lo sigo. No se asuste de nada nomás, ni se pare, pase lo que pase.'

"Tan grande fue mi miedo, que no sé cómo eché a andar. Por
fortuna, los pasillos y escaleras estaban medio a oscuras. Al ir a
desembocar en el corredor que conducía a la puerta, vi, a unos   15
cuantos pasos, al oficial de guardia, que caminaba hacia nosotros en
sentido contrario.[53] La sangre se me fue al corazón, y no sabiendo
qué hacer, me detuve. Villa, sin embargo, siguió andando; pasó a mi
lado al mismo tiempo que el oficial y saludó a éste con admirable
aplomo:[54]   20

" 'Buenas tardes, jefe,' dijo con voz ronca y firme.

"Al ver yo que el oficial pasaba de largo, me repuse y seguí a Villa
a corta distancia. En la calle me le reuní y juntos seguimos adelante.

" '¡Ah, qué amigo éste!' me dijo Villa así que pudimos hablar.
'¿Pues no le aconsejé que no se parara ni tuviera miedo por nada del 25
mundo?'

"Rodeando calles fuimos hacia el Zócalo,[55] y mientras caminá-
bamos hacia allá, Villa me convenció de que debía huir con él.

" '¿Usted quiere que no le pase nada?' me preguntó.

" 'Por supuesto, general.'   30

" 'Bueno, entonces véngase conmigo. Si no, mañana mismo lo
meten preso.[56] Conmigo esté seguro de que no lo agarran.[57] Por su

51. prendido . . . por *barely held by*
52. Se lo caló *He pulled it down on his head*
53. en sentido contrario *in the opposite direction*
54. aplomo *aplomb, self-possession*
55. Zócalo plaza mayor de la Ciudad de México
56. lo meten preso *they will put you in jail*
57. no lo agarran *they will not catch you*

mamá y sus hermanitos no se apure. Ya les avisaremos a tiempo y
les mandaremos lo necesario.'
"En el Zócalo tomamos un automóvil. Villa le dijo al chofer que
nos llevara a Tacubaya.[58] Allí nos apeamos un rato y nos acercamos
5 a una casa, como para entrar en ella. Luego regresamos al coche.
" 'Oiga, amigo,' le dijo Villa al chofer, 'la persona que veníamos
buscando salió esta mañana para Toluca. Nos urge[59] verla. ¿Quiere
llevarnos allá? Le pagaremos bien, siempre que no pida demasiado.'
"El chofer convino en hacer el viaje, después de muchos regateos[60]
10 por parte de Villa. Y ya en Toluca, al liquidarlo,[61] Villa le dijo:
" 'Aquí tiene lo que concertamos. Pero, aparte de eso, le voy a dar
estos diez pesos más, para que pasado mañana regrese por nosotros.
Lo esperaremos en estos mismos portales. Si no viene, usted se lo
pierde, amigo. Si viene, le pagaremos mejor que hoy.'
15 " '¿Pero vamos a volver a México, general?' le pregunté a Villa
cuando estuvimos solos.'
" 'No, amiguito. Nosotros nos vamos ahora a Manzanillo por
ferrocarril. Allí nos embarcaremos para Mazatlán.[62] Y de Mazatlán
seguiremos por tren hasta los Estados Unidos. Le di el dinero al
20 chofer, diciéndole que volviera, para que de ese modo la policía, si
lo coge y le pregunta, no sospeche que éramos nosotros los que
veníamos en el auto. Por eso también estuve regateando el precio.' "

Meses después, al iniciarse la revolución constitucionalista, le
25 había dicho Villa a Carlitos Jáuregui: "Cuando tome yo Ciudad
Juárez,[63] amiguito, le voy a regalar los *quinos*[64] en premio de lo que
hizo por mí." Y, en efecto, Jáuregui usufructuaba ahora los famosos
quinos.[65] Se los había regalado Villa al otro día de la brillante maniobra que permitió a la División del Norte apoderarse de la ciudad
30 fronteriza y conservarla como cosa propia. Los tales quinos eran, por
decirlo de algún modo, el lado más inocente del sistema de juegos de

58. **Tacubaya:** barrio de la Ciudad de México
59. **Nos urge** *It is important to us*
60. **muchos regateos** *much haggling*
61. **al liquidarlo** *on paying him*
62. **Manzanillo:** pueblo de México en la costa del Pacífico; **Mazatlán:** otro pueblo en la costa del Pacífico,
famoso hoy día por ser un lugar bueno para la pesca
63. **Ciudad Juárez:** ciudad en el norte de México en Chihuahua
64. **quinos** juego semejante a *bingo*
65. **usufructuaba . . . quinos** *was now enjoying the gains of the famous quinos*

azar⁶⁶ con que contaba Ciudad Juárez. El lado menos inocente eran
el póker, la ruleta, los albures. Este último lo había confiado Villa a
su hermano Hipólito.

66. **el lado . . . azar** *the most innocent part of all the games of chance*

Preguntas

1. ¿Quién era Carlitos Jáuregui?
2. ¿Qué le contaba Carlitos al autor?
3. ¿Cómo se explican las lucecitas rojas y sus movimientos artísticos?
4. ¿Qué ocupación tenía Jáuregui cuando Villa estaba preso?
5. ¿Cómo era la vida de Jáuregui entonces?
6. ¿Qué hacía para ganar más dinero?
7. ¿Dónde estaba Villa cuando le habló por primera vez?
8. ¿Qué le dio Villa a Jáuregui?
9. ¿Qué sentimientos tenía Jáuregui hacia Villa?
10. ¿Por qué sufría Jáuregui antes de enterarse del favor?
11. ¿Qué favor le pidió Villa?
12. ¿De qué manera iban a arreglar la fuga?
13. ¿Qué reacción tuvo Jáuregui en cuanto a las instrucciones de Villa?
14. ¿Cuánto tiempo tardó Jáuregui en terminar su obra?
15. ¿Qué hizo Villa antes de salir de la oficina?
16. ¿Con quién se encontraron al salir por el corredor?
17. ¿Qué hizo Villa en este encuentro?
18. ¿Cómo convenció a Jáuregui de que debía huir con él?
19. ¿Qué hicieron los dos en el Zócalo?
20. ¿Qué le regaló Villa en premio de lo que hizo por él?

Temas

1. La personalidad de Pancho Villa.
2. La atmósfera especial que creaba la presencia de Villa.
3. Otras anécdotas de Pancho Villa.
4. La forma y el estilo de *El águila y la serpiente*.
5. Lo que significan el águila y la serpiente en la leyenda de la creación de
la Ciudad de México.

Gabriela Mistral (1889–1957)

La voz emotiva e imaginativa de la poetisa chilena Gabriela Mistral, pseudónimo de Lucila Godoy Alcayaga, mereció el Premio Nobel de Literatura correspondiente a 1945. Esta educadora, poetisa y periodista representa la poesía femenina de la más alta calidad
5 estética que se ha desarrollado en la hispanoamérica contemporánea. Por la fuerza de su temperamento y el vigor varonil y apasionado de su poesía, adquirió una reputación mundial.

Maestra rural en su juventud, se dedicó a la enseñanza en las comunidades rurales a la vez que se ocupaba en escribir versos.
10 Desde 1905 hasta 1918 fue directora de una escuela de niñas en Los Andes. Fue en 1907, cuando ella tenía 18 años, que ocurrió el hecho capital de su vida sentimental: se enamoró profundamente de un empleado de los ferrocarriles llamado Romelio Ureta. Duró poco el idilio. Siempre indigno de ella y desesperado ante el peligro de ser
15 descubiertas sus irregularidades, se dio un balazo. Lucila Godoy adopta el nombre universalmente conocido, Gabriela Mistral, sin duda tomado del famoso poeta italiano Gabriele D'Annunzio y del conocido poeta provenzal Frédéric Mistral (Premio Nobel, 1904), porque la chilena los admiraba mucho a los dos.
20 La poetisa se hizo famosa en 1915 con unos sonetos premiados en un concurso literario, "Los sonetos de la muerte." Brotaron estos versos del amor trágico que dejó una huella perdurable de dolor en su vida emocional. Poco más tarde desempeñó un papel importante en la educación y en el periodismo. Invitada por el gobierno
25 mexicano en 1922, colaboró en la reorganización del sistema educativo de aquel país, y fue a Wáshington en 1924 para dar una serie de conferencias sobre cuestiones educativas y literatura hispanoamericana. Publicó en Nueva York, a iniciativa del profesor

Gabriela Mistral en 1935. Retrato por José María López Mezquite (1883–1954), propiedad de la colección de la Hispanic Society of America, Nueva York.

Federico de Onís, sus poesías reunidas, *Desolación* (1922). Sirvió de representante de Chile en la Liga de las Naciones y desde 1932 perteneció al Cuerpo Consular de su gobierno.

Aunque publicó otros tomos de verso, *Ternura* (1925), *Tala* (1938) y *Lagar* (1954), su fama literaria descansa principalmente en los 5 versos de *Desolación*.

Los poemas de Gabriela Mistral nacen de su vida interior; su tema fundamental es el amor. El amor tierno, apasionado y frustrado de sus primeras poesías se convierte en un amor universal—un amor a Dios, a la naturaleza, a la humanidad entera. Su vivo interés en el 10 futuro de su pueblo le dio un espíritu casi evangélico, y a veces sus versos gritan contra la injusticia, la miseria y la cobardía.

Se caracteriza su estilo por una gran soltura y gracia, y por metáforas fuertes, rápidas y destellantes. Mientras que sus "Sonetos de la muerte" revelan su espejo de dolor, su inspiración más delicada se 15 encuentra en los versos cuyo tema principal es el hogar, la madre, o el niño. Con honda ternura y una ansia noble de maternidad escribió rondas, canciones y cuentos para los niños. Al cantar su amor al prójimo, muestra su rasgo dominante de compasión universal. 20

LOS SONETOS DE LA MUERTE[1]

I

Del nicho helado en que los hombres te pusieron,
te bajaré a la tierra humilde y soleada.[2]
Que he de dormirme en ella los hombres no supieron,
y que hemos de sonar sobre la misma almohada.

5   Te acostaré en la tierra soleada con una
dulcedumbre[3] de madre para el hijo dormido,
y la tierra ha de hacerse suavidades de cuna[4]
al recibir tu cuerpo de niño dolorido.[5]

       Luego iré espolvoreando[6] tierra y polvo de rosas,
10   y en la azulada y leve polvareda de luna,[7]
los despojos livianos irán quedando presos.[8]

       Me alejaré cantando mis venganzas hermosas,
¡porque a ese hondor recóndito[9] la mano de ninguna
bajará a disputarme tu puñado de huesos!

1. Este soneto es uno de varios inspirados por la muerte del amado de la
poetisa.
2. **soleada** *sunny, sun-kissed*
3. **dulcedumbre** *gentleness*
4. **la tierra . . . cuna** *the earth shall
turn into the soft folds of a cradle*

5. **dolorido** *grieved, heartsick*
6. **espolvoreando** *dusting*
7. **azulada . . . luna** *bluish and light
dust cloud of moonlight*
8. **los despojos . . . presos** *the weight-
less remains will gradually be imprisoned*
9. **hondor recóndito** *hidden depths*

DOÑA PRIMAVERA[1]

15   Doña Primavera
viste que es primor.[2]
viste en limonero
y en naranjo en flor.

1. Este es un poemita ligero, sin pre-
tensiones, que canta como otros
muchos las glorias de la estación favorita del año, pero tiene el encanto

especial e individual de Gabriela
Mistral. Está compuesto de cuartetos
de versos de 6 sílabas, que riman *abcb*.
2. **viste . . . primor** *dresses charmingly*

Lleva por sandalias
unas anchas hojas,
y por caravanas
unas fuscias[3] rojas.

Salid a encontrarla   5
por esos caminos.
¡Va loca de soles
y loca de trinos![4]

Doña Primavera,
de aliento fecundo,[5]   10
se ríe de todas
las penas del mundo . . .

No cree al que le hable
de las vidas ruines.[6]
¿Cómo va a toparlas[7]   15
entre los jazmines?

¿Cómo va a encontrarlas
junto de las fuentes
de espejos dorados
y cantos ardientes?   20

De la tierra enferma
en las pardas grietas,[8]
enciende rosales
de rojas piruetas.[9]

Pone sus encajes,[10]   25
prende sus verduras,
en la piedra triste
de las sepulturas . . .

3. **fucsias** *fuchsias*   7. **toparlas** *come upon them*
4. **trinos** *trills, warbling*   8. **grietas** *cracks*
5. **de . . . fecundo** *with fertile breath*   9. **piruetas** *pirouettes*
6. **ruines** *petty, mean*   10. **encajes** *lace*

Doña Primavera
de manos gloriosas,
haz que por la vida
derramemos[11] rosas:

5   Rosas de alegría,
rosas de perdón,
rosas de cariño
y de exultación.

11. **derramemos** (*we*) *scatter*

CAPERUCITA ROJA[1]

Caperucita Roja visitará a la abuela
10   que en el poblado próximo sufre de extraño mal.
Caperucita Roja, la de los rizos rubios,[2]
tiene el corazoncito tierno como un panal.[3]

A las primeras luces[4] ya se ha puesto en camino
y va cruzando el bosque con un pasito audaz.[5]
15   Sale al paso Maese Lobo, de ojos diabólicos.
"Caperucita Roja, cuéntame adónde vas."

Caperucita es cándida como los lirios blancos.
"Abuelita ha enfermado. Le llevo aquí un pastel[6]
y un pucherito suave, que se derrama en jugo.[7]
20   ¿Sabes del pueblo próximo? Vive en la entrada de él."

Y ahora, por el bosque discurriendo[8] encantada,
recoge bayas[9] rojas, corta ramas en flor,

1. Esta versión del conocido cuento folklórico que se llama en inglés "Little Red Riding Hood" es de veras poética. Nótese el final trágico. ¿Símbolo de la victoria de las fuerzas crueles, personificadas por el lobo, sobre la inocencia de las personas de buena voluntad? La composición está escrita en cuartetos de versos de 14 sílabas, que riman *abcb*.

2. **rizos rubios** *blond curls*
3. **panal** *honeycomb*
4. **a las . . . luces** *at early dawn*
5. **pasito audaz** *bold little step*
6. **un pastel** *some pastry*
7. **pucherito . . . jugo** *soft little pot of stew which is melting into juice*
8. **discurriendo** *wandering*
9. **bayas** *berries*

y se enamora de unas mariposas pintadas[10]
que la hacen olvidarse del viaje del Traidor . . .

El Lobo fabuloso de blanqueados dientes,
ha pasado ya el bosque, el molino, el alcor, [11]
y golpea en la plácida puerta de la abuelita,   5
que le abre. (A la niña ha anunciado el Traidor.)

Ha tres días la bestia no sabe de bocado.[12]
¡Pobre abuelita inválida, quién la va a defender!
. . . Se la comió riendo toda y pausadamente[13]
y se puso en seguida sus ropas de mujer.   10

Tocan dedos menudos a la entornada[14] puerta.
De la arrugada cama dice el Lobo: "¿Quien va?"
La voz es ronca. "Pero la abuelita está enferma,"
la niña ingenua explica. "De parte de mamá."

Caperucita ha entrado, olorosa de bayas.   15
Le tiemblan en la mano gajos de salvia en flor.[15]
"Deja los pastelitos; ven a entibiarme[16] el lecho."
Caperucita cede al reclamo[17] de amor.

De entre la cofia[18] salen las orejas monstruosas.
"¿Por qué tan largas?", dice la niña con candor.   20
Y el velludo engañoso,[19] abrazado a la niña:
"¿Para qué son tan largas? Para oírte mejor."

El cuerpecito tierno le dilata los ojos.[20]
El terror en la niña los dilata también.

10. **pintadas** *bright-colored*
11. **alcor** *hill*
12. **no . . . bocado** *has not tasted a mouthful*
13. **pausadamente** *slowly*
14. **entornada** *half-open*
15. **gajos . . . flor** *bunches of sage in bloom*
16. **entibiarme** *to warm*
17. **cede al reclamo** *yields to the request*
18. **cofia** *hood, bedcap*
19. **velludo engañoso** *tricky hairy animal*
20. **dilata los ojos** *makes her eyes wide*

"Abuelita, decidme: ¿por qué esos grandes ojos?"
"Corazoncito mío, para mirarte bien . . . "

    Y el viejo Lobo ríe, y entre la boca negra
tienen los dientes blancos un terrible fulgor.
5   "Abuelita, decidme: ¿por qué esos grandes dientes?"
"Corazoncito, para devorarte mejor . . . "

    Ha arrollado la bestia, bajo sus pelos ásperos,[21]
el cuerpecito trémulo, suave como un vellón;[22]
y ha molido las carnes, y ha molido los huesos,
10 y ha exprimido como una cereza[23] el corazón . . .

21. **pelos ásperos** *rough fur*	23. **exprimido** . . . **cereza** *squeezed*
22. **vellón** *(lamb's) fleece*	*like a cherry*

Preguntas

1. ¿En qué año recibió Gabriela Mistral el premio Nobel?
2. ¿Es regional o no su reputación?
3. ¿Cuántos años tenía la poetisa en el año 1907?
4. ¿De quién se enamoró?
5. ¿Cómo era él?
6. ¿Cuánto tiempo duró el idilio de los dos?
7. ¿Cuál era el empleo de él?
8. ¿Comó terminó su vida?
9. ¿De quiénes tomó Lucila Godoy su nombre poético?
10. ¿Qué premio ganó Gabriela Mistral?
11. ¿Cuál es el origen de "Los sonetos de la muerte"?
12. ¿En qué tomo de versos descansa la fama de Gabriela Mistral?
13. ¿Cuál fue la inspiración del Soneto I?
14. ¿Le parece a Vd. la poesía "Doña Primavera" más apta para niños o para adultos?
15. ¿Qué tal le parece la versión poética del cuento de Caperucita Roja?

Temas

1. La tragedia amorosa de Gabriela Mistral.
2. El desengaño amoroso como tema poético.
3. La técnica poética de Gabriela Mistral.
4. Si Vd. conoce el cuadro *Primavera* (*El nacimiento de Venus*) de Botticelli, ¿quiere compararlo con "Doña Primavera"?
5. ¿Ve Vd. algún simbolismo en la poesía *Caperucita Roja*?

Jorge Luis Borges (1899–   )

La constante originalidad del argentino Jorge Luis Borges le ha ganado la reputación de ser uno de los mayores escritores de nuestro tiempo. Sus obras dinámicas: poesías, ensayos y cuentos muestran un sentido poético y una erudición que alternan con un humorismo
5 escéptico. Tiene Borges un espíritu inclinado a captar el sentido metafísico de la vida.

Oriundo de Buenos Aires, Borges en su juventud hizo estudios en Ginebra y en Cambridge. En España cultivó amistad con los escritores vanguardistas. Inició su carrera literaria en 1923 con *Fervor de*
10 *Buenos Aires*, un libro de poesías ultraístas. Continuó escribiendo poemas, ensayos y artículos de crítica literaria. Se manifestó por primera vez como cuentista en 1935 con la publicación de *Historia universal de la infamia*. Durante esta época Borges fue bibliotecario de una pequeña biblioteca en las afueras de Buenos Aires; contribuyó
15 a los periódicos de la capital, y dio conferencias sobre temas literarias. Con la publicación de otras colecciones de cuentos, *El jardín de senderos que se bifurcan* (1941) y *Ficciones* (1944), se cristalizó su fama como cuentista, y se ganó un puesto de primera fila en las letras argentinas. Su oposición a la dictadura de Perón le hizo perder su
20 puesto, y fue víctima de amenazas, restricciones y persecuciones. Con la restauración de la democracia, fue nombrado Director de la Biblioteca Nacional. Publicó *El Aleph* en 1949 y más recientemente *El hacedor* (1960) y *Antología personal* (1961). Sus últimas obras son breves, en forma de parábolas muchas veces. Con la pérdida de la
25 vista en su vejez, ha tenido que dictar y resumir sus ideas.

Pocos escritores contemporáneos pueden igualarle en habilidad en cuanto a la selección de palabras. Sus cuentos, que combinan la esencia de su lirismo y de su inteligencia, nos dan la clave de toda su obra. Leer sus cuentos no es fácil. Requieren un conocimiento de la cultura, por sus alusiones a las letras; un conocimiento de la filosofía, por sus alusiones a los problemas últimos; y un conocimiento de la obra del mismo Borges por las alusiones de unas páginas a otras. En sus ensayos y cuentos reaparecen constantemente los 5 mismos temas: el universo como un laberinto caótico, el infinito, el eterno retorno, la transmigración de las almas, la coincidencia de la biografía de un hombre con la historia de todos los hombres. Un cuento brota del otro en un conjunto poderoso de ideas y temas. 10

El cuento que incluimos aquí, "La forma de la espada," es bien conocido; representa lo mejor de Borges sin las complicaciones eruditas de otros cuentos aún más artísticos. Se ve inmediatamente la repetición de sus ideas predilectas: los hombres son un solo hombre; se nota el eterno círculo de las cosas, representado en la 15 forma de la cicatriz y aun en el nombre "Moon." Al hablar de la desobediencia en el jardín y de la crucifixión, el autor anticipa la denuncia por teléfono y el proyecto de arrestarle en el jardín. Se entiende muy bien como las cosas van revelándose. La acción, el misterio, la manera refinada de contarlo, todo es típico de Borges. 20 La combinación de la fantasía con cálculos escépticos da fuerza dramática a su obra.

LA FORMA DE LA ESPADA

Le cruzaba la cara una cicatriz rencorosa:[1] un arco ceniciento y casi perfecto que de un lado ajaba[2] la sien y del otro el pómulo. Su nombre verdadero no importa; todos en Tacuarembó[3] le decían[4] el 25 Inglés de *La Colorada*.[5] El dueño de esos campos, Cardoso, no quería vender; he oído que el Inglés recurrió a un imprevisible argumento; le confió la historia secreta de la cicatriz. El Inglés venía de la frontera, de Río Grande del Sur;[6] no faltó quien dijera[7] que en el Brasil

1. **rencorosa** *spiteful*
2. **ajaba** *disfigured*
3. **Tacuarembó:** una ciudad en el norte del Uruguay, cerca del Brasil
4. **le decían** *called him*

5. **La Colorada** es una estancia.
6. **Río Grande del Sur** está al sur extremo del Brasil.
7. **no faltó quien dijera** *everybody said*

había sido contrabandista. Los campos estaban empastados;[8] las aguadas, amargas; el Inglés, para corregir esas deficiencias, trabajó a la par[9] de sus peones. Dicen que era severo hasta la crueldad, pero escrupulosamente justo. Dicen también que era bebedor: un par de
5 veces al año se encerraba en su cuarto del mirador[10] y emergía a los dos o tres días como de una batalla o de un vértigo, pálido, trémulo, azorado[11] y tan autoritario como antes. Recuerdo los ojos glaciales, la enérgica flacura, el bigote gris. No se daba con[12] nadie: es verdad que su español era rudimental, abrasilerado.[13] Fuera de alguna carta
10 comercial o de algún folleto, no recibía correspondencia.

La última vez que recorrí los departamentos del Norte, una crecida del arroyo Caraguatá[14] me obligó a hacer noche en *La Colorada*. A los pocos minutos creí notar que mi aparición era inoportuna; procuré congraciarme[15] con el Inglés: acudí a la menos pers-
15 picaz de las pasiones: al patriotismo. Dije que era invencible un país con el espíritu de Inglaterra. Mi interlocutor asintió, pero agregó con una sonrisa que él no era inglés. Era irlandés, de Dungarvan.[16] Dicho esto, se detuvo, como si hubiera revelado un secreto.

Salimos, después de comer, a mirar el cielo. Había escampado,[17]
20 pero detrás de las cuchillas del Sur,[18] agrietado[19] y rayado de relámpagos, urdía[20] otra tormenta. En el desmantelado[21] comedor, el peón que había servido la cena trajo una botella de ron. Bebimos largamente, en silencio.

No sé qué hora sería cuando advertí que yo estaba borracho; no
25 sé qué inspiración o qué exultación o qué tedio me hizo mentar[22] la cicatriz. La cara del Inglés se demudó;[23] durante unos segundos pensé que me iba a expulsar de la casa. Al fin me dijo con su voz habitual:—Le contaré la historia de mi herida bajo una condición: la de no mitigar ningún oprobio,[24] ninguna infamia.

---

8. **empastados** *overgrown with weeds*
9. **a la par** *along with, at the side of*
10. **mirador** *balcony*
11. **azorado** *restless*
12. **no se daba con** *he didn't associate with*
13. **abrasilerado** *mixed with Brazilian*
14. **Caraguatá:** un río pequeño en la provincia de Tacuarembó
15. **congraciarme** *to ingratiate myself*
16. **Dungarvan:** un pueblo en el sur de Irlanda
17. **escampado** *stopped raining*
18. **cuchillas del Sur:** un grupo de colinas
19. **agrietado** *cracked*
20. **urdía** *was brewing*
21. **desmantelado** *dilapidated*
22. **mentar** *mention*
23. **se demudó** *changed expression*
24. **oprobio** *disgrace, shame*

Asentí. Esta es la historia que contó, alternando el inglés con el español, y aun con el portugués:

"Hacia 1922, en una de las ciudades de Connaught,[25] yo era uno de los muchos que conspiraban por la independencia de Irlanda.[26] De mis compañeros, algunos sobreviven dedicados a tareas pacíficas; [5] otros, paradójicamente, se baten en los mares o en el desierto, bajo los colores ingleses; otro, el que más valía, murió en el patio de un cuartel, en el alba, fusilado por hombres llenos de sueño; otros (no los más desdichados), dieron con[27] su destino en las anónimas y casi secretas batallas de la guerra civil. Éramos republicanos, católicos; [10] éramos, lo sospecho, románticos. Irlanda no sólo era para nosotros el porvenir utópico y el intolerable presente; era una amarga y cariñosa mitología, era las torres circulares y las ciénagas[28] rojas, era el repudio de Parnell [9] y las enormes epopeyas que cantan el robo de toros que en otra encarnación fueron héroes y en otras peces y [15] montañas . . . En un atardecer que no olvidaré, nos llegó un afiliado[30] de Munster:[31] un tal John Vincent Moon.

Tenía escasamente veinte años. Era flaco y fofo[32] a la vez; daba la incómoda impresión de ser invertebrado.[33] Había cursado[34] con fervor y con vanidad casi todas las páginas de no sé qué[35] manual [20] comunista; el materialismo dialéctico le servía para cegar[36] cualquier discusión. Las razones que puede tener el hombre para abominar de otro o para quererlo son infinitas: Moon reducía la historia universal a un sórdido conflicto económico. Afirmaba que la revolución está predestinada a triunfar. Yo le dije que a un *gentleman* sólo [25] pueden interesarle las causas perdidas . . . Ya era de noche; seguimos disintiendo en el corredor, en las escaleras, luego en las vagas calles. Los juicios emitidos por Moon me impresionaron

---

25. **Connaught:** una provincia al oeste de Irlanda

26. Las guerras para la independencia de Irlanda duraron desde 1917 hasta 1921. En 1921 se hizo dominio del imperio británico y hubo una guerra civil hasta 1922. En 1949 Irlanda declaró su independencia absoluta.

27. **dieron con** *met*

28. **ciénagas** *marshes*

29. **Charles S. Parnell** (1846–1891): jefe de la resistencia contra los ingleses, que por fin se comprometió con Gladstone en el asunto de la Reforma Agraria

30. **afiliado** *party member*

31. **Munster:** una provincia al sudoeste de Irlanda

32. **fofo** *soft, spongy*

33. **invertebrado** *spineless*

34. **cursado** *studied*

35. **no sé que** *some*

36. **cegar** *terminate, block*

menos que su inapelable tono apodíctico.[37] El nuevo camarada no discutía: dictaminaba[38] con desdén y con cierta cólera.

Cuando arribamos a las últimas casas, un brusco tiroteo[39] nos aturdió. (Antes o después, orillamos el ciego paredón[40] de una
5 fábrica o de un cuartel.) Nos internamos en una calle de tierra; un soldado, enorme en el resplandor, surgió de una cabaña incendiada. A gritos nos mandó que nos detuviéramos. Yo apresuré mis pasos; mi camarada no me siguió. Me di vuelta: John Vincent Moon estaba inmóvil, fascinado y como eternizado[41] por el terror. Entonces yo
10 volví, derribé de un golpe al soldado, sacudí a Vincent Moon, lo insulté y le ordené que me siguiera. Tuve que tomarlo del brazo; la pasión del miedo lo invalidaba.[42] Huimos, entre la noche agujereada[43] de incendios. Una descarga de fusilería nos buscó; una bala rozó[44] el hombro derecho de Moon; éste, mientras huíamos
15 entre pinos, prorrumpió en un débil sollozo.

En aquel otoño de 1922 yo me había guarecido[45] en la quinta del general Berkeley. Éste (a quien yo jamás había visto) desempeñaba entonces no sé qué cargo administrativo en Bengala;[46] el edificio tenía menos de un siglo, pero era desmedrado[47] y opaco y abundaba
20 en perplejos corredores y en vanas antecámaras.[48] El museo y la enorme biblioteca usurpaban la planta baja: libros controversiales e incompatibles[49] que de algún modo son la historia del siglo XIX; cimitarras de Nishapur,[50] en cuyos detenidos arcos de círculo parecían perdurar el viento y la violencia de las batallas. En-
25 tramos (creo recordar) por los fondos.[51] Moon, trémula y reseca la boca, murmuró que los episodios de la noche eran interesantes; le hice una curación,[52] le traje una taza de té; pude comprobar que su "herida" era superficial. De pronto balbuceó con perplejidad:

37. **inapelable tono apodíctico** *irrefutable tone of absolute authority*
38. **dictaminaba** *he dictated*
39. **tiroteo** *burst of firing*
40. **orillamos . . . paredón** *we skirted the blank wall*
41. **eternizado** *petrified*
42. **invalidaba** *made him helpless*
43. **agujereada** *pierced*
44. **rozó** *grazed*
45. **guarecido** *taken shelter*

46. **Bengala:** *una provincia en la India colonial*
47. **desmedrado** *decayed*
48. **vanas antecámaras** *useless antechambers*
49. **incompatibles** *uncongenial*
50. **cimitarras de Nishapur** *scimitars from Nishapur* (a city in Iran)
51. **por los fondos** *through the rear*
52. **curación** *first aid*

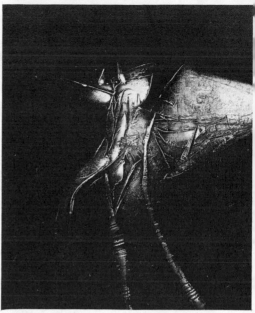

Victor Chab (n. 1930, Argentina). *Bestiario*, 1964. Óleo. Colección Particular, Buenos Aires. (Pan American Union)

"Pero usted se ha arriesgado sensiblemente."[53]

Le dije que no se preocupara. (El hábito de la guerra civil me había impelido a obrar como obré;[54] además, la prisión de un solo afiliado podía comprometer nuestra causa.)

Al otro día Moon había recuperado su aplomo. Aceptó un cigarrillo y me sometió a un severo interrogatorio sobre los "recursos económicos de nuestro partido revolucionario." Sus preguntas eran muy lúcidas; le dije (con verdad) que la situación era grave. Sendas descargas[55] de fusilería conmovieron el Sur. Le dije a Moon que nos esperaban los compañeros. Mi sobretodo y mi revólver estaban en mi pieza; cuando volví, encontré a Moon tendido en el sofá, con los ojos cerrados. Conjeturó[56] que tenía fiebre; invocó un doloroso espasmo en el hombro.

Entonces comprendí que su cobardía era irreparable. Le rogué torpemente[57] que se cuidara y me despedí. Me abochornaba[58] ese hombre con miedo, como si yo fuera el cobarde, no Vincent Moon. Lo que hace un hombre es como si lo hicieran todos los hombres.

53. **Pero . . . sensiblemente** *But you took quite a risk*
54. **impelido . . . obré** *compelled me to act as I had acted*
55. **sendas descargas** *single bursts*
56. **conjeturó** *he imagined*
57. **torpemente** *clumsily*
58. **me abochornaba** *made me angry*

Por eso no es injusto que una desobediencia en un jardín contamine al género humano; por eso no es injusto que la crucifixión de un solo judío baste para salvarlo. Acaso Schopenhauer[59] tiene razón: yo soy los otros, cualquier hombre es todos los hombres, Shakespeare es de algún modo el miserable John Vincent Moon.

5   Nueve días pasamos en la enorme casa del general. De las agonías y luces[60] de la guerra no diré nada: mi propósito es referir la historia de esta cicatriz que me afrenta. Esos nueve días, en mi recuerdo, forman un solo día, salvo el penúltimo,[61] cuando los nuestros irrum-
10 pieron[62] en un cuartel y pudimos vengar exactamente a los dieciséis camaradas que fueron ametrallados[63] en Elphin.[64] Yo me escurría[65] de la casa hacia el alba. Al anochecer estaba de vuelta. Mi compañero me esperaba en el primer piso: la herida no le permitía descender a la planta baja. Lo rememoro con algún libro de estrategia
15 en la mano: F. N. Maude o Clausewitz. "El arma que prefiero es la artillería," me confesó una noche. Inquiría nuestros planes; le gustaba censurarlos o reformarlos. También solía denunciar "nuestra deplorable base económica"; profetizaba, dogmático y sombrío, el ruinoso fin. *C'est une affaire flambée*,[66] murmuraba. Para mostrar que
20 le era indiferente ser un cobarde físico,[67] magnificaba su soberbia mental. Así pasaron, bien o mal, nueve días.

    El décimo la ciudad cayó definitivamente en poder de los *Black and Tans*.[68] Altos jinetes silenciosos patrullaban las rutas; había cenizas y humo en el viento; en una esquina vi tirado un cadáver,
25 menos tenaz[69] en mi recuerdo que un maniquí en el cual los soldados ejercitaban la puntería, en mitad de la plaza . . . Yo había salido al amanecer; antes del mediodía volví. Moon, en la biblioteca, hablaba con alguien; el tono de la voz me hizo comprender que

59. **Arthur Schopenhauer** (1788–1860): filósofo alemán, que originó teorías notables tocantes a la voluntad y al pesimismo
60. **luces** *successes*
61. **penúltimo** *next to last*
62. **irrumpieron** *broke into*
63. **ametrallados** *machine-gunned*
64. **Elphin:** un pueblo en Irlanda
65. **me escurría** *I would slip out*

66. **C'est une affaire flambée** (*Fr.*) = Es una causa perdida
67. **Para mostrar que . . . físico** *To show that he was indifferent to being a physical coward*
68. **Black and Tans:** el nombre que dieron los irlandeses a los soldados ingleses
69. **menos tenaz** *less impressive*

hablaba por teléfono. Después oí mi nombre; después que yo regresaría a las siete; después la indicación de que me arrestaran cuando yo atravesara el jardín. Mi razonable amigo estaba razonablemente vendiéndome.[70] Le oí exigir unas garantías de seguridad personal.

Aquí mi historia se confunde y se pierde. Sé que perseguí al   5
delator[71] a través de negros corredores de pesadilla[72] y de hondas escaleras. Moon conocía la casa muy bien, harto mejor[73] que yo. Una o dos veces lo perdí. Lo acorralé[74] antes de que los soldados me detuvieran. De una de las panoplias[75] del general arranqué un alfanje;[76] con esa media luna de acero le rubriqué[77] en la cara, para 10 siempre, una media luna de sangre. Borges: a usted que es un desconocido, le he hecho esta confesión. No me duele tanto su menosprecio."

Aquí el narrador se detuvo. Noté que le temblaban las manos.

"¿Y Moon?" le interrogué. 15

"Cobró los dineros de Judas y huyó al Brasil. Esa tarde, en la plaza, vió fusilar un maniquí por unos borrachos."

Aguardé en vano la continuación de la historia. Al fin le dije que prosiguiera.

Entonces un gemido lo atravesó; entonces me mostró con débil 20 dulzura la corva cicatriz blanquecina.

"¿Usted no me cree?" balbuceó. "¿No ve que llevo escrita en la cara la marca de mi infamia? Le he narrado la historia de este modo para que usted la oyera hasta el fin. Yo he denunciado al hombre que me amparó: yo soy Vincent Moon. Ahora desprécieme." 25

70. **Mi razonable . . . vendiéndome** *My logical friend was selling me out logically*	73. **harto mejor** *much better*
71. **delator** *informer*	74. **Lo acorralé** *I cornered him*
72. **de pesadilla** *nightmarish*	75. **panoplias** *collections of arms*
	76. **alfanje** *cutlass*
	77. **le rubriqué** *I marked him*

Preguntas

1. Describa la cicatriz del inglés.
2. ¿De qué manera consiguió el inglés sus campos?
3. ¿De dónde vino el inglés y qué se decía de él?
4. ¿Qué clase de carácter y personalidad tenía el inglés?
5. ¿Por qué pasó el autor la noche en La Colorada?
6. ¿Bajo qué condición contó el inglés la historia de su herida?
7. ¿Qué hacía el inglés en 1922?
8. ¿Cómo era John Vincent Moon?
9. ¿Qué ideas políticas tenía?
10. ¿Qué reacción mostraba Moon al encontrar el peligro?
11. ¿Cómo era la quinta del general Berkeley?
12. Para evitar las luchas peligrosas, ¿qué hacía Moon?
13. ¿Qué cosa memorable ocurrió el penúltimo de los nueve días?
14. Cuando estaba de vuelta su compañero, ¿sobre qué solía hablar Moon?
15. ¿Qué ocurrió el décimo día en la ciudad?
16. ¿Qué reveló Moon en su conversación por teléfono?
17. Después de perseguir a Moon por la casa, ¿qué le hizo su compañero?
18. ¿Qué hizo Moon después de huir?
19. ¿Por qué había narrado Moon su cuento de esta manera?
20. ¿Qué quiere Moon del desconocido?

Temas

1. El estilo de Borges.
2. La afirmación de Schopenhauer: cualquier hombre es todos los hombres.
3. El motivo psicológico de Moon en contar su propio cuento.
4. Dos temas predilectos de Borges aquí: el círculo; el jardín.

Pablo Neruda (1904–   )

El famoso, vibrante e influyente chileno Pablo Neruda (nacido Neftalí Ricardo Reyes) es el más importante poeta contemporáneo de Hispanoamérica. Surrealista por su técnica, es romántico por su temperamento. En su poesía se destaca un poder expresivo lleno de resonancias americanas, resonancias de la tierra y del tiempo. 5

Neruda estudió en la Universidad de Chile, entró en el cuerpo consular de su país y sirvió en Burma, Siam, el Japón, La China, e India hasta 1932. Después fue a Madrid (1934–1938) y más tarde sirvió en la Argentina y en México. Fue senador chileno durante los años 1945–1949. Recipiente de muchos honores, vive actualmente 10 en Santiago de Chile.

En sus primeras poesías sigue un tono modernista. A *Crepusculario* (1923) lo siguió *Veinte poemas de amor y una canción desesperada* (1924) que tuvo gran éxito popular y cuya fama sigue aún entre los jóvenes de Hispanoamérica. Después de estos volúmenes que muestran un 15 respeto por el gusto tradicional de la literatura, rompe el poeta con la tradición y empieza su caos verbal. Hunde al lector en un volcán imaginativo donde pinta una visión desolada del mundo y de la vida con símbolos violentos y metáforas antipoéticas. En *Residencia en la tierra* (1925–1935) Neruda, sensual y rebelde, se entrega total- 20 mente a una introspección de sus deseos, sus sueños y sus experiencias. Muchas veces resultan sus poemas desconcertantes y difíciles. Verdaderamente, leer a Neruda es entrar dentro del proceso creador de un poeta.

Después de la guerra civil en España muestra el poeta una 25 marcada tendencia política. Su poesía es cada vez menos hermética y cada vez más didáctica. Disminuye el lirismo y aparecen elementos de la política comunista, aunque compone Neruda cantos a temas

indígenas de Hispanoamérica. En *Las alturas de Macchu Picchu* (1948)
o en *Canto general de Chile* (1950) se ve todavía su intensidad poética.
A sus obras más recientes *Odas elementales* (1954) y *Navegaciones y
regresos* (1959) les falta la excelencia de las poesías anteriores aunque
5   muestran la misma impresionante fuerza creadora.
   El primero de los poemas que ponemos aquí, "Poema 20," es de su
primer libro célebre. Se notan la sencillez, imágenes enlazadas en
una estructura de sentido lógico, y el tono rítmico y ligeramente
melancólico. En "Arte poética" del primer volumen de *Residencia en
10 la tierra*, se nota el cambio. Las imágenes son nuevas y concretas,
siguen brotando y recurriendo. Entre los símbolos se destacan
sueños, lirios, peces, agua, ropa vieja, dentaduras, etc. "Walking
around" es un ejemplo excelente del uso de objetos materiales que
toman vida en el significado subconsciente que les ha dado el hombre
15 moderno. "Vals" y "El poeta" cantan la angustia en el alma del
poeta.

POEMA 20[1]

Puedo escribir los versos más tristes esta noche.

Escribir, por ejemplo: "La noche está estrellada,
y tiritan,[2] azules, los astros, a lo lejos."

20   El viento de la noche gira en el cielo y canta.

Puedo escribir los versos más tristes esta noche.
Yo la quise, y a veces ella también me quiso.

En las noches como ésta la tuve entre mis brazos.
La besé tantas veces bajo el cielo infinito.

25   Ella me quiso, a veces yo también la quería.
Cómo no haber amado[3] sus grandes ojos fijos.

---

1. En el poema "Arte poética," los
versos largos varían en extensión, pero
mantienen cierto ritmo. Los versos
pares son asonantes, es decir que
riman las vocales pero no las conso-
nantes: quiso, infinito, fijos, etcétera.
2. **tiritan** *are shivering*
3. **Cómo no haber amado** *How could
I have helped loving*

Puedo escribir los versos más tristes esta noche.
Pensar que no la tengo. Sentir que la he perdido.

Oír la noche inmensa, más inmensa sin ella.
Y el verso cae al alma como al pasto el rocío.[4]

Qué importa que mi amor no pudiera guardarla.   5
La noche está estrellada y ella no está conmigo.

Eso es todo. A lo lejos alguien canta. A lo lejos.
Mi alma no se contenta con haberla perdido.

Como para acercarla mi mirada la busca.
Mi corazón la busca, y ella no está conmigo.   10

La misma noche que hace blanquear los mismos
        árboles.
Nosotros, los de entonces,[5] ya no somos los mismos.

Ya no la quiero, es cierto, pero cuánto la quise.
Mi voz buscaba el viento para tocar su oído.   15

De otro. Será de otro.[6] Como antes de mis besos.
Su voz, su cuerpo claro. Sus ojos infinitos.

Ya no la quiero, es cierto, pero tal vez la quiero.
Es tan corto el amor, y es tan largo el olvido.

Porque en noches como ésta la tuve entre mis   20
        brazos,
mi alma no se contenta con haberla perdido.

Aunque éste sea el último dolor que ella me causa,
y éstos sean los últimos versos que yo le escribo.

4. **rocío** *dew*   6. **Será de otro.** *She probably belongs*
5. **los de entonces** *as we were then*   *to another.*

Noé León (Colombia). *Infierno*, 1914. Óleo en tabla de madera. Colección de la Sra. Florence Kossow, Washington, D.C. (Pan American Union)

ARTE POÉTICA[1]

Entre sombra y espacio, entre guarniciones y doncellas,[2]
dotado de corazón singular y sueños funestos,[3]
precipitadamente pálido, marchito[4] en la frente
y con luto[5] de viudo furioso por cada día de mi vida,
5   ay, para cada agua invisible que bebo soñolientamente[6]
y de todo sonido que acojo[7] temblando,
tengo la misma sed ausente y la misma fiebre fría
un oído que nace, una angustia indirecta,
como si llegaran ladrones o fantasmas,
10 y en una cáscara[8] de extensión fija y profunda,
como un camarero humillado, como una campana un poco ronca,[9]

1. Los versos son largos, de doce sílabas or más.
2. **guarniciones y doncellas** *garrisons
and maidens*
3. **funestos** *foreboding*
4. **marchito** *withered*

5. **luto** *mourning*
6. **soñolientamente** *sleepily*
7. **acojo** *I receive, grasp*
8. **cáscara** *shell*
9. **ronca** *hoarse*

como un espejo viejo, como un olor de casa sola
en la que los huéspedes entran de noche perdidamente ebrios,[10]
y hay un olor de ropa tirada al suelo, y una ausencia de flores
—posiblemente de otro modo aún menos melancólico—,
pero, la verdad, de pronto, el viento que azota mi pecho,   5
las noches de substancia infinita caídas en mi dormitorio,
el ruido de un día que arde con sacrificio
me piden lo profético que hay en mí, con melancolía
y un golpe de objetos que llaman sin ser respondidos
hay, y un movimiento sin tregua,[11] y un nombre confuso.   10

10. **perdidamente ebrios** *completely*   11. **sin tregua** *without respite*
drunk

WALKING AROUND[1]

Sucede que me canso de ser hombre.
Sucede que entro en las sastrerías[2] y en los cines
marchito, impenetrable, como un cisne de fieltro[3]
navegando en un agua de origen y ceniza.

El olor de las peluquerías[4] me hace llorar a gritos.   15
Sólo quiero un descanso de piedras o de lana,
sólo quiero no ver establecimientos ni jardines,
ni mercaderías, ni anteojos, ni ascensores.

Sucede que me canso de mis pies y mis uñas
y mi pelo y mi sombra.   20
Sucede que me canso de ser hombre.

Sin embargo sería delicioso
asustar a un notario con un lirio cortado
o dar muerte a una monja con un golpe de oreja.
Sería bello   25
ir por las calles con un cuchillo verde
y dando gritos hasta morir de frío.

1. Se observa que los versos son de   3. **cisne de fieltro** *a swan of felt*
muy variada extensión.   4. **peluquerías** *barber shops*
2. **sastrerías** *tailor shops*

No quiero seguir siendo raíz en las tinieblas,
vacilante, extendido, tiritando de sueño,
hacia abajo, en las tripas mojadas[5] de la tierra,
absorbiendo y pensando, comiendo cada día.

5   No quiero para mí tantas desgracias.
No quiero continuar de raíz y de tumba,
de subterráneo solo, de bodega[6] con muertos,
aterido,[7] muriéndome de pena.

Por eso el día lunes arde como el petróleo
10 cuando me ve llegar con mi cara de cárcel,
y aúlla[8] en su transcurso como una rueda herida,[9]
y da pasos de sangre caliente hacia la noche.

Y me empuja a ciertos rincones, a ciertas casas húmedas
a hospitales donde los huesos salen por la ventana,
15 a ciertas zapaterías con olor a vinagre,
a calles espantosas como grietas.[10]

Hay pájaros de color de azufre[11] y horribles intestinos
colgando de las puertas de las casas que odio,
hay dentaduras[12] olvidadas en una cafetera,
20 hay espejos
que debieran haber llorado de vergüenza y espanto,
hay paraguas en todas partes, y venenos, y ombligos.[13]

Yo paseo con calma, con ojos, con zapatos,
con furia, con olvido,
25 paso, cruzo oficinas y tiendas de ortopedia,[14]
y patios donde hay ropas colgadas de un alambre:[15]
calzoncillos, toallas y camisas que lloran
lentas lágrimas sucias.

5. **tripas mojadas** *moist entrails*
6. **de bodega** *in a vault*
7. **aterido** *stiff with cold*
8. **aúlla** *howls*
9. **rueda herida** *wounded wheel*
10. **grietas** *cracks*

11. **azufre** *sulphur*
12. **dentaduras** *false teeth*
13. **ombligos** *navels*
14. **tiendas de ortopedia** *orthopedic shops*
15. **alambre** *wire*

VALS[1]

Yo toco el odio como pecho diurno[2]
yo sin cesar, de ropa en ropa vengo
durmiendo lejos.

No soy, no sirvo, no conozco a nadie,
no tengo armas de mar ni de madera,   5
no vivo en esta casa.

De noche y agua está mi boca llena.
La duradera[3] luna determina
lo que no tengo.

Lo que tengo está en medio de las olas.   10
Un rayo de agua, un día para mí:
un fondo férreo.[4]

No hay contramar,[5] no hay escudo, no hay traje,
no hay especial solución insondable,
ni párpado[6] vicioso.   15

Vivo de pronto y otras veces sigo.
Toco de pronto un rostro y me asesina.
No tengo tiempo.

No me busquéis entonces descorriendo[7]
el habitual hilo salvaje o la   20
sangrienta enredadera.[8]

No me llaméis: mi ocupación es ésa.
No preguntéis mi nombre ni mi estado.
Dejadme en medio de mi propia luna,
en mi terreno herido.   25

1. En esta composición, los versos largos son de 11 sílabas y los cortos de 5 o de 7.
2. **diurno** *daily*
3. **duradera** *lasting*
4. **férreo** *iron, harsh*
5. **contramar** *sea wall, dike*
6. **párpado** *eyelid*
7. **descorriendo** *unraveling*
8. **enredadera** *climbing vine*

El Poeta[1]

Antes anduve por la vida, en medio
de un amor doloroso: antes retuve
una pequeña página de cuarzo[2]
clavándome los ojos en la vida.

5   Compré bondad, estuve en el mercado
de la codicia, respiré las aguas
más sordas de la envidia, la inhumana
hostilidad de máscaras y seres.

Viví un mundo de ciénaga[3] marina
10 en que la flor de pronto,[4] la azucena
me devoraba en su temblor de espuma,
y donde puse el pie resbaló[5] mi alma
hacia las dentaduras del abismo.

Así nació mi poesía, apenas
15 rescatada[6] de ortigas,[7] empuñada
sobre la soledad como un castigo,
o apartó en el jardín de la impudicia
su más secreta flor hasta enterrarla.

Aislado así como el agua sombría
20 que vive en sus profundos corredores,
corrí de mano en mano, al aislamiento
de cada ser, al odio cuotidiano.

Supe que así vivían, escondiendo
la mitad de los seres, como peces
25 del más extraño mar, y en las fangosas[8]
inmensidades encontré la muerte.
La muerte abriendo puertas y caminos.
La muerte deslizándose[9] en los muros.

1. Los versos son de 11 sílabas, sin rima.
2. **cuarzo** *quartz*
3. **ciénaga** *marsh*
4. **de pronto** *suddenly*
5. **resbaló** *slipped*
6. **rescatada** *ransomed, rescued*
7. **ortigas** *nettles*
8. **fangosas** *muddy*
9. **deslizándose** *creeping*

Preguntas

1. ¿A qué se entrega en *Residencia en la tierra*?
2. ¿Que muestra el poeta después de la guerra civil española?
3. Después de romper con la tradición, ¿en qué hunde al lector?
4. ¿Cuándo nació Pablo Neruda?
5. ¿Cuál es su verdadero nombre?
6. ¿Por qué es triste el poeta en "Poema 20"?
7. ¿Qué oye el poeta en la noche?
8. ¿Qué dice del amor y del olvido?
9. ¿Cuáles son algunos objetos que llaman al poeta en "Arte poética"?
10. ¿Por qué se cansa el poeta de ser hombre en "Walking Around"?
11. Según el poeta, ¿qué sería delicioso? ¿y bello?
12. ¿Cuáles son algunos olores que nota el poeta en "Walking Around"?
13. ¿Cuáles son algunos objetos en este poema que consideramos antipoéticos?
14. ¿Qué estilo muestran las primeras poesías de Neruda?
15. ¿Por qué es difícil entender los poemas de *Residencia en la tierra*?

Temas

1. El desarrollo estilístico de la poesía de Neruda.
2. Lo que significan algunos símbolos que usa Neruda.
3. Una comparación del arte surrealista y "Walking Around."
4. El tono general de "Poema 20."
5. Neruda: ¿optimista o pesimista?

Eduardo Mallea (1903–   )

Uno de los más importantes novelistas contemporáneos, el argentino Eduardo Mallea combina la expresión artística con matices filosóficos. Le preocupa la angustia de la vida; siente hondamente el tormento del destino humano. Es un novelista hispanoamericano
5 que pertenece al grupo de existencialistas internacionales. Sus cuentos y novelas constituyen un género muy suyo, rico y denso. Son de una complejidad y profundidad que se pueden comparar con las obras de Kafka y Camus.[1] Provienen de una preocupación religioso-moral y de una intuición angustiada de la condición
10 humana.

Este poderoso escritor nació en Bahía Blanca, de un padre de vastísima cultura, médico, político y escritor. Aunque estudió Derecho en Buenos Aires, Mallea se dedicó desde muy joven a la literatura. Trabajó en la redacción de *La Nación*, uno de los periódi-
15 cos más importantes del continente que se publica en Buenos Aires, y fue director del Suplemento Literario de ese mismo periódico. Además de haber viajado mucho, ha servido en varios puestos políticos y culturales; en 1955 y 1956 fue embajador ante la UNESCO en París y en India. Miembro de la Academia Argentina
20 de las Letras, recipiente de varios premios literarios y de muchos honores, ahora Mallea se dedica exclusivamente a su propia obra de escritor.

Su primer libro que apareció en 1926, *Cuentos para una inglesa desesperada*, reveló ya una singular personalidad por su agudeza
25 psicológica y sus bellezas de lengua. Su estilo se reveló en los libros

1. **Kafka y Camus:** El checo Franz Kafka (1883–1924) y el francés Albert Camus (1913–1962) en sus obras pre- sentan un hombre angustiado en lucha desesperada por encontrar su salvación personal.

siguientes: la novela *Nocturno europeo* (1935) que obtuvo el Primer
Premio de prosa de la Municipalidad de Buenos Aires, y la serie de
relatos agrupados bajo el título *La ciudad junto al río inmóvil* (1936).
En *Historia de una pasión argentina* (1937) Mallea realizó una saga-
císima exégesis del espíritu nacional. Sus obras más logradas y carac- 5
terísticas incluyen *Fiesta en noviembre* (1938), *La bahía del silencio*
(1940) y *Todo verdor perecerá* (1941).

Hay más del ensayista que del novelista en algunas obras de
Mallea. Tiene su propia manera de transformar personajes y situa-
ciones en ideas arquetípicas. Se le puede llamar poeta en prosa. 10
Le gusta evocar el pasado de sus personajes, relatar su vida sobre
dos planos, el pasado y el presente, mientras entra en la consciencia
y en los pensamientos de sus protagonistas. Tiene al mismo tiempo
cierta preocupación y tristeza por las condiciones en que viven los
argentinos. 15

En *La ciudad junto al río inmóvil* Mallea trata de describir los
secretos de Buenos Aires donde los personajes luchan con su soledad
y su desesperación. El interés del cuento que sigue no estriba[2] en la
acción, que es mínima, sino en el análisis fino y convincente de dos
pobres seres humanos para quienes la vida en común ya se ha hecho 20
cansada, casi imposible.

2. **no estriba** *is not based*

LA CIUDAD JUNTO
AL RÍO INMÓVIL

CONVERSACIÓN

El no contestó, entraron en el bar. El pidió un whisky con agua;
ella pidió un whisky con agua. El la miró; ella tenía un gorro de
terciopelo negro apretándole la pequeña cabeza; sus ojos se abrían,
oscuros, en una zona azul; ella se fijó en la corbata de él, roja, con 25
las pintas[1] blancas sucias, con el nudo mal hecho. Por el ventanal se
veía el frente de una tintorería;[2] al lado de la puerta de la tintorería

1. **pintas** *dots*   2. **tintorería** *dry-cleaning establishment*

jugaba un niño; la acera mostraba una gran boca por la que, inconcebible nacimiento, surgía el grueso tronco de un castaño;[3] la calle era muy ancha. El mozo vino con la botella y dos vasos grandes y hielo;—"Cigarillos," le dijo él, "Máspero";[4] el mozo recibió la
5 orden sin mover la cabeza, pasó la servilleta por la superficie manchada de la mesa, donde colocó después los vasos; en el salón casi todas las mesas estaban vacías; detrás de una kentia[5] gigantesca escribía el patrón en las hojas de un bibliorato;[6] en una mesa del extremo rincón hablaban dos hombres, las cabezas descubiertas,
10 uno con bigote recortado y grueso, el otro rasurado, repugnante, calvo y amarillento; no se oía, en el salón, el vuelo de una mosca; el más joven de los dos hombres del extremo rincón hablaba precipitadamente, haciendo pausas bruscas; el patrón levantaba los ojos y lo miraba, escuchando ese hablar rudo e irregular, luego volvía a
15 hundirse en los números; eran las siete.

El le sirvió whisky, cerca de dos centímetros, y luego le sirvió un poco de hielo, y agua; luego se sirvió a sí mismo y probó en seguida un trago corto y enérgico; prendió un cigarrillo y el cigarrillo le quedó colgando de un ángulo de la boca y tuvo que cerrar los ojos
20 contra el humo, mirándola; ella tenía su vista fija en la criatura que jugaba junto a la tintorería; las letras de la tintorería eran plateadas[7] y la T, que había sido una mayúscula pretenciosa, barroca, tenía sus dos extremos quebrados y en lugar del adorno quedaban dos manchas más claras que el fondo homogéneo de la tabla sobre la que
25 muchos años habían acumulado su hollín;[8] él tenía una voz autoritaria, viril, seca.

"Ya no te pones el traje blanco," dijo.

"No," dijo ella.

"Te quedaba mejor que eso," dijo él.

30 "Seguramente."

"Mucho mejor."

"Sí."

"Te has vuelto descuidada. Realmente te has vuelto descuidada."

Ella miró el rostro del hombre, las dos arrugas que caían a pico[9]

3. **castaño** *chestnut tree*
4. **Máspero:** a brand of cigarettes
5. **kentia** *kentia, palm tree*
6. **bibliorato** *account book*

7. **plateadas** *silvered*
8. **hollín** *soot*
9. **arrugas . . . pico** *wrinkles which extended straight*

sobre el ángulo de la boca pálida y fuerte; vió la corbata, des-
prolijamente[10] hecha, las manchas que la cubrían en diagonal, como
salpicaduras.[11]

"Sí," dijo.

"¿Quieres hacerte ropa?"   5

"Más adelante," [12] dijo ella.

"El eterno 'más adelante,' " dijo él. "Ya ni siquiera vivimos. No
vivimos el momento que pasa. Todo es 'más adelante.' "

Ella no dijo nada; el sabor del whisky era agradable, fresco y con
cierto amargor apenas sensible; el salón servía de refugio a la huida   10
final de la tarde; entró un hombre vestido con un traje de brin[13]
blanco y una camisa oscura y un pañuelo de puntas marrones[14]
saliéndole por el bolsillo del saco—miró a su alrededor y fué a sentarse al lado del mostrador y el patrón levantó los ojos y lo miró y
el mozo vino y pasó la servilleta sobre la mesa y escuchó lo que el   15
hombre pedía y luego lo repitió en voz alta; el hombre de la mesa
lejana que oía al que hablaba volublemente volvió unos ojos lentos
y pesados hacia el cliente que acababa de entrar; un gato soñoliento
estaba tendido sobre la trunca[15] balaustrada de roble negro que separaba dos sectores del salón, a partir de la vidriera donde se leía, al   20
revés, la inscripción: "Café de la Legalidad;" ella pensó: ¿por qué
se llamará café de la Legalidad?—una vez había visto, en el puerto,
una barca que se llamaba Causalidad; ¿qué quería decir Causalidad,
por qué había pensado el patrón en la palabra Causalidad, qué podía
saber de Causalidad un navegante gris a menos de ser un hombre de   25
ciertas lecturas venido a menos?;[16] tal vez tuviera que ver con ese
mismo desastre la palabra Causalidad; o sencillamente habría querido
poner Causalidad—es decir, podía ser lo contrario, esa palabra,
puesta allí por ignorancia o por un asomo de conocimiento—; junto
a la tintorería, las puertas ya cerradas pero los escaparates mos-   30
trando el acumulamiento ordenado de carátulas[17] grises, blancas,
amarillas, con cabezas de intelectuales fotográficos y avisos escritos
en grandes letras negras.

"Este no es un buen whisky," dijo él.

10. **desprolijamente** *carelessly*	15. **trunca** *truncated, cut off*
11. **salpicaduras** *splotches, spots*	16. **venido a menos** (who had) *come*
12. **más adelante** *later on*	*down in the world*
13. **brin** *denim, light canvas*	17. **carátulas** *masks, faces*
14. **marrones** *maroon*	

"¿No es?" preguntó ella.

"Tiene un gusto raro."

Ella no le tomaba ningún gusto raro; verdad que había tomado whisky tan pocas veces; él tampoco tomaba mucho; algunas veces, al
5 volver a casa cansado, cinco dedos, antes de comer; otros alcoholes tomaba, con preferencia, pero nunca solo sino con amigos, al mediodía; pero no se podía deber a eso, tan pocas cosas, aquel color verdoso que le bajaba de la frente, por la cara ósea, magra,[18] hasta el mentón; no era un color enfermizo pero tampoco eso puede indicar
10 salud—ninguno de los remedios habituales había podido transformar el tono mate[19] que tendía algunas veces hacia lo ligeramente cárdeno.[20]—Le preguntó, él:

"¿Qué me miras?"

"Nada," dijo ella.
15 "Al fin vamos a ir o no, mañana, a lo de Leites . . . "

"Sí," dijo ella, "por supuesto, si quieres. ¿No les hemos dicho que íbamos a ir?"

"No tiene nada que ver," dijo él.

"Ya sé que no tiene nada que ver; pero en caso de no ir habría
20 que avisar ya."

"Está bien. Iremos."

Hubo una pausa.

"¿Por qué dices así que iremos?" preguntó ella.

"¿Cómo 'así'?"
25 "Sí, con un aire resignado. Como si no te gustara ir."

"No es de las cosas que más me entusiasman, ir."

Hubo una pausa.

"Sí. Siempre dices eso. Y sin embargo, cuando estás allí . . . "

"Cuando estoy ahí ¿qué?" dijo él.
30 "Cuando estás allí parece que te gustara y que te gustara de un modo especial . . . "

"No entiendo," dijo él.

"Que te gustara de un modo especial. Que la conversación con Ema te fuera una especie de respiración, algo refrescante—porque
35 cambias . . . "

18. **ósea, magra** *bony, lean*			20. **cárdeno** *purple*
19. **mate** *dull*

"No seas tonta."

"Cambias," dijo ella. "Creo que cambias. O no sé. En cambio, no lo niegues, por verlo a él no darías un paso."

"Es un hombre insignificante y gris, pero al que debo cosas," dijo él.

"Sí. En cambio, no sé, me parece que dos palabras de Ema te levantaran, te hicieran bien."

"No seas tonta," dijo él. "También me aburre."

"¿Por qué pretender que te aburre? ¿Por qué decir lo contrario de lo que realmente es?"

"No tengo porqué decir lo contrario de lo que realmente es. Eres terca. Me aburre Leites y me aburre Ema y me aburre todo lo que los rodea y las cosas que tocan."

"Te fastidia todo lo que los rodea. Pero por otra cosa," dijo ella.

"¿Por qué otra cosa?"

"Porque no puedes soportar la idea de esa cosa grotesca que es Ema unida a un hombre tan inferior, tan trivial."

"Pero es absurdo, lo que dices. ¿Qué se te ha metido en la cabeza? Cada cual crea relaciones en la medida de su propia exigencia. Si Ema vive con Leites no será por una imposición divina, por una ley fatal—sino tranquilamente porque no ve más allá de él."

"Te es difícil concebir que no vea más allá de él."

"Por Dios, basta, no seas ridícula."

Hubo otra pausa. El hombre del traje blanco salió del bar . . .

"No soy ridícula," dijo ella.

Habría querido agregar algo más, decir algo más significativo que echara una luz sobre todas esas frases vagas que cambiaban; pero no dijo nada; volvió a mirar las letras de la palabra Tintorería; el patrón llamó al mozo y le dió una orden en voz baja y el mozo fue y habló con uno de los dos clientes que ocupaban la mesa extrema del salón; ella sorbió la última gota del aguardiente ámbar.

"En el fondo, Ema es una mujer bastante conforme con su suerte," dijo él.

Ella no contestó nada.

"Una mujer fría de corazón," dijo él.

Ella no contestó nada.

"¿No crees?" dijo él.

"Tal vez," dijo ella.

"Y a ti a veces te da por[21] decir cosas tan absolutamente fantásticas."

Ella no dijo nada.

5   "¿Qué crees que me puede interesar en Ema? ¿Qué es lo que crees?"

"Pero, ¿para qué volver sobre lo mismo," dijo ella. "Es una cosa que he dicho al pasar. Sencillamente al pasar."

Los dos permanecieron callados; él la miraba, ella miraba hacia
10   afuera, la calle que iba llenándose, muy lentamente, muy lentamente, de oscuridad, la calle donde la noche entraba en turno; el pavimento que, de blanco, estaba ya gris, que iba a estar pronto negro, con cierto reflejo azul mar brillando sobre su superficie; pasaban automóviles, raudos, alguno que otro ómnibus, cargado;
15   de pronto se oía una campanilla extraña—¿de dónde era esa campanilla?; la voz de un chico se oyó, lejana, voceando los diarios de la tarde, la quinta edición, que aparecía; el hombre pidió otro whisky para él; ella no tomaba nunca más de una pequeña porción; el mozo volvió la espalda a la mesa y gritó el pedido con la
20   misma voz estentórea y enfática con que había hecho los otros pedidos y con que se dan el gusto de ser autoritarios estos subordinados de un patrón tiránico; el hombre golpeó la vidriera y el chico que pasaba corriendo con la carga de diarios oliendo a tinta entró en el salón y el hombre compró un diario y lo desplegó y se puso a leer
25   los títulos; ella se fijó en dos o tres fotografías que había en la página postrera, una joven de la aristocracia que se casaba y un fabricante de automóviles británicos que acababa de llegar a la Argentina en gira[22] comercial; el gato se había levantado sobre la balaustrada y jugaba con la pata en un tiesto de flores, moviendo los tallos de las
30   flores viejas y escuálidas; ella preguntó al hombre si había alguna novedad importante y el hombre vaciló antes de contestar y después dijo:

"La eterna cosa. No se entienden los rusos con los alemanes. No se entienden los alemanes con los franceses. No se entienden los fran-
35   ceses con los ingleses. Nadie se entiende. Tampoco se entiende nada.

21. **te da por** *you take a notion*   22. **gira** *expedition*

Todo parece que de un momento a otro se va a ir al diablo. O que las cosas van a durar así: todo el mundo sin entenderse, y el planeta andando."

El hombre movió el periódico hacia uno de los flancos, llenó la copa con un poco de whisky y después le echó un terrón[23] de hielo y 5 después agua.

"Es mejor no revolverlo. Los que saben tomarlo dicen que es mejor no revolverlo."

"¿Habrá guerra, crees?" le preguntó ella.

"¿Quién puede decir sí, quién puede decir no? Ni ellos mismos; 10 yo creo. Ni ellos mismos."

"Duraría dos semanas, la guerra, con todos esos inventos . . . "

"La otra también, la otra también dijeron que iba a durar dos semanas."

"Era distinto . . . " 15

"Era lo mismo. Siempre es lo mismo. ¿Detendrían al hombre unos gramos más de sangre, unos millares más de sacrificados? Es como la plata del avaro. Nada sacia el amor de la plata por la plata. Ninguna cantidad de odio saciará el odio del hombre por el hombre." 20

"Nadie tiene ganas de ser masacrado," dijo ella. "Eso es más fuerte que todos los odios."

"¿Qué?" dijo él. "Una ceguera[24] general todo lo nubla. En la guerra la atroz plenitud de matar es más grande que el pavor de morir." 25

Ella calló; pensó en aquello, iba a contestar pero no dijo nada; pensó que no valía la pena; una joven de cabeza canosa,[25] envuelta en un guardapolvo[26] gris, había salido a la acera de enfrente y con ayuda de un hierro largo bajaba las cortinas metálicas de la tintorería, que cayeron con seco estrépito; la luz eléctrica era muy débil en la 30 calle y el tráfico se había hecho ahora ralo,[27] pero seguía pasando gente con intermitencias.

"Me das rabia cada vez que tocas el asunto de Ema," dijo él.

Ella no dijo nada. Él tenía ganas de seguir hablando.

---

23. terrón *cube, piece*
24. ceguera *blindness*
25. canosa *grayish*

26. guardapolvo *duster*
27. ralo *thin*

"Las mujeres debían callarse a veces," dijo.

Ella no dijo nada; el hombre rasurado de piel amarillenta se despidió de su amigo y caminó por entre las mesas y salió del bar; el propietario levantó los ojos hacia él y luego los volvió a bajar.

"¿Quieres ir a alguna parte a comer?," preguntó él con 5 agriedad.[28]

"No sé," dijo ella, "como quieras."

Cuando hubo pasado un momento, ella dijo.

"Si uno pudiera dar a su vida un fin."

Seguía, él callado.   10

Estuvieron allí un rato más y luego salieron; echaron a andar por esas calles donde rodaban la soledad, la pobreza y el templado aire nocturno; parecía haberse establecido entre los dos una atmósfera, una temperatura que no tenía nada que ver con el clima de la calle; caminaron unas pocas cuadras, hasta el barrio céntrico donde ardían 15 los arcos galvánicos,[29] y entraron en el restaurante.

¡Qué risas, estrépito, hablar de gentes! Sostenía la orquesta de diez hombres su extraño ritmo; comieron en silencio; de vez en cuando cruzaba entre los dos una pregunta, una réplica; no pidieron nada después del pavo frío; más que la fruta, el café; la orquesta 20 sólo se imponía pequeñas pausas.

Cuando salieron, cuando los recibió nuevamente el aire nocturno, la ciudad, caminaron un poco a la deriva[30] entre las luces de los cinematógrafos. Él estaba distraído, exacerbado,[31] y ella miraba los carteles rosa y amarillo;—habría deseado decir muchas cosas, pero 25 no valía la pena, callaba.

"Volvamos a casa," dijo él. "No hay ninguna parte adonde ir."

"Volvamos," dijo ella. "¿Qué otra cosa podríamos hacer?"

28. **con agriedad** *sourly, crossly*   30. **a la deriva** *aimlessly*
29. **arcos galvánicos** *arc lights*   31. **exacerbado** *irritated*

Preguntas

1. ¿En qué país nació Mallea?
2. ¿Cómo era el padre de Mallea?
3. ¿En qué periódico trabajó Mallea?
4. En este cuento, ¿en dónde entraron las dos personas?
5. ¿Cuánto whisky le sirvió él a ella?
6. ¿Qué traje quiere él que lleve su compañera?
7. ¿Cómo era el sabor del whisky?
8. ¿Cómo se llamaba el café donde bebían los dos?
9. ¿Qué efecto le hacen al hombre Leites y Ema?
10. ¿Cuál es la actitud de la mujer hacia los Leites?
11. ¿Qué opinión expresa el hombre sobre Ema?
12. ¿De qué modo gritó el mozo la orden de más whisky?
13. ¿Cuánto whisky tomaba la mujer?
14. ¿Qué hacía el gato?
15. ¿Qué le preguntó la mujer al hombre acerca del periódico?
16. ¿Qué contestó él?
17. ¿Qué efecto le hace al hombre la referencia a Ema?
18. ¿Qué invitación le hace el hombre a la mujer?
19. ¿Cómo estaba él en el restaurante?
20. Después de la comida, ¿adónde fueron los dos?

Temas

1. Lo que sabe Vd. de la ciudad de Buenos Aires.
2. El bar en que entraron los dos personajes de este cuento.
3. La verdadera causa de la hostilidad del hombre y de la mujer.
4. La atmósfera general del cuento.
5. La causa de las guerras, según el hombre.
6. El pesimismo de Mallea.

Tres Poetas del Siglo XX

Es de notar que existen actualmente tantos poetas de talento en Hispanoamérica. La poesía que se escribe hoy día representa todos los gustos. Muchas veces trata de la esencia de la vida; expresa el alma desesperada de nuestra época. La forma de casi todos los
5 poetas contemporáneos combina la cultura europea, una gran conciencia artística, y un firme rigor técnico. Por lo general hay un tono melancólico e introspectivo. Esta selección incluye a tres poetas, dos que viven y escriben hoy en día y uno ya muerto.

César Vallejo (1892–1938)

El peruano César Vallejo rompió con la tradición de Rubén Darío
10 en su primer libro importante *Los heraldos negros* (1918). Este libro define a la vez su rebeldía espiritual, su pesimismo nostálgico, y su falta de retórica. Su desilusión procede en parte de su mestizaje, y de una persecución politíca (era izquierdista) que le hizo mudarse a París. Se ganó la vida escribiendo para los periódicos. En 1937
15 durante la guerra civil estaba Vallejo en España. Sintió hondamente el dolor del pueblo y expresó su sufrimiento por España en algunos versos hoy día reconocidos entre los mejores que se hayan producido en torno de la guerra. Escribió también cuentos y una novela proletaria, *Tungsteno* (1931). Otras colecciones suyas son *Trilce* (1922),
20 *Poemas humanos* (1939) y *España, aparta de mí esta cáliz* (1940).
Vallejo escribió con ánimo serio, doliente, desolado. Concibió lo

absurdo de la existencia. Muestran sus poemas una profunda humanidad y simpatía por la tragedia eterna de la vida. Vallejo escribió versos libres, con imágenes nuevas. Después de su muerte, como consecuencia de sus actividades en la guerra civil, ha crecido su influencia y su estatura poética.   5

LOS HERALDOS NEGROS[1]

Hay golpes en la vida, tan fuertes . . . ¡Yo no sé!
Golpes como del odio de Dios; como si ante ellos,
la resaca[2] de todo lo sufrido
se empozara[3] en el alma . . . ¡Yo no sé!

Son pocos, pero son . . . Abren zanjas[4] oscuras   10
en el rostro más fiero y en el lomo[5] más fuerte.
Serán tal vez los potros de bárbaros atilas;[6]
o los heraldos negros que nos manda la Muerte.

Son las caídas[7] hondas de los Cristos del alma,
de alguna fe adorable que el Destino blasfema.   15
Esos golpes sangrientos son las crepitaciones[8]
de algún pan que en la puerta del horno se nos quema.

Y el hombre . . . Pobre . . . ¡pobre! Vuelve los ojos, como
cuando por sobre el hombro nos llama una palmada;[9]
vuelve los ojos locos, y todo lo vivido   20
se empoza, como un charco de culpa,[10] en la mirada.

Hay golpes en la vida, tan fuertes . . . ¡Yo no sé!

1. Las estrofas de César Vallejo son generalmente irregulares, y los versos varían en extensión. En "Los heraldos negros" los versos son generalmente de 14 sílabas, rimando los pares. En los poems XXXIII ("Si lloviera ésta noche") y XII ("Masa") no hay rima, y los versos varían aún más.
2. **resaca** *undertow*
3. **se empozara** *might be dammed up*
4. **zanjas** *chasms, furrows*
5. **lomo** *back*
6. **atilas** *Attilas*
7. **caídas** *falls*
8. **crepitaciones** *cracklings*
9. **palmada** *handclap*
10. **charco de culpa** *pool of blame*

XXXIII

Si lloviera esta noche, retiraríame
de aquí a mil años.
Mejor a cien no más.
Como si nada hubiese ocurrido, haría
5   la cuenta de que vengo todavía.

O sin madre, sin amada, sin porfía[1]
de agacharme a aguaitar[2] al fondo, a puro
pulso,
esta noche así, estaría escarmenando[3]
10   la fibra védica,[4]
la lana védica de mi fin final, hilo
del diantre,[5] traza[6] de haber tenido
por las narices
a dos badajos inacordes[7] de tiempo
15   en una misma campana.

Haga la cuenta de mi vida
o haga la cuenta de no haber aún nacido,
no alcanzaré a librarme.

No será lo que aún no haya venido, sino
20   lo que ha llegado y ya se ha ido,
sino lo que ha llegado y ya se ha ido.

1. **porfía** *insistence*
2. **agacharme a aguaitar** *crouch down
to spy on*
3. **escarmenando** *disentangling*
4. **védica** *Vedic* (pertaining to the ancient sacred scriptures of the Hindus)
5. **diantre** *devil*
6. **traza** *trace*
7. **badajos inacordes** *discordant bell
clappers*

XII

MASA[1]

Al fin de la batalla,
y muerto el combatiente, vino hacia él un hombre
y le dijo: "¡No mueras; te amo tanto!"
Pero el cadáver ¡ay! siguió muriendo.

Se le acercaron dos y repitiéronle:
"¡No nos dejes! ¡Valor! ¡Vuelve a la vida!"   5
Pero el cadáver ¡ay! siguió muriendo.

Acudieron a él veinte, cien, mil, quinientos mil,
clamando: "¡Tanto amor, y no poder nada contra la muerte!"
Pero el cadáver ¡ay! siguió muriendo.   10

Le rodearon millones de individuos,
con un ruego común: "¡Quédate hermano!"
Pero el cadáver ¡ay! siguió muriendo.
                                                          15
Entonces todos los hombres de la tierra
le rodearon; les vio el cadáver triste, emocionado;
incorporóse[2] lentamente,
abrazó al primer hombre; echóse a andar . . .

1. 10 de noviembre 1937   2. **incorporóse** *he sat up*

Eugenio Florit (1903–   )

El cubano Eugenio Florit se manifiesta como discípulo del gran
poeta español Juan Ramón Jiménez. A pesar de haber nacido en
Madrid, volvió a la tierra de su madre donde estudió derecho y se
hizo ciudadano cubano. Obtuvo Florit un puesto en el consulado
5 cubano en Nueva York en 1940 y desde 1941 enseña en Barnard
College de Columbia University. Después de pulir las formas
poéticas tradicionales, décimas y sonetos, empleó formas libres. Su
poesía es armoniosa, grave y meditada. Lo domina un lirismo
notable. Muchos versos suyos cantan del trópico, un trópico cubano
10 con el mar y las palmeras contra el horizonte infinito. Se destaca
un suave misticismo en su poesía, y el ambiente de algunos poemas
parece de sueño. Sus poemas más recientes llevan un tono de
resignación y confianza en Dios. Al escribir de su poesía dijo Juan
Ramón Jiménez, "[Florit] funde dos líneas de la poesía española, la
15 neta y la barroca, con un solo estilo igual o encadenado; lirismo recto
y lento, que podría definirse 'fijeza deleitable intelectual.' " Algunos
volúmenes de sus poemas son *Trópico* (1930), *Doble acento* (1937),
Reino (1938) y *Asonante final y otros poemas* (1956).

Retrato Interior[1]

Tiene, más que lo cierto, la belleza
noble que va de corazón a rostro,
de alma total a atmósfera inmanente.[2]
Una flor del divino
aliento aprisionada   5
en dos brillantes ojos negros.
El beso del Espíritu
le da una aureola tímida de perla
aún soñadora
con el silencio oscuro de los mares.   10
Y en su firme cabeza el áureo rayo
de sol se funde en tonos serios,
para escapar en los dorados bordes
como un ardiente vino de su copa.
Y porque está de pie sabe el lenguaje   15
que hablan el árbol y la estrella
en el momento único
bajo la luz que se resuelve en orto.[3]
No quiere más que un canto
interminable y firme como el eco del mar: 20
recio en la voz airada, por galope
de truenos[4] sobre gris cabalgadura,[5]
o suave de quieta melodía,
color del oro justo
o de precisa eternidad azul y verde,   25
en esa línea donde están los besos
de las aguas del cielo con las nubes del mar.
Y después, el regalo
que de sus viajes trae a nube y viento:
la gota de rocío,   30
la silenciosa brisa,

---

1. 1940. La forma métrica del poema
es irregular.
2. **inmanente** *inherent*
3. **que se resuelve en orto** *which is*
dissipated on rising
4. **truenos** *thunderings*
5. **cabalgadura** *beast of burden*

la luz quebrada en iris al ocaso[6]
—mejor: la inmensa luz
violeta y gris
del alba.
(La luz inmensa,
gris y violeta
del alma.)

6. **al ocaso** *at sunset*

LA NOCHE[1]

Ya, Señor, sé lo que dicen
las estrellas de tu cielo;
que sus puntos de diamante
me lo vienen escribiendo.

5   Ya, por páginas del aire
las letras caen.
     Yo atiendo
ojos altos, muda boca
y callado pensamiento.

10   Y qué clara la escritura
dentro de la noche, dentro
del corazón anheloso
de recibir este fuego

que baja de tus abismos,
15   va iluminando mi sueño
y mata la carne y deja
al alma en su puro hueso.

Lo que dicen tus estrellas
me tiene, Señor, despierto
20   a más altas claridades,
a más disparados[2] vuelos,

1. Middlebury, Vermont, 1952. Los 2. **disparados** *headlong*
versos son octosílabos, sin rima.

a un no sé de cauteloso,
y un sí sé de goce trémulo,
(alas de una mariposa
agitadas por el suelo.)

Y en el suelo desangrándose   5
se pierde la voz del cielo
hasta que se llega al alma
por la puerta del deseo.

Paloma de las estrellas,
ala en aire, flecha, hierro   10
en el blanco de la fragua[3]
de tu amor.
       En el desvelo[4]
de tantas luces agudas
todo va lejos, huyendo;
todo, menos Tú, Señor;   15
que ya sé cómo me hablas
por las estrellas del cielo.

3. **fragua** *forge*   4. **desvelo** *watchfulness*

Octavio Paz *(1914–   )*

Como las poesías en las cuales el poeta se mira al espejo, la imagen
verdadera de Paz es doble. A la vez que ha llegado a ser uno de los
escritores más importantes no sólo de México sino también de toda
Hispanoamérica, ha desempeñado con notabilísimo éxito una
5 carrera diplomática como embajador de su país en la India y ante
la UNESCO en París. Su poesía comenzó a llamarles la atención a
los críticos entre 1937 (*Raíz del hombre* y *Bajo tu clara sombra*) y 1942
(*A la orilla del mundo*). Como uno de los fundadores y el redactor
más activo de la revista *Taller*, Paz pudo influir en los jóvenes de la
10 nueva generación literaria. Su libro más conocido, *Libertad bajo
palabra*, se publicó por primera vez en 1949 y otra vez en 1960 como
título de su obra poética hasta la fecha. También se conoce como
autor de cuentos (*¿Águila o sol?*), de una interesantísima y discutida
interpretación del carácter mexicano (*El laberinto de la soledad*), y de
15 ensayos sobre diversos temas literarios. Sin embargo, el mérito de
Paz descansa principalmente sobre sus dotes poéticas y su expresión
del trance del hombre actual. No sería exagerado aseverar que en
la unión de la angustia de la vida con el respeto por la poesía como
posibilidad de salvación, Paz es único en su generación.

El Sediento[1]

20   Por buscarme, Poesía,
          en ti me busqué:
          deshecha[2] estrella de agua,

          se anegó mi ser.
          Por buscarte, Poesía,
25   en mí naufragué.[3]

1. Los versos son de 8 o de 6 sílabas.   3. **naufragué** *I sank, became immersed*
2. **deshecha** *destroyed, dissolved*

312

Después sólo te buscaba
por huir de mí:
¡espesura de reflejos
en que me perdí!
Mas luego de tanta vuelta   5
otra vez me vi:

el mismo rostro anegado[4]
en la misma desnudez;
las mismas aguas de espejo
en las que no he de beber;   10
y en el borde del espejo
el mismo muerto de sed.

4. **anegado** *submerged, drowned, damp*

LA RÓCA

Soñando vivía
y era mi vivir
caminar caminos   15
y siempre partir.

Desperté del sueño
y era mi vivir
un estar atado
y un querer huir.   20

A la roca atado
me volví a dormir.
El sueño es la cuerda,
la roca el morir.

Dios abrirá los ojos   25
y al reino de su nada volveremos.

Julio Zachrisson (n. 1935, Panamá). *Vigilia por una reina*, 1964. Grabado. Colección de los Sres. Víctor Orsinger, Washington, D.C. (Pan American Union)

ELEGÍA INTERRUMPIDA[1]

Hoy recuerdo a los muertos de mi casa.
Al primer muerto nunca lo olvidamos,
aunque muera de rayo, tan aprisa
que no alcance la cama ni los óleos.[2]
5   Oigo el bastón que duda[3] en un peldaño,[4]
el cuerpo que se afianza en un suspiro,
la puerta que se abre, el muerto que entra.
De una puerta a morir hay poco espacio
y apenas queda tiempo de sentarse,
10   alzar la cara, ver la hora
y enterarse: las ocho y cuarto.
Y oigo el reloj que da la hora,
terco reloj que marca siempre el paso,
y nunca avanza y nunca retrocede.

15   Hoy recuerdo a los muertos de mi casa.
La que murió noche tras noche
y era una larga despedida,

1. Los versos son de varia extensión, siendo la mayor parte de ellos de 11 sílabas.   2. **óleos** *extreme unction*   3. **duda** *hesitates*   4. **peldaño** *step*

un tren que nunca parte, su agonía.
Codicia[5] de la boca
al hilo de un suspiro suspendida,
ojos que no se cierran y hacen señas
y vagan de la lámpara a mis ojos,   5
fija mirada que se abraza a otra,
ajena, que se asfixia en el abrazo
y al fin se escapa y ve desde la orilla
cómo se hunde y pierde cuerpo el alma
y no encuentra unos ojos a que asirse . . .[6]   10
¿Y me invitó a morir esa mirada?
Quizá morir con otro no es morirse.
Quizá morimos sólo porque nadie
quiere morirse con nosotros, nadie
quiere mirarnos a los ojos.   15

Hoy recuerdo a los muertos de mi casa.
Al que se fue por unas horas
y nadie sabe dónde se ha perdido
ni a qué silencio entró.
De sobremesa,[7] cada noche,   20
la pausa sin color que da al vacío
o la frase sin fin que cuelga a medias
del hilo de la araña del silencio
abren un corredor para el que vuelve:
suenan sus pasos, sube, se detiene . . .   25
Y alguien entre nosotros se levanta
y cierra bien la puerta.
Pero él, allá del otro lado, insiste.
Acecha[8] en cada hueco, en los repliegues,[9]
vaga entre los bostezos, las afueras.   30
No se ha muerto del todo, se ha perdido.
Y aunque cerremos puertas, él insiste
Hoy recuerdo a los muertos de mi casa.
Rostros perdidos en mi frente, rostros

---

5. **codicia** *greediness*   8. **acecha** *he is watching*
6. **asirse** *hold on to*   9. **repliegues** *folds*
7. **de sobremesa** *after dinner*

sin ojos, ojos fijos, vaciados,
¿busco en ellos acaso mi secreto,
el dios de sangre que mi sangre mueve,
el dios de hielo, el dios que me devora?
5   Su silencio es espejo de mi vida,
en mi vida su muerte se prolonga:
soy el error final de sus errores.

Hoy recuerdo a los muertos de mi casa.
El círculo falaz[10] del pensamiento
10   que desemboca siempre donde empieza,
la saliva que es polvo, que es ceniza,
los labios mentirosos, la mentira,
el mal sabor del mundo, el impasible,
abstracto abismo del espejo a solas,
15   todo lo que al morir quedó en espera,
todo lo que no fue—y lo que fue
y ya no será más, en mí se alza,
pide vivir, comer el pan, la fruta,
beber el agua que le fue negada.
20   Pero no hay agua ya, todo está seco,
no sabe[11] el pan, la fruta amarga,
amor domesticado, masticado,
en jaulas de barrotes[12] invisibles
mono onanista y perra amaestrada,[13]
25   lo que devoras te devora,
tu víctima también es tu verdugo.
Montón de días muertos, arrugados
periódicos, y noches descorchadas[14]
y amaneceres, corbata, nudo corredizo:[15]
30   *"Saluda al sol, araña, no seas rencorosa . . ."*
Es un desierto circular el mundo,
el cielo está cerrado y el infierno vacío.

10. **falaz** *deceitful*
11. **no sabe** *has no flavor*
12. **barrotes** *short, thick iron bars*
13. **mono onanista y perra amaes-** trada *an onanist monkey and a trained dog*
14. **descorchadas** *uncorked*
15. **nudo corredizo** *a slipknot*

Preguntas

CÉSAR VALLEJO

1. ¿En qué país nació César Vallejo?
2. ¿Cuál es el título de su primer libro importante?
3. ¿Es optimista o pesimista César Vallejo?
4. ¿Qué impresión le hace a Vd. el poema "Los heraldos negros"?

EUGENIO FLORIT

1. ¿Dónde nació Eugenio Florit?
2. ¿Dónde vivió hasta 1940?
3. ¿Qué tono tienen las poesías de Florit?
4. Según Juan Ramón Jiménez, ¿qué dos líneas de la poesía española funde Florit?

OCTAVIO PAZ

1. ¿Cuándo nació Octavio Paz? ¿En qué país?
2. ¿Con qué tomo empezó a publicar sus poesías?
3. ¿Qué profesión ha ejercido?
4. ¿Le parecen a Vd. tristes o alegres sus poesías?

Temas

1. El pesimismo de César Vallejo.
2. Las metáforas empleadas por Eugenio Florit.
3. Lo que le dicen a Florit las estrellas del cielo.
4. El simbolismo de Octavio Paz.
5. Alguna semejanza entre estos tres poetas.

Vocabulario

This vocabulary is intended to supplement the rather copious notes which accompany the text. Words of high frequency and easily recognizable cognates have been omitted. The gender of nouns has not been indicated for masculines in -o and feminines in -a. The few abbreviations will be easily recognized:

adj.	adjective	*m.*	masculine
dim.	dimunitive	*n.*	noun
f.	feminine	*pl.*	plural
inf.	infinitive		

abajo down, downward; **los de —** the underdogs
abalanzar to rush impetuously, to pounce on, sway
abanico fan
abarcar to embrace, include
abastar to supply, outfit
abatir to discourage, cast down
abeja bee
abertura opening
abismado, -a plunged into gloom, downcast
abismo abyss, depths
abnegación *f.* self-denial
abogacía legal profession
abogado lawyer
abolido, -a destroyed
abominar to abominate, detest
abonar to fertilize, support
abono fertilizer
aborrecer (zco) to hate

aborrecible abhorrent
abrasilerado, -a Brazilianized
abrazo embrace
abreviar to cut short, to be brief
abrigo cover
abrillantado, -a gleaming, shining
abrumado, -a overwhelmed
abrumador, -ora oppressive
abrumar to crush, to overwhelm
abstener to refrain from
abstinencia abstinence
abuelo grandfather, ancestor
abundo abundant(ly)
aburrir to bore
abyección *f.* abjection, depths
acabamiento end, completion
acabar to end, finish, come to an end; **— de + *infin.*** to have just
acacia acacia, locust
acaecer to happen, to occur
acallar to silence

acariciador, -ora caressing
acariciar to caress, to pat
acaso perhaps, perchance
acatamiento awe, respect, appearance
acceso attack, access, association
acechar to spy
aceite m. oil
acendrado, -a refined, pure
acequia drain, ditch
acera sidewalk
acerado, -a sharp, cutting
acercar to bring up or near; —se to approach
acero steel
acertar (ie) to hit upon, succeed, guess correctly, verify
acicate m. goad, incentive, spur
acierto sureness, rightness
aclarar to become bright, clear; to explain
acobardado, -a fearful, cowardly
acodarse to draw near, lean
acoger to grasp, receive
acogido, -a gathered
acometer to rush, hasten; to carry out, perform; to attack, undertake
acometida attack
acomodado, -a well-off
acomodo adjustment
acongojar to afflict; to grieve
acontecimiento event, happening
acoplar to collect, couple together
acordado, -a harmonious
acordar (ue) to agree, decide; —se de to remember
acorde m. chord
acorralar to corner
acorrer to succor, help
acostado, -a lying down
acostumbrar to be accustomed to
acrecentamiento increase
acreedor m. creditor
actitud f. attitude
actual present
actualmente at present

acuarela watercolor
acudir to rescue, come to the assistance of; to hasten
acueducto aqueduct
acusador, -ora accusing; as n. accuser
acusarse to show, to prove
adelantado, -a ahead, advanced
adelantar to advance, lead, move forward; —se to approach
adelante forward, further, ahead; de ahí — henceforth, hereafter; más — later (on)
adelanto advance, progress
adelgazado, -a thin, pale
ademán m. attitude, gesture
además besides
adentrar to penetrate
adentro inside, within
adivinar to guess, foresee
admiración f. surprise, wonder, admiration
adolorido, -a sorrowful
adorno decoration, adornment, ornament
adquirir (ie) to acquire
adueñarse to seize, take possession
adular to praise
advenedizo newcomer, upstart
advenimiento advent, coming
advertir (ie) to observe, notice; —se to be warned; to recognize
afán m. zeal, attempt, desire
afanar to hurry, to press
afeitar to shave
afeminado, -a effeminate
afianzar to strengthen, confirm, grasp; —se to steady oneself
aficionado, -a fond (of)
afilado, a slender, sharp
afiliado supporter, party member
afinar to refine, tune
afinazar to polish
aflicción f. affliction, sorrow

afligir to afflict, grieve
aflojar to let go, relax
afluir to pour
afrentar to insult
afuera outside; suburb
agacharse to crouch (down)
agarrar to clutch, grab, seize
agasajar to treat well, honor
agazapar to seize, grab; —se to crouch, squat
agigantar to make extra large
agiotista *m.* usurer
agitar to shake, move, agitate, excite
aglomerado, -a accumulated
agonizante agonizing, dying
agostado, -a parched, withered
agotar to exhaust, waste
agradar to please
agradecido, -a appreciative
agradecimiento appreciation, gratitude
agrandar to enlarge
agrandecimiento growth
agrario, -a agrarian, country
agravar to grow worse
agregado combination, group
agregar to add
agreste rustic, wild, rough
agriedad *f.·* sourness, bitterness
agrietar to crack
agrio, -a rough, bitter
aguada water supply
aguadora woman bringing water
aguaitar to spy on
aguardar to wait, await
aguardiente *m.* brandy, liquor
agudeza sharpness
agudo, -a sharp, keen
agüero omen
aguijar to spur (*a horse*)
aguijonear to spur on
águila eagle
agujerear to riddle, sprinkle

agujeta shoestring
ahogar to stifle, smother, drown
airado, -a wrathful, angry
aislado, -a isolated
aislamiento isolation
ajar to spoil, disfigure
ajeno, -a another's, foreign
ajustar to adjust
ala wing
alabar to praise
alabarda halberd
alacrán *m.* scorpion
alambicado, -a subtle, complicated
alambrado wire fence
alambre *m.* wire; — **de púa** barbed wire
alarde *m.* ostentation, display
alardoso, -a ostentatious, showy
alargado, -a tall, extended
alarido yell, outcry
alazán *m.* bay (horse)
alba dawn
albear to gleam white
albur *m.* monte (*card game*)
alcaide *m.* commander, mayor
alcalde *m.* mayor
alcaldía mayoralty, office of mayor
alcance *m.* capacity, talent, reach, power
alcanzar to reach, achieve, overtake; to succeed in
alce *m.* rest, respite
alcoba bedroom
alcor *m.* hill
aldea village
aldeano, -a villager, peasant
alegar to allege
alejar to push off, drive away, isolate; —se to go off
alelado, -a dazed, dumbfounded
alentar (ie) to inspire
alféizar *m.* embrasure (of a window), sill
algo something, a bit
algodón *m.* cotton
alhaja jewel

alhajita little jewel
alharaca ado, outcry
aliado, -a ally
aliento breath, courage, spirit
alimento food
alinearse to align oneself with, take the side of
alivio relief, betterment
aljaba quiver
alma soul
almidón m. starch
almirante m. admiral
almo, -a life-giving, inspiring
almohada pillow
almohadilla small pillow
almohadón m. pillow
almorzar (ue) to lunch (on)
almuerzo lunch
alquimia chemistry, alchemy
alrededores m. pl. environs, surroundings
altanero, -a haughty
alterado, -a changed
alternativamente alternately
Alteza Highness (royalty)
altisonante high-sounding
altiveza pride, arrogance
altivo, -a haughty, proud
altura height
alucinante dazzling
alumbrar to light up
alzar to raise, uplift; —se to rise
allá there; **más — de** beyond, through
allegar to gather, assemble
allende beyond, besides
amaestrar to train (an animal)
amago hint, empty promise
amamantar to suckle
amanecer m. dawn, daybreak
amanecer (zco) to dawn
amarfilado, -a ivory
amargar to embitter, give a bitter taste
amargo, -a bitter
amargor m. bitterness

amargura bitterness
amarillento, -a yellowish
amarrado, -a lashed, tied
amasar to knead, blend
ambiente m. surroundings, background, atmosphere
ámbito space
ambivalencia ambivalence, duality
ambos, -as both
amedrentado, -a frightened
amenaza threat
amenazar to threaten
ametrallar to machine-gun
amigable amiable, pleasant
aminorar to diminish
amistad f. friendship
amo master, employer
amoldarse to be molded, outlined
amonestar to warn, admonish
amorío love affair
amparo protection, aid, help
amplio, -a ample, full
amueblado m. furniture
anaranjado, -a orange
anca haunch
anciano, -a old, ancient
ancho, -a wide; as n. m. width
andar to walk, go, travel, traverse
andas f. pl. bier, litter
andén m. railway platform
anécdota anecdote
anegar to drown
ánfora vase, cup
angosto, -a narrow, tortuous
angustia anguish, pain
angustiante afflicted
anhelante eager, yearning, panting
anhelo desire, urge
anillado, -a ringed, bejewelled
ánima soul
animado, -a animated, lively
animalito little creature
animar to incite, animate
ánimo spirit, courage

anochecer *m.* nightfall
anochecer (zco) to get dark
anonadado, -a overwhelmed, stunned
anormal abnormal
ansia longing, anxiety, desire, zeal
ansiar to long (for)
ansiedad *f.* anxiety
ansioso, -a anxious
antaño yesteryear, formerly
antebrazo forearm
antecámara antechamber
antecedentes *m. pl.* ancestors, forebears
antecesor *m.* ancestor, precursor
anteojos *m. pl.* eyeglasses
antigualla ancient custom
antiguamente long ago, formerly
antiguo, -a ancient, old
antinomia antimony (*in chemistry, a crystalline element*); paradox
antojar to take a fancy, have the whim to do
antojo whim
antorcha torch
anudar to knot, to join
anular to cancel
anunciar to announce
apacible mild, peaceful
apagar to put out, extinguish, silence, stifle
apañar to fill, to load
aparato device, apparatus
aparecer (zco) to appear
aparejado, -a prepared
aparejar to make ready; to outfit
aparejo preparation
apartar to drive off, separate; —**se** to withdraw, go away
apear(se) to dismount, get out of (*a vehicle*)
apedrear to stone, throw stones at
apenas hardly, scarcely, the minute that

apercibir to alert
apertura aperture, opening
apetecer (zco) to desire, hunger
apetecible desirable
apiadar to move, pity; —**se de** to take pity on
aplaudidor *m.* applauder
aplicar to apply
aplomo aplomb, self-possession
apocado, -a diminished
apocar to lessen; to be used up
apoderarse (de) to seize, capture
apodíctico, -a apodictic, indisputable, unarguable
apogeo height, peak
aportar to bring, carry forth
aposentar to lodge, live
aposento room, apartment
apostar (ue) to bet
apóstol *m.* apostle
apotrarse to become confused
apoyar to lean, rest
apoyarse to depend on, lean on
apreciable worthy of esteem, noticeable
aprendiz *m.* apprentice
aprendizaje *m.* apprenticeship
aprestar to prepare
apresurarse to hasten
apretar (ie) to press, fit tight over
apriesa (aprisa) in haste
aprovechar to take advantage of, make use of
áptero, -a wingless
apuntar to point out
apurado, -a pressing, dangerous
apurar to drain, swallow; —**se** to worry
apuro difficulty
aquietar to calm
aquilatar to weigh the merit of
ara slab, table (*of an altar*)
araña spider
araucano, -a Araucanian Indian
arbolado, -a wooded

arboleda grove, forest, cluster of trees
arbusto shrub, bush, brush
arcabuco rough thicket
arcabuz *m.* blunderbuss
arco arc, arch, archway, bow, hoop, stave; — **galvánico** arc light
archivo archive, record
arder to burn, blaze
ardiente hot, torrid, ardent
arduo, -a difficult
arena sand
argamasa mortar
argentado, -a silvery
argentino, -a silver; Argentinian, Argentine
argüir to argue
argumento plot
ario, -a Aryan
arisco, -a wicked, vicious, surly
arma weapon
armada fleet
armar to arm, load; to assemble
armiño ermine
armónico, -a harmonious
aro hoop
arpa harp
arpegio arpeggio
arquetípico, -a archetypical
arrancamiento upheaval
arrancar to pull out, wrench out, tear, seize, bring forth
arranque *m.* outburst
arrastrar to pull, be pulled; to draw, to drag
arrea herd; **peón de** — common herdsman
arrear to insist, urge; to drive (animals)
arrebatar to carry away
arrebol *m.* red sunset
arreglar to arrange, fix
arremeter to attack
arremolinar to crowd, rush, mill around
arriba up, upward

arriesgar to risk
arrimar to bring close (to); —**se** to move close
arrimo support, good place, foothold, shelter
arrobador, -ora entrancing
arrobamiento ecstasy
arrobo ecstasy
arrodillar to kneel
arrojado, -a fearless
arrojar to throw; —**se** to rush, throw oneself
arrollar to roll, coil (up), crush
arroyo brook, stream
arruga furrow, wrinkle
arrugado, -a wrinkled
arrullar to lull to sleep; to fondle
arte *m. or f.* cunning
artesa dough trough
articular to articulate, formulate, connect
artificio artifice, means
ascensor *m.* elevator
asegurar to assure; —**se** to be assured, calmed
asemejar to resemble
asentar (ie) to hone, sharpen
asentir (ie) to agree
aserrar (ie) to saw
asesinado, -a assassinated
aseveración *f.* statement
asiento seat, site
asilenciarse to grow silent
asilo asylum, shelter
asimismo likewise, so too, in a similar manner
asir to seize, cling
asistir to be present; to witness
asolear to strike with sun
asomar to lean toward, approach
asombrar to surprise; —**se** to be surprised
asombro surprise
asombroso, -a astounding

asomo approach, slight amount
asonancia assonance
asonante assonant, possessing rhyme of vowels but not of consonants
asordado, -a deafening
aspecto appearance
aspereza harshness
áspero, -a harsh, rough
astro star
astrologías *f. pl.* astrological computations
astuto, -a clever
asunto subject, matter
asustadizo, -a easily frightened, nervous
asustado, -a frightened
asustar to frighten, scare
atajar to cut off, interrupt
atar to tie, bind
atender (ie) to take heed
ateneo athenaeum
aterciopelado, -a velvety
aterido, -a stiff with cold
aterrador, -ora frightening
aterrante terrifying
aterrar to terrify
Atila Attila (the Hun)
atizar to rouse, stir
atolondrado, -a stupid
atónito, -a astonished, dazed
atraer to attract
atrapar to trap, catch
atrás back, behind
atrasado, -a backward
atravesado, -a laid crosswise
atravesar (ie) to cross, pierce through, intercept, traverse
atreverse to dare
atrevido, -a bold, daring
atropellada stumble, fall
atropellar to knock down; to push forward
atroz fierce, dreadful
aturdido, -a confused, dazed

audaz bold, audacious
augusto, -a noble, august
aullar to howl
aullido howl
aumentar to increase, augment
aura aura, air, dawn
áureo, -a golden
aurora dawn
auscultar to listen to
ausentarse to be absent
ausente absent
austro south wind
auto religious play
autóctono, -a autochthonous, native
autogénesis *f.* autogenesis, spontaneous generation
auxiliar *m.* helper
auxilio help, aid
avaro, -a greedy, miserly
avasallador, -ora conquering, overwhelming
avasallante captivating
ave *f.* bird
aventajado, -a profitable
aventajar to take advantage of, gain superiority over
avergonzar (ue) to shame
averiguar to ascertain, to find out
avestruz *m.* ostrich
avezado, -a experienced, trained
avidez *f.* eagerness
ávido, -a avid, eager
avisar to notify, inform
aviso notice
avivar to incite
ayudar to assist, help
ayuntamiento municipal council
azada spade
azahar *m.* orange blossom
azor *m.* hawk, goshawk
azorado, -a upset, disturbed
azotar to lash, whip
azote *m.* lash
azotea flat roof
azucena lily

azufre *m.* sulphur
azul blue
azulado, -a bluish
azuloso, -a bluish, blue
azur *m.* azure (*sky*)
azuzar to sic (on), urge on

bacante *f.* bacchante, votary of Bacchus
bacía basin
badajo clapper (of a bell)
bahía bay
bajar to lower, go down
bajel *m.* bark, boat
bajo, -a low, short; por lo — on a low scale, down, under
bala bullet, shot
balaustrada balustrade
balazo shot
balbucear to stammer
balde: de — free
bálsamo balsam, magic drug
ballesta crossbow
bananal *m.* banana plantation
banco bench, seat
bandada band
bandera flag
bañar to bathe
barba beard
bárbaro barbarian, savage
barbecho fallow land
barbería barbershop
barboquejo strap, chin strap
bardo bard
barra bar (of gold)
barrera barrier, fence
barriga belly
barrilla small staff, little bar
barrio district, quarter
barroco, -a baroque
barrote *m.* bar
base *f.* base, foundation
bastar(se) to suffice, be enough
batirse to struggle
bautizar to baptize
baya berry

beatificación *f.* beatification (*act of conferring sainthood*)
beato, -a beatific
bebida drink
belicoso, -a warlike
bellaco, -a knavish, wicked
belleza beauty
bello, -a lovely, beautiful
bendición *f.* blessing
bendito, -a blessed
beneficiar to benefit, derive benefit
beneficio benefit, profit
benéfico, -a beneficent, benevolent
benemérito, -a worthy
Benjamín youngest child
bergantín *m.* brigantine
beso kiss
bestia beast, animal, beast of burden
bibliorato account book
bibliotecario librarian
bicéfalo, -a two-headed
bien *m.* good, goodness
bien haya blessings on
bienaventurado, -a fortunate, lucky
bienaventuranza blessing, happiness
bienestar *m.* wellbeing, comfort
bienhechor *m.* benefactor
bigote *m.* mustache
billete *m.* note, ticket
biombo screen
blanca coin, farthing
blancura whiteness
blandir to brandish
blando, -a mild, soft, gentle
blanquear to become white, whiten, whitewash
blanquecino, -a whitish
blusa shirt, blouse
bobachón, -ona stupid
bocadito morsel
bocado mouthful, bit
bocanada gust, puff

bodega wine cellar, warehouse, vault
bofetada blow, slap
bogar to row, sail
bohío hut
bolas *f. pl.* *An Indian weapon made of lengths of rope with a heavy stone fastened to each end*
bolazo bola blow, bola throw
boliadoras (boleadoras) *f. pl.* throwing ropes of the **bolas**
bolita little ball
bombilla bulb (electric)
bonzo bonzo, Buddhist monk
borbotar to pour out, utter
borbotón *m.* bubbling
borde *m.* edge
borrachera drunken spree, binge
borracho, -a drunk(en)
borrar to erase, remove
borrascoso, -a stormy
borrica female burro
borroso, -a hazy, blurred
bosque *m.* forest, woods
bostezo yawn
botadero ford, passing place
botellita small bottle
botica drugstore, apothecary shop
botonadura set of buttons
bóveda vault
bramar to roar
bravo, -a fierce, wild
breña brambly ground, thicket
bribón *m.* rogue, crook, scoundrel
bribonazo big rascal
brillar to gleam, shine, flash
brillo brilliance, shine
brin *m.* denim, light canvas
brinco jump
brindar to offer
brío spirit, determination
brioso, -a lively, spirited
brisa breeze
británico, -a British

brochazo brush-stroke, streak
bronce *m.* bronze
broncíneo, -a bronzelike
broquel *m.* shield
brotar to spring, sprout, stem
brote *m.* bud, germ
brujo wizard, witch
bruñido, -a burnished, polished
brusco, -a sudden, crude
brutazo big brute
bruto, -a crude, stupid
búcaro vase
bucle *m.* curl
buey *m.* ox
bufón *m.* buffoon, jester
buhonero peddler
buido, -a sharp, piercing
bulto shape, bulk, bundle, package; **a —** by guess, haphazardly
bullicio uproar, confusion
bullicioso, -a noisy
burdo, -a coarse
burla joke; **hacer — de** to make fun of
burlar to fool, trick
buscar to look for, seek
busto chest, bust

cabal complete, perfect
cabalgadura mount
caballeresco, -a chivalrous, gentlemanly
caballero cavalier, gentleman
caballo horse
cabaña hut, hovel
cabecear to nod
cabecera head
cabellera hair, head of hair
cabello hair
caber to fit, fall to, come to (*pret.* **cupo**)
cabezal *m.* bolster
cabizbajo, -a head down
cabo end, tip; **en todo —** everywhere; **al —** finally
cabra goat

cabritilla kid
cacique *m.* chief, rural boss, political boss
cachorro, -a cub
cadalso scaffold
cadáver *m.* corpse
cadencia cadence, rhythm
cadera hip
caduco, -a frail
caer (*irreg.*) to fall
cafetera coffeepot
caída fall
caja box
cajón *m.* drawer
cala inlet, port of call
calarse to size oneself up
caldera pot, boiler
caldo broth
calentar (ie) to heat
calidad *f.* quality
cálido, -a fervent, warm
calificar to classify, term, qualify, explain, characterize
cáliz *m.* chalice, cup, calyx
calor *m.* heat, warmth
calumniar to speak evil of, slander
caluroso, -a hot
calvo, -a bald
calzada highway, causeway
calzoncillo drawers
calzones *m. pl.* breeches
callado, -a silent
callar to be silent, hush; tan callando so silently
callejón *m.* lane, alley
camarero waiter, steward
cambalache *m.* exchange, barter
caminar to travel
camino road, trail
camisa shirt
camisón *m.* nightshirt
campanilla bell
campesino, -a rustic
campestre rural, country
camposanto cemetery
can *m.* dog

canalla riffraff
canapé *m.* sofa
canas *f. pl.* gray hairs
candente red-hot, white-hot
candidatura candidacy
cándido, -a candid, innocent, simple, white
candorosamente honestly, candidly
canela cinnamon
canoa canoe
canon *m.* canon, rule
canonización *f.* canonization
canoso, -a grayish
cántaro water pitcher, water jar
cantería stonework
cantidad *f.* quantity, amount
cantor *m.* singer
caña cane, bamboo
caos *m.* chaos
capa cape, cloak; so — de under the cloak of
capaz capable
caperucita little (riding) hood
capilla chapel
capitalito little sum
capitanía captaincy
capítulo chapter (of a book, political party, or religious order)
caporal *m.* cattle-keeper, corporal
capricho caprice, whim
captar to capture
capuera thicket
cara face
caracol *m.* seashell, snail
caramelo caramel candy
carátula mask, face
carbón *m.* coal, carbon
carcajada laugh, peal of laughter
cárcel *f.* jail
cárdeno, -a grayish-purple
cardo thistle
carecer (zco) to lack
carga load, burden, charge
cargado, -a loaded

cargar to carry, load; to crowd, push toward, weigh upon, pull down
cargo question, accusation, charge
caricia caress, flattery
cariño affection
caritativamente charitably
carmín *m.* carmine, red, rouge
carne *f.* flesh, meat
carnear to slaughter
carrera career, race, run, flight
carro cart, wagon
carroza carriage
cartel *m.* sign, poster
cartera billfold
cartón *m.* cardboard
cartuchera cartridge belt
casa house, business, firm
cáscara (piece of) bark, hull
casco hoof
casero, -a household
casilla hut, cabin
caso matter, case
casta breed
castaño chestnut (tree or the color of)
castellano Castilian, Spaniard; coin
castigar to punish
castigo punishment
castillo castle
castizo, -a pure, native
casto, -a chaste
casualidad *f.* chance, coincidence
catalán, -ana Catalan, from the region of Cataluña in Spain
catar to look, regard
catedrático professor
cauce *m.* channel
caudal *m.* capital, amount of money, volume
caudillo chieftain
cauteloso, -a wary, cautious
cautivar to captivate
cautivo, -a captive

cavado, -a hollow
caverna cave, cavern
cavilación *f.* complaint, hesitation, worry
cazador *m.* hunter; *as adj.* (-or, -ora) hunting
cazuela earthen pot
cecina dried beef
ceder to yield, give way
ceguera blindness
ceiba ceiba tree
ceja eyebrow
celda cell (in a convent)
célebre famous
celeridad *f.* rapidity, haste
celeste heavenly, celestial
celos *m. pl.* jealousy
celosamente zealously
cenar to sup, eat supper
ceniciento, -a ashen
cenit *m.* zenith
ceniza ash(es)
centelleante gleaming, sparkling
centellear to sparkle
centenar *m.* hundred
centinela sentinel
centuplicar to multiply a hundred-fold
ceñido, -a clinging
ceñir (i) to gird (on), put on; to cling; to bind; to crown
cerca fence
cercano, -a nearby, neighboring, coming
cerco circle, circumference, fence
cereza cherry
cernerse (ie) to hover
cerrazón *f.* dark clouds, cloudy weather
cerro hill
cerrojillo latch
cerrojo bolt
certero, -a accurate, sure
certeza certainty, exactitude
cerviz *f.* nape of neck
cetro scepter

cicatriz *f.* scar
ciclo cycle
ciegamente blindly
ciego: a ciegas in the dark
cielito popular dance and song of the Pampa
cielo heaven, sky
ciénaga mudhole, marsh
ciencia science, knowledge
cierzo north wind
cifrar to place
cima treetop
cimitarra scimitar
cincha girth, cinch
cinematógrafo movie (theater)
cínico, -a cynical
cinismo cynicism
cinto belt
cintura waist
circo circus
circuito circuit, enclosure
circundar to surround
circunstancia circumstance, happening
cirio candle, taper
cisne *m.* swan
citación *f.* quotation
citado, -a cited, quoted
citar to quote
ciudadanía citizenship
ciudadano citizen
civil civil, civilian, worthless
clamar to cry (out), to shout
claridad *f.* brightness, clearness
clarín *m.* bugle, horn, trumpet
claro, -a bright, clear; a la clara openly
claustro cloister
clava nail, pin
clavar to nail, fix
clave *m.* clavichord
clavo nail
cliente *m. or f.* customer
clientela clientele
cobarde *m.* coward
cobardía cowardice

cobertizo *m.* shed
cobertor *m.* bedspread
cobijar to cover, hide
cobro protection
cocer (ue) to bake, cook
cocinera cook
coco boogyman, boogybear
cochino, -a swinish, filthy
codicia desire, eagerness, covetousness, greed
cofia hood, cap
cofre *m.* chest
coger to catch, pick up, pluck, gather, grasp
cogido, -a holding
cohibido, -a restrained, inhibited
cojín *m.* cushion
cojo, -a lame, limping
cola tail
colación *f.* precinct, district
colcha quilt
colchón *m.* mattress
cólera anger
colérico, -a choleric, furious
colgar (se) to hang
colina hill
colmado, -a overwhelmed
colmillo eyetooth; escupir por los —s to boast
colocar to place, put
colonia colony
colorido color
coloso colossus
columpiar to sway, swing
comarca district, position
comarcano, -a neighboring, bordering
combatiente *m.* warrior
combo, -a crooked, bent, bulging
comeder to play at
comedero, -a edible
cometer to commit
comida food, dinner
cómoda bureau

330

cómodo, -a comfortable
compadecer to pity
compadre *m.* friend, companion
comparecer (zco) to appear
compás: a — in time
compatriota *m.* fellow countryman
compendio compendium
complacer to please
complejo, -a complex
componer to compose
comprobado, -a proven
comprometido, -a compromised, at stake
compromiso engagement, difficult situation
compuerta gate, mine door
común common
comunidad *f.* community, district
concebir (i) to conceive
concertar (ie) to agree
concierto agreement, plan
conciliador, -ora conciliatory
concluir to conclude
concreción *f.* concretion, growth
concretar to make firm, make concrete
condenado,-a damned, condemned
condenar to condemn
condiscípulo fellow student
condolido, -a sympathetic, sorry
cóndor *m.* condor
confesado, -a confessed, admitted
confianza confidence, trust
conforme agreeably, in due proportion, in harmony with
confundirse to become confused, become mingled
congraciarse to ingratiate oneself
conjunto entirety, whole, mixture
conjurado, -a conspiring
conmover (ue) to move, stir, disturb, shake
cono cone, hill
conocedor *m.* knowing, expert

conocimiento knowledge, acquaintance
conque so
conquista conquest
conquistador *m.* conqueror
conquistar to conquer
consagración *f.* devotion
consagrar to dedicate
consciente conscious
conseguir (i) to obtain, accomplish
consejero counselor, adviser
consejo advice
consentido, -a spoiled, pampered
consentir (ie) to agree
constituir to constitute, appoint
consuelo consolation
consumir to accomplish
consumo consumption
contagio contagion
contar (ue) to count, relate; — con to count on, have at one's disposal, be (so many years) old
contener to withhold, contain
contenido content
contienda fight
contingente *m.* contingent, band, following, share
contorno outline, contour, surrounding, form, shape
contrabandista *m.* smuggler
contradecir to contradict, oppose
contradicho, -a contradicted, opposed
contraer to contract; — nupcias to marry
contramar *m.* countertide; sea wall, dike
contraposición *f.* opposite side, counterposition
contrariedad *f.* annoyance
contratiempo misfortune, disappointment
convenible convenient, suitable
convenio agreement
convenir to be fitting, behoove, agree

conventual pertaining to the convent

convertir (ie) to convert, turn; —**se** to become

convidar to invite

convocar to call together, gather

copa cup, glass, foliage, top

coraje *m.* anger, rage

corbata necktie

cordón *m.* cordon, rope, belt

cordura wisdom

corneta cornet, bugle

coro chorus, group

corona crown, ring

corredor *m.* hall, corridor

correndido, -a flowing, loosened

correndío, -a flowing, loosened

correría wandering, raid

correspondencia relationship

corresponder to reciprocate

corriente current

corromper to corrupt, spoil, rot

corsé *m.* corset

cortadura cut, parapet

cortar to cut; —**se** to separate oneself from

corte *f.* court

cortejar to court

cortejo procession

cortesano, -a courtly

corteza bark, rind, shell

cortina curtain

cosecha harvest, crop

costado side

costal *m.* sack, knapsack

costear to go around the side of, to skirt

costilla rib

costumbre *f.* custom, routine, worldly habits

costumbrista *m. and f.* critic of manners and customs

costura sewing

cotidiano, -a daily

coz *f.* kick; **dar coces en** to kick against

crear to create

crecer to grow, increase

crecida flood, freshet

creciente increasing

creciente *f.* flood, swollen water

creencia belief

crepitación *f.* crackling

crepúsculo twilight, late afternoon, early dawn

crespo, -a curly

cría breeding

criado servant

criar to raise (cattle, etc.), bring up

criatura creature, baby, young child

criba sieve

crin *f.* mane (of a horse)

criollo Creole, a person born in the New World of European descent

crisálida chrysalis

criterio criterion, judgment

crónica chronicle

crudo, -a raw

crujiente crinkly

crujir to crackle

cruz *f.* cross; withers (of a quadruped); **en —** crosswise

cruzar to cross

cuaco horse (*Mexico*); yucca flower

cuaderno notebook

cuadra quarter, block

cuadrar to suit, be convenient

cuadrilla squad, body of troops

cuadrito little picture

cuadro picture, sketch, canvas

cuajar to fit into; to be filled, be crowded

cual (such) as, like, just as

cualquier any

cualquiera whatever, whichever

cuantioso, -a great, quantitative

cuanto: en cuanto a in regard to, in respect to

cuartel *m.* barracks, quarter

cuarteta, -o quatrain, four-line stanza
cuartilla scrap
cuarzo quartz
cubrir to cover
cuchillada knife slash, cut
cuchillo knife
cuello neck
cuenta account(ing); **darse —** to be aware, to realize
cuentista *m. or f.* storyteller
cuentística short-story writing
cuero leather, hide, whip; **en —s** stark naked
cuerpo body, corps, source
cuervo raven, crow
cuesta hill
cuidado care; **tener —** to be careful
cuidar to care for, be careful of
cuilones (*Aztec word for*) wretches
cuitado, -a suffering, anxious
culebra snake
culminar to climax, reach a peak, culminate
culpa blame
cultivo culture
culto worship, faith
culto, -a cultured, highly educated
cumbre *f.* top, summit, peak, height
cumplidamente completely
cumplimiento fulfillment
cumplir to fulfill, perform, reach
cuna lineage, cradle, origin
cundir to increase
cuotidiano, -a daily, everyday
cura *m.* priest
curar to cure, care for
curato parish, curacy
cursar to go through, study (over)
curso course
custodiar to keep watch over, guard

chalchipuis jadelike jewels

chalet *m.* cottage, house
chambón, -ona awkward
chapalear to splash
charca pool
charco puddle
charro peasant, cowboy
chico, -a little; *as n.* boy, girl
chichihuite *m.* (*a kind of*) basket
chileno, -a Chilean
chimenea fireplace, chimney
chiminango tropical tree
chinesco, -a Chinese
chino, -a Chinese
chiquito, -a child
chirca euphorbia, tropical tree
chiripá *m.* loose-fitting breeches
chirrido squawking, squeaking, croaking
chispa spark
chispeante sparkling
chispear to give off *or* emit sparks
chisporrotear to sputter
chocar to shock, crash
chochera dotage
choluteca Cholulan
choque *m.* clash, noise, hitting
chorriar to drench

dado, -a given, well-fitted
dado die, block
daga dagger
dalia dahlia
dar to give, hit, strike, open; **— en** to fall upon; **—se con** to associate with; **—se cuenta (de)** to realize, be aware; **te da por** you take a notion to; **— de suyo** to consider one's own
dato fact
de que as soon as
debajo under
deber ought, must; *as n. m.* duty
debido, -a due, owing
débil weak
debilidad *f.* weakness
decadencia decadence, decline

decaído, -a decayed, ruined, deca-
dent

decididamente definitely

decidido, -a determined

décima ten-line poetic composition

declinar to decline, sink, end; to set

dedo finger

defecto lack

defender to defend; to forbid

defensión *f.* defense

definitivo, -a final

deforme deformed

degollar to destroy, behead

degüello throat-cutting, massacre

deiforme godlike

dejar to let, allow, leave; — de to
leave off, stop, cease; — en pie
to leave standing

delantera vanguard, advance
troops, headstart

delator *m.* informer

deleitar to delight

delicadeza scrupulousness, care,
delicacy

delineador *m.* portrayer, delineator

delinear to picture

delirante maddening, raving

delito crime

demanda demand, search

demás rest

demás de = además de

demasía excess

demasiado, -a too much

demencia madness

demiurgo demiurge, creative god

demonio demon, devil

dende since

denigrar to denigrate, blacken

denso, -a tightly packed, concen-
trated

dentadura false teeth

dentrada first attack

denuedo audacity, boldness

denunciar to inform on

denuncio denunciation

deposición *f.* testimony

333

deprender to learn

derecho, -a straight, direct

derecho right, law

deriva drift; a la — aimlessly drift-
ing

derramar to scatter, shed, pour out,
overflow, spatter

derredor: en — around

derrocar to cast down, knock over,
upset

derrota defeat, rout; route, road

derrotar to defeat

derrumbadero precipice, crag

desabrido, -a peevish, harsh

desafiar to challenge

desafío challenge

desagradecido, -a unappreciative

desahogar to relieve, unburden,
give rein to; —se to unburden oneself, grow calm

desairado, -a slighted, in a sorry
state

desairar to slight, insult, anger

desalmado, -a soulless

desamor *m.* coldness, hatred

desamparar to abandon, forsake

desangrarse to bleed

desarmado, -a unarmed

desarrapado, -a ragged

desarrollo development

desazón *f.* displeasure, uneasiness,
vexation, unfitness

desbaratar to upset

desbarrancado, -a thrown over a
precipicio

desbocado, -a runaway

desbordante overflowing

descabezado, -a beheaded

descalabrado, -a broken-headed,
crushed

descalabrarse to hurt one's head

descalzo, -a barefooted

descanso rest

descarar to peel (the bark off)

descarnador *m.* scraper
descarnar to scrape
descolgar (ue) to drop
descompuesto, -a disarrayed
descomún uncommon
desconcertado, -a upset, shaken
desconfianza distrust
desconfiar to mistrust
desconocer to overlook, be ignorant of
desconocido, -a unknown, strange
desconsolado, -a disconsolate, unhappy
descorchar to uncork
descorriendo unraveling, unwinding
descote *m.* bare neck, décolleté
describir to describe, trace
descubierto, -a uncovered
descubrimiento discovery
descubrir to reveal, discover, uncover
descuidado, -a careless, unaware
descuidar to be careless; to make careless, lull
descuido carelessness
desdeñar to disdain, scorn
desdeñoso, -a disdainful, scornful
desdicha misfortune
desdichado, -a unlucky, unfortunate
desembocar to come out, emerge
desemejante unlike
desempeñar to redeem, pay the pawn for; to perform, carry out
desenfrenado, -a unbridled
desengañar to disillusion, undeceive
desengaño disillusion, disappointment
desenlace *m.* outcome
desenvolver(se) to develop, grow
desesperación *f.* despair
desfallecer (zco) to fail; to die down; to grow depressed

desfilar to march, pass by
desfondado, -a with the bottom broken out
desgajado, -a uprooted
desgarrado, -a ripped, torn
desgarrador, -ora heart-rending
desgarrar to tear apart
desgracia misfortune
desgraciadamente unfortunately
desgraciado, -a unlucky, unfortunate
deshacer to wear out, destroy
deshecho, -a shattered, ransacked
deshilachar to tatter, shred
deshojar to tear off leaves (petal, sepals)
desierto, -a empty; *as n.m.* desert, wilderness
desigual inconsistent
deslinde *m.* demarcation, boundary mark
desliz *m.* slip, misbehavior
deslizar(se) to slip
desmantelado, -a dilapidated
desmayar to faint, wilt; —se to faint, languish
desmedrado, -a decayed
desmemoriado forgetful one
desmentir (ie) to deny
desmoronar to ruin; —se to fall apart
desnudez *f.* nakedness, bareness
desnudo, -a naked, bare, unclothed
desolar (ue) to desolate
despachar to dispatch, put to death
desparcir to disperse; —se to scatter
despecho spite
despedazar to tear up, split into pieces
despedida farewell
despedir (i) to send away, send forth; —se de to take leave of
despejar to clear, rid, solve
despeñadero cliff
despeñado, -a rushing precipitously downward, dashing headlong

despeñar to hurl down
despertador *m.* awakener, alarm clock
despertar (ie) to awaken
despiadado, -a pitiless
despicar to satisfy
desplegar (ie) to unfold, spread, display
despojar to deprive, despoil, rob
despojo plunder, spoil; —s spoils, remains
desposeer to dispossess
desprender to detach, shed; —se to be detached, emerge
desprolijo, -a careless
desquiciado, -a unhinged, upset, toppled
destacar(se) to be outlined, stand out
destellante sparkling
destello gleam, flash
desterrado, -a exiled
destierro banishment, exile
destino fate
destreza skill
destrozo ruin, particle
destruir to destroy
desuso disuse
desvanecerse to vanish
desvarío wildness, raving
desvelo watchfulness, wakefulness
desventaja disadvantage
desventurado, -a unfortunate
desvergüenza abuse
desviar to turn away from, divert from
detallado, -a detailed
detalle *m.* detail
detener to stop, arrest; —se to stop
detenida delay
detenido, -a checked, stopped, gradual
determinación *f.* obstinacy
deuda debt
deudo, -a relative

devolver (ue) to return, give back, restore
diablura devilish trick, deviltry
diáfano, -a translucent, clear
diamante *m.* diamond
diamantino, -a diamondlike
diantre *m.* devil
diario *m.* diary; — de a bordo ship's logbook
diatriba invective, insult, diatribe
dibujar to draw, sketch, outline
dictaminar to pass judgment, dictate
dicha happiness
dicho saying
dichoso, -a blessed, happy
diestro, -a right (hand), dexterous
difundir to scatter
difunto, -a dead, defunct
digno, -a worthy
dilación *f.* delay
dilatado, -a extended, far-flung
dilatar to dilate, make wide, spread
diligencia effort, diligence, business, effort, persistence
dinámica dynamics
diosa goddess
disbandarse to disband, vanish
discípulo follower
discurrir to wander, travel
discurso reasoning, speech
discutible questionable
diseminar to spread abroad, scatter
disentir (ie) to dissent, argue
disertar to discuss, discourse on
disforme deformed, misshapen
disgregación *f.* disintegration
disgregar to disintegrate
disgusto unpleasantness, displeasure
disimulado, -a feigned, false, pretended
disimulo dissimulation, craft
disipar to dissipate, blow away
disminuir to diminish, grow smaller

disolver (ue)   to dissolve
disparado, -a   hurled, swift, headlong
disparar   to fire (a gun), discharge,
shoot
disparatar   to talk nonsense
dispensar   to excuse
disperso, -a   detached, scattered
disponer   to dispose, make ready
dispuesto, -a   comely, graceful,
ready; bien — well, in good health
distinguir   to make out, perceive,
distinguish
distinto, -a   different
disuelto, -a   dissolved
diurno, -a   daily
divagación f.   wandering about
divinizar   to make divine
divisar   to see, discern, make out
do = donde
doblado, -a   doubled, heavy
doblar   to turn, fold, turn around
docto, -a   learned
doctrina   doctrine, instruction
doctrinar   to indoctrinate, teach
doler (ue)   to ache, pain
doliente   pained, grievous
dolor m.   grief, pain
dolorido, -a   pained, hurt, heartsick, griefstricken
domar   to hold in check, hold back,
tame
dominador m.   master
dominar   to dominate, control
dominio   domain, control, realm
don m.   gift, talent
donaire m.   joke, whim
doncella   maid, maiden
dondequiera   wherever, anywhere
doquiera   everywhere
dorado, -a   golden
dorar   to gild, adorn with gold
dormida   sleeping site (archaic)
dormido, -a   sleepy, sleeping

dormitorio   sleeping place, bedroom
dotado, -a   gifted, endowed, pos-
sessed
dotar   to endow
duda   hesitation, doubt
dudar   to hesitate, doubt
duelo   sorrow, grief; duel
dueña   duenna, lady-in-waiting,
mistress, ruler
dueño   owner, master
dulce   sweet, gentle
dulcedumbre f.   gentleness
duplicar   to double
duradero, -a   lasting
durar   to last
duro, -a   hard, harsh; as n. dollar

ebrio, -a   drunk, intoxicated
ebúrneo, -a   creamy white
ecuménico, -a   ecumenical, universal
echar   to cast, throw, thrust, put,
pour; — mano a to lay hands on,
attack; — de ver to notice
Edén m.   Eden, paradise
edificar   to construct
educativo, -a   educational
efervescente   sprightly
eficacia   efficiency
eficazmente   justly
egipcio, -a   Egyptian
egregio, -a   eminent
eje m.   axis, center
ejecutar   to execute, exert
ejemplar m.   example, pattern
ejemplificar   to exemplify
ejemplo   example
ejercicio   use, exercise
ejercitar   to exercise, perform
ejército   army
elegir (i)   to choose, elect, select,
pick
elevar   to raise
elogio   eulogy, praise
embajador m.   ambassador
embandadero, -a   flag-bedecked

embarazado, -a obstructed
embarazar to hinder, impede
embargar to seize, attach
embargo: sin — nevertheless
embebecido, -a enchanted, astounded, overwhelmed
embozar to muffle (up)
embrollado, -a entangled, twisted, confused
emisario emissary
emocionar to move, stir (by emotion)
empalidecer(zco) to grow pale
empañar to blur, soil, cloud
empaque m. solemnness, seriousness
empastar to cover with weeds
empedrado cobblestone pavement
empellón m. shove, push
empeñar to pawn; —se to insist; to take the trouble to
empeño perseverance, insistence, effort, attempt
empeorar to grow worse
empequeñecer(zco) to diminish, dwarf
empequeñecimiento diminution
empero however, yet
empezar (ie) to begin
empinado, -a lifted, raised up
empíreo, -a empyrean, the ultimate heavenly paradise
emplear to use, employ
empleo object, tool
emplumado, -a feathered
empozarse to be dammed up
emprender to undertake
empresa enterprise, undertaking
empujar to push
empuñadura handle
empuñar to clutch, hold tightly, clasp, brandish
emular to imitate
enagua petticoat
enajenar to enrapture
enano, -a dwarf
enarcar to arch

337

encadenar to chain (together)
encajar to contain, fit
encaje m. lace
encaminar to put on the road, guide; —se to travel, make one's way
encantar to enchant, delight
encanto charm
encargar to entrust, commission
encarnar to incarnate, penetrate
enceguecer to blind
encender (ie) to light up, kindle, become aroused, become animated
encerrar (ie) to enclose, lock, contain
encía gum
encima on top
encogido, -a timid
encogimiento contraction, shrinking
encorvado, -a bent over
encrespar to swirl
encrucijada crossing, crossroads
encubrir to hide, conceal
encuentro meeting
enderezar to straighten up
endulzar to sweeten
enfadar to annoy, anger; —se to become angry
enfermar to fall sick
enfermería sick ward
enfermero, -a nurse
enfermizo, -a sickly
enfrentarse to confront
enfurecer(se) (zco) to grow furious
engalanado, -a adorned
engañar to deceive; —se to be mistaken, fool
engaño deceit, deception, illusion, trick
engañoso, -a tricky, deceptive
engarzar to set (a jewel)
engendrar to produce, propagate
engolfado, -a adrift, absorbed

engreído, -a conceited, vain
enhiesto, -a erect, upright
enhorabuena well and good, all right, congratulation
enjugar to dry
enlazar to join, entwine, combine
enloquecer(zco) to go mad
enloquecido, -a crazy
ennegrecido, -a blackened
enojarse to become annoyed
enredadera climbing vine
enredar to join, catch, entangle
enronquecer (zco) to become hoarse
ensalmo incantation, magic
ensancharse to extend, widen, spread
ensañado, -a angry, enraged
ensartado, -a stabbed, run through, strung
ensayar to experiment, try
ensayista *m.* essayist
ensayo attempt, effort, experiment, essay
enseñanza learning, lesson, teaching, instruction
enseñar to teach, show
ensillar to saddle
ensimismamiento self-absorption
ensortijado, -a in ringlets
ensueño dream, vision
entenebrido, -a dark, shadowy
ententar (ie) to try
enterar to inform
enterrador *m.* gravedigger
enterramiento burial place
enterrar (ie) to bury, inter
entibiar to warm
entidad *f.* entity, unit
entornar to half-open
entrambos, -as both
entrañable deep, sincere, most affectionate, profound (affection)

entrañas *f.pl.* feelings, heart, entrails
entreabrir to open halfway
entrecejo brow
entrega delivery; **por —s** in serial form
entregar to deliver, procure, devote, hand over, place in the hands of, surrender
entremedias in mid ranks
entremeter to interpose
entretenerse to entertain oneself
entrever to see (dimly), half see
entrevero cavalry battle
entrevista interview
entronizar to enthrone
enturbiarse to be confused, disturbed
enviado envoy
enviar to send, dispatch
envidiar to envy
envolver (ue) to wrap, enclose, involve
envuelto, -a wrapped, clothed, surrounded
epopeya epic poem
equilibrar to balance
equívoco, -a equivocal, confused, ambiguous
era age, era
erguir to erect; **—se** to rise
erizar to stand up, rise
errabundo, -a wandering
errado, -a in error
errante wandering
errar (ie) to miss, make a mistake; **yerra fuego** misses fire
esbelto, -a svelte, slim, graceful
esbozar to sketch, draw
esbozo sketch
escala ladder
escalera stair
escalofriante chilling, hair-raising
escalón *m.* step (of a stairway)
escampar to clear
escaparate *m.* show window

escarcha frost
escarlata scarlet
escarmenar (ie) to comb (*wool,*
etc.)
escarnecido, -a ridiculed
escasez *f.* scarcity
escaso, -a scant, scarce
escena scene, setting
escenario stage, scene
esclarecido, -a illustrious, promi-
nent
esclavitud *f.* slavery, enslavement
esclavo, -a slave
Escocia Scotland
escoger to choose, select
escombro garbage pile, rubbage
heap, rubble, slag
esconder to hide
escopeta gun
escribano scribe, notary, secretary;
— de ración secretary of supplies
escribiente *m.* stenographer
escrupuloso, -a scrupulous, nice
escrutar to scrutinize
escuadra squad, gang
escuadrón *m.* swarm, multitude,
squadron
escudilla bowl
escudo shield, coat of arms
escudriñador, -ora scrutinizing,
searching
escudriñar to search
esculpir to carve, sculp
escupir to spit
escurrirse to slip (away)
esfera sphere, heavens
esforzar (ue) to force, encourage
esfuerzo effort, vigor, force,
strength, endeavor
esgrimir to grasp, wield
eslabón *m.* link
esmeralda emerald
espacio interval, delay
espada sword
espadaña cattail, reed
espalda back, shoulder

espantar(se) to be frightened; to be
surprised
espanto fright, terror
espantoso, -a frightening
españolización *f.* Hispanization
esparcir to spread, scatter
especia spice
especiar to spice, to prick (*the
memory*)
especie *f.* kind, type, species, sort
espectro specter, ghost
espejo mirror
espera wait; en — waiting
esperanza hope
espeso, -a thick, heavy
espesura thicket
espeto penetration
espiga head (of grain), rivet
espolvorear to dust, sprinkle
esponjar to fluff up; to sponge
espuela spur
espuma foam
espumita bit of foam
espumoso, -a foamy, frothy
esquife *m.* skiff
esquina corner
esquinado corner
esquivar to avoid
estación *f.* season
estallar to burst forth
estancia room, dwelling; stay, so-
journ; ranch, estate
estandarte *m.* standard
estatura height, stature
estepa steppe, arid plain
esterilidad *f.* sterility
estético, -a aesthetic
estilo style, kind
estimable highly esteemed
estimación *f.* worth, rank, esteem
estío summer
estirar to stretch, straighten out
estirón *m.* jerk, tug
estirpe *f.* race, stock, family, lineage

estocada thrust, stab; **a —s** with stabbing
estofa class, quality
estorbar to hinder
estrategia strategy
estrechamente closely, tightly
estrechar to clasp (hands), to press, to hold out
estrecho, -a narrow
estrella star
estrellado, -a starry, full of stars
estrellar to scatter, break
estremecerse to tremble, shudder
estremecido, -a trembling
estrépito noise, din
estrepitoso, -a boisterous, noisy
estribar to rest, be based
estruendo noise, din
estruendoso, -a crashing, noisy
estrujar to crumple, crush
estuche *m.* jewel case
estufa stove
estupor *m.* amazement, stupor
etapa stage, step
eternizado, -a petrified
ética ethics
étnico, -a ethnic, racial
etnólogo ethnologist
evangelio scripture, gospel
evasión *f.* escape
evocar to evoke
exacerbar to irritate, embitter
exaltarse to be uplifted, exalted
excelencia: por — outstanding
Excelsior higher, upward (*See Longfellow's poem.*)
exégesis *f.* exegesis, analysis, interpretation
exención *f.* exemption
exigencia demand, request
exigente demanding
exigir to require, demand, ask
existencialista existentialist
éxito success

expediente *m.* way, manner, method
experiencia experiment, experience
experimentar to experience
expiración *f.* breath
explanar to explain
expresión *f.* enthusiasm
expresivo, -a affectionate
exprimir to express, spit out; **—se** to be drawn *or* milked
expuesto, -a exposed
extender (ie) to draw up a contract
extensión *f.* extent
extraer to extract
extranjero, -a foreign
extraño, -a strange, foreign
extraviarse to get lost
extremo extreme, end, boundary, care, attention; **con —** greatly

fabla = habla speech
fabricante *m.* manufacturer
fabricar to build, make, construct, manufacture
fábula fable, story, tale
facciones *f.pl.* features
factible feasible
facultad *f.* faculty, school
fajado, -a wrapped around
fajina task, capture
falaz false, deceptive
falda skirt
falsía falseness
falta lack, fault, failure
faltar to lack
falto, -a lacking, devoid
fallar to pass judgment on
fallecer(zco) to die
familiar *m.* familiar (*creature or object from which a witch or wizard draws his power*)
fandango fandango (*a dance*); confusion
fango swamp
fangoso, -a muddy
fantasma *m.* ghost

fardaje *m.* pile of bundles
fardo bundle
fastidiar to annoy, bother, upset
fatigar to fatigue, weaken
fatigoso, -a labored, weary, wearisome
faz *f.* face
fe *f.* faith, religion; hacer — to be believed, leave no room for doubt
fealdad *f.* ugliness
fecundación *f.* fertilization
fecundo, -a fertile, fecund, fruitful
fecha date
fechoría mischief
fehaciente authentic
feliz happy
femenil feminine
fenecer(zco) to die
ferino, -a savage, wild
feroz ferocious
férreo, -a (of) iron
fertilísmo, -a most fertile
férvido, -a fervid, boiling
festín *m.* party
fiarse to trust
fibra fiber
fiel faithful
fieltro felt
fiera wild beast
fiereza wildness
fiero, -a fierce, wild
figurar to depict
fijar to notice, fix (on)
fijeza firmness, steadfastness
fijo, -a fixed, staring
fila row, rank
filarmónico musician
fin *m.* end, goal, purpose; a — de in order to
finar to end, die
fincar to rest on, be based on
fingir to pretend, simulate
fino, -a fine, delicate, slim
firmamento firmament, vault of the sky
firmar to sign

firme firm; tierra — dry land, firmly
firmeza firmness, strongness
fisonomía physiognomy, face
flaco, -a weak
flacura leanness
flanco side (of a body)
flaquear to grow weak
fleco fringe, ragged edge
flecha arrow
floreado, -a flowered
florecer(zco) to flower, develop, flourish, thrive, blossom
florecido, -a blossoming
florero vase
florido, -a florid, flowery, prime stage
flota fleet
flotar to float
fluctuar to fluctuate
fluir to flow; *as n.m.* flowing, flow
foco electric light, center, source
fofo, -a soft, pudgy
fogoso, -a fiery, spirited
follaje *m.* plants, foliage
folleto *m.* pamphlet, newspaper, broadside
fomentar to encourage
fondo depth, bottom, background
forajido outlaw, bandit
forjador *m.* blacksmith, forger
forma shape
fornido, -a robust, stout, husky
fortalecer (zco) to become strong, strengthen oneself
fortaleza fortress, strength
forzar (ue) to force, rape
fracasar to fail
fracaso failure
fraccionamiento break-up, fractional division
fragor *m.* din, uproar
fragua forge
franciscano, -a Franciscan

franco, -a full, complete
frase *f.* phrase, subject, sentence
fraterno, -a brotherly, fraternal
fray *m.* brother (priest)
frenesí *m.* frenzy
frenético, -a frantic, wild
freno bit, brake
frenología phrenology, skull study
frente *m. or f.* front, forehead, **hacer — a** to face; **de —** directly, straight
fresa strawberry
fresco, -a fresh, cool
fresquito, -a fresh
frondoso, -a frondy
frontera border, frontier
fronterizo, -a border
frotamiento friction
fructificar to make fruitful
frustrarse to thwart, turn aside
fruto fruit, success
fucsia fuchsia
fuente *f.* source
fuera out, beyond, outside; **— de** besides; **lo de —** outside material
fuerza force, power
fugar to flee
fugaz fleeting
fulgente gleaming, glowing
fulgor *m.* gleam, glint
función *f.* duty
funcionamiento function, working
funcionario official
fundamento basis, foundation
fundar to found, establish; to decide; to discover, create
fundir to fuse, melt together
fúnebre dismal, funereal
funesto, -a dread, fatal, foreboding
furia fury, anger
furibundo, -a raging, infuriated
fusilería musketry
fusión *f.* fusion, mixture, joining
fusta small scouting boat

gabán *m.* overcoat
gabinete *m.* boudoir
gajo bunch
galán *m.* lover, young man
galante gallant, romantic
galanteo gallantry
galardón *m.* reward, surprise
galería gallery, hauling way (in a mine)
galgo greyhound
galpón *m.* hut
galvánico, -a galvanic, electric
gama gamut, scale
gamuza chamois
gana will, desire; **tener —s de** to feel like; **de buena —** gladly
ganado herd, flock, domestic animals
ganancia gain, booty, advantage
garabatito little curve
garbo elegance
garganta throat
garra claw
gasa gauze
gastar to waste, spend
gatillo trigger
gato cat
gélido, -a cold, frigid
gemido groan, moan
gemir (i) to groan
género genre, literary type, kind, race
genialidad *f.* temperament
genio wit, spirit, genius, nature, temper
genovés, -esa Genoese
gentil noble, gallant; *as n.m.* pagan, gentile
germen *m.* seed, germ
gesto mien, face, gesture
gigante *m.* giant
gigantesco, -a gigantic
gira (*jira*) expedition, trip
girar to whirl, turn
giro turn of phrase
glauco, -a yellowish

gobierno government, rule
goce *m.* pleasure, joy, enjoyment
golondrina swallow
golosina tidbit, treat
golpe *m.* blow, knock
golpear to beat, strike, knock
golpecito tap
gongorismo gongorism (*an elaborate poetic style*)
gorro cap, cloche (*hat*)
gota drop
gótico, -a Gothic
gozar to enjoy; — de to enjoy, possess
gozoso, -a joyful
grabarse to engrave, be engraved; to be fixed
gracia grace
grácil graceful, slender
gracioso, -a fine, delightful
grado degree
grama grass
gramilla grass
granada grenade
granadero grenadier, soldier
grandeza grandeur, greatness
grávido, -a heavy
graznido squawk
griego, -a Greek
grieta crack
grillo cricket
gris gray
grita shouting, outcry
grito shout
grosero, -a coarse, rough, rude, crude
grueso, -a thick, heavy, large, fertile; en — in thickness
grulla crane
gruñido grunt
guadal *m.* sandy areas, dune, sand hill; bamboo grass; bog
guadual *m.* bamboo clump
guapeza *f.* good looks
guapo, -a handsome
guarda *m. or f.* guard, keeper

guardapolvo duster
guardar to guard, keep
guarecer to protect, shelter; —se to take refuge
guarida lair, den
guarnición *f.* garrison, turret
guedaja long lock of hair
guerra war
guerrero warrior
guerrero, -a military
guerrillero guerrilla leader
guirnalda garland
guisar to cook
gusanillo worm, scoundrel, rascal
gusano worm, silkworm

haber to have; to be
hábil skillful, clever
habilidad *f.* ability
habilitación *f.* financing
hábito habit, religious garb
habituado, -a acclimated, habituated, used (to)
hacedor *m.* maker, steward
hacia toward
hacienda homestead, property, ranch
hachazo hatchet (axe) blow
hada fairy; — madrina fairy godmother
hado fate
halagador, -ora flattering, pleasant
halcón *m.* falcon
hallar to find
hamaca hammock
hambre *f.* hunger, hunger pangs
harina flour, paste
harto, -a sufficient, plenty of
hastío (bored) dissatisfaction, satiety
haz *m.* sheaf, bundle
hazaña deed, exploit, feat
hechizo charm
hecho fact, deed, event, action, work

hecho, -a made, composed, like
hechura physical make-up
helar (ie) to freeze, chill
helénico, -a Hellenic, Greek, Grecian
hembra female, woman
hemisferio hemisphere
herbazal m. grassland
heredar to inherit
herida wound
herido, -a wounded
herir (ie) to wound, strike
hermético, -a hermetic, sealed, difficult to understand
hermosura beauty
herrado, -a iron shod
hervir (ie) to boil, seethe
hielo ice
hierba grass
hierro iron
higuerón m. tropical tree (of the fig family)
hilar to spin (thread)
hilo thread
hilvanar to string together
himno hymn
hincar to thrust; to sink into
hinchar to swell; — de to be filled with
hipsipila butterfly
hocico muzzle (of an animal)
hogar m. home, hearth
hoguera bonfire
hoja leaf, blade, page of a book
holgar (ue) to enjoy, take delight in; —se to enjoy oneself
holgazanería laziness
holgura breadth
hollar to tread, tread upon
hollín m. soot
hombro shoulder
honda sling
hondamente deeply
hondo, -a deep, serious

hondor m. depth
honra honor
honradamente honorably
honradez f. honor, honesty
horadar to pierce
horno oven
horrendo, -a horrible, horrendous
horripilante horrifying, hair-raising
hosco, -a sullen, gloomy
hospitalidad f. hospitality
hospitalario, -a hospitable
hoyanco m. hole, grave in potter's field
hueco, -a hollow
huella footprint, track, trace
huérfano, -a orphan
huerto grove, orchard, garden
hueso bone
huésped m. guest
hueste f. host
huevo egg
huida flight
huizachal m. grove of huizache (wild acacia) trees
huir to flee
humanidad f. humanity, mankind
humanista m. scholar, humanist
humear to smoke
húmedo, -a damp, humid, moist
humildísimo, -a most humble
humillado, -a humiliated
humo smoke
hundir to sink, submerge, plunge
huracán m. hurricane
hurgar to incite, stir

ibero, -a Iberian
idear to think up, devise
idolatría idolatry
ídolo idol
ignominioso, -a ignominious, shameful
ignorar to be ignorant of
ignoto, -a unknown, unforeseen
igualdad f. equality
igualmente equally

ijar *m.* flank
ilícito, -a illicit, unlawful
iluso, -a deluded
ilustre famous, illustrious
ilustrísimo, -a most illustrious
imagen *f.* image
imaginería images, sacred images
imantarse to be magnetized
imbécil *m.* imbecile
impar odd, uneven
impasible impassive, unfeeling
impeler to impel
imperar to hold sway, impose itself
imperecedero, -a everlasting
imperio empire
impertinencilla little folly
imperturbable imperturbable, un-
perturbable, unshakable
imperturbado, -a unperturbed, un-
disturbed
ímpetu *m.* impetus, drive, stirring
impetuosidad *f.* swiftness
impiedad *f.* impiety
impío, -a impious
implorar to pray
imponente imposing
imponer to enforce, impose, oc-
cupy, limit
importuno, -a foolish
impregnado, -a impregnated, filled
impresionante impressive
impreso, -a printed
imprevisible unforeseeable
imprevisto, -a unforeseen
imprimir to fix, imprint
impulso impetus, impulse
inagotable endless
inapelable stubborn, invincible
inaudito, -a unheard of
inaugurar to inaugurate, begin
inca *m.* Inca Indian
incaico, -a Incan
incansable tireless
incapaz incapable
incendiar to set on fire, burn
incendio fire, conflagration

incertidumbre *f.* uncertainty
incidencia incident, incidence, un-
important feature
incisivo, -a incisive, penetrating
incitar to incite, urge, persuade
inclinación *f.* calling, inclination
inclinar to bend; —se to be in-
clined, disposed
ínclito, -a illustrious
incógnito, -a unknown
incomesurable immeasurable
inconmensurable incommensura-
ble, beyond measure
inconmovible unmovable
inconveniente *m.* mishap, objection
incorporar to put on one's feet, pull
together; to incorporate; —se to
sit up
increíble unbelievable
increpar to chide, rebuke
inculto, -a uncultivated, growing
wild
indecisivo, -a undecided
indígena native
indignamente unworthily
indignar to make angry *or* indig-
nant
indigno, -a worthless, unworthy
indiscutible obvious, unquestiona-
ble
individuo individual
indología Indianology (*a word coined
by José Vasconcelos to help express his
theories on race*)
inducir (uzo) to induce
indudable certain, doubtless
ineludible unavoidable, irresistible
inerme defenseless
inesperado, -a unexpected
inestable unstable
inexhausto, -a unexhausted
infame infamous
infando, -a frightful, unmention-
able

infatigable untiring
infeliz unhappy, wretched
inferir(ie) to inflict
infiel unfaithful; *as n.m.* infidel
infierno hell
infinidad *f.* infinity
infinitamente infinitely
infinito, -a numerous
informe *m.* information, data
infructuoso, -a fruitless, useless, unfruitful, in vain
ingenio wit, learning, intelligence
ingenuo, -a ingenuous, innocent
ingrato, -a ungrateful
ingresar to enter
iniciador *m.* beginner, initiator, founder
inicuo, -a iniquitous, evil
injuria injury, insult
injusto, -a unjust
inmanente immanent, indwelling
inmarchito, -a fadeless, unfading
inmigratorio, -a migratory
inminencia imminence
inmortal immortal
inmóvil motionless
innato, -a innate
inolvidable unforgettable
inquebrantable unbreakable
inquietar to make restless, cause restlessness
insaciable unending, insatiable
insensatez *f.* insensitivity
insensato, -a senseless
insensible unfeeling, without senses
insigne famous, notable
insignia standard, badge, insignia
insinuante artful, suggestive
insonable fathomless, abysmal
instancia request, entreaty
insuflar to breathe into, inflate
intacto, -a untouched
intentar to try
intento effort

intercambio interchange
interés *m.* interest (on a loan)
intervenir to take part in; to intervene, interrupt
intimidad *f.* intimacy, subjectivity
intricado, -a intricate
intrínseco, -a intrinsic
inundado, -a flooded
inusitado, -a unusual
inutilizado, -a useless
invalidar to make helpless
invasor *m.* invader
invocar to summon
ira ire, anger, wrath
iracundo, -a wrathful
iris *m.pl.* rainbows
irlandés, -esa Irish
irradiar to gleam; to shed
irrecuperable irrecoverable, irretrievable
irreductible irreducible, unquenchable
irrumpir to burst
izquierdo, -a left

jacal *m.* hut, shack
jactar to boast; **—se de** to boast about
jamás never
jamona a fat and middle-aged woman
jaqueca headache
jarabe *m.* syrup, sweet drink
jaula cage
jayán *m.* peasant, robust yokel, big brute
jazmín *m.* jasmine
jefe *m.* chief, boss, leader
jerónimo, -a, *and n.m.* Hieronymite, a member of the order of St. Jerome
jesuita *m.* Jesuit
jineta a short lance
jinete *m.* rider, horseman, cavalryman
jira expedition, trip, tour

jirón *m.* shred, scrap
jondazo blow with a sling
jorongo poncho
joya jewel
joyero jeweller, jewel box
júbilo glee, joy, delight
judaico, -a Jewish
juego gambling
juez *m.* judge
jugar to play with
jugarreta tricky deal
juglar *m.* troubadour
jugo juice
jugoso, -a juicy, substantial
juicio judgment, sense
juncal *m.* bed of rushes, canebrake
junta junta, group
juntar to join, combine, gather;
—se to meet, be joined
juntito, -a quite close
junto, -a together, joined
justicia justice
juventud *f.* youth; en plena — in
full flower of youth
juzgado court, tribunal
juzgar to judge, decree

kentia kentia (palm tree)

labio lip
labor *f.* work, task; needlework;
design
labrado, -a hewn, fashioned
labranza farming; —s fields
labrar to cultivate; to carve, make
labriego peasant
ladera slope, hillside
lado side, direction
ladrido bark(ing)
ladrillo brick
ladrón *m.* robber
lágrima tear
lagrimón *m.* a large tear
laguna lagoon, lake
lamentable lamentable
lámina leaf, sheet, strip

lámpara lamp
lampo flash
lana wool
lancear to spear, lance
lancero lancer
languidez *f.* languishing, slowing
up
lanza lance, spear
lanzar to throw, hurl; to utter; —se
to throw oneself into
largar to release, let fly at; to
stretch out
largo, -a long; a la larga in the long
run; en largo in length; largo a
largo full length
lástima pity
lastimado, -a wounded
lastimar to hurt, torture, wound
latino Latin scholar
laurel *m.* laurel
lauro laurel
lazazo whiplash
lazo tie, noose, lasso
lebrel *m.* greyhound
lecho bed, couch
ledo, -a gay, merry, cheerful
lego lay brother
legua league
legumbre *f.* vegetable
lejano, -a distant, far away
lejos far away; de — from afar
lelo simpleton
lengua tongue, language
lenguaje *m.* language, speech
lentitud *f.* slowness
leña wood, firewood
leona lioness
letargo *m.* lethargy
letra handwriting
levantador *m.* lifter
levantar to raise, lift; —se to get up
leve light, slight
ley *f.* rule, law, religious faith
leyenda legend

libélula dragonfly
liberal generous
libertinaje *m.* licentiousness
liceo school, upper-level secondary school
lícito, -a legal, lawful
lidiar to fight, battle, struggle
lienzo canvas
ligar to tie, unite
ligereza speed, quickness
ligero, -a light, quick, slight, swift, rapid
limadura filings, metal dust
limbo isolation; en el — isolated
limonero lemon tree
limosna alms
limpiar to wash, clean, wipe
limpio, -a clean; poner en limpio to make a clear copy
linaje *m.* lineage, class, line, family
lindo, -a handsome, pretty
línea line
lingüista *m. and f.* linguist
liquidar to liquidate, pay off
lira lyre, song
lirio lily
lirismo *m.* lyricism
lisonja flattery
listón *m.* ribbon
literario, -a literary
liviandad *f.* licentiousness
liviano, -a light
loa poem of praise
lobo, -a wolf
lóbrego, -a lugubrious, gloomy
loco, -a mad, crazy; tener por — to consider crazy
locura madness
logrado, -a well-realized, successful
lograr to succeed, attain, reach, succeed in, win, accomplish, achieve
loma low hill
lomo back (of an animal)

longura length
losa flagstone, pavingstone
lozano, -a luscious, voluptuous
lucecita small light, spark
lucero bright star
luciérnaga firefly
lucir (zco) to shine, show off
lucro wealth
lucha struggle, fight, battle
luchador *m.* fighter
luego then, immediately, presently; — que as soon as
lugar *m.* place, village, situation
lujo luxury
lumbre *f.* light, fire
lustre *m.* luster
luto mourning
luz *f.* light; primeras luces early dawn

llama llama, beast of burden
llaneza flat expanse, plainness
llano, -a flat; *as n.m.* plain
llanto weeping
llanura plain
lleno, -a full; de lleno completely, entirely
llorar to weep, cry
lloroso, -a weeping, tearful
llover (ue) to rain, send down rain upon
lloviznar to drizzle

macollal *m.* reedbed, clump of bushes
machete *m.* machete, cane knife
madeja skein, threadlike branch
madera wood
maderamiento woodwork
madero log
madrina godmother
madrugada dawn, early morning
maduro, -a ripe
maese *m.* master
maestría mastery
maestro master, teacher

mago, -a magian, magical; magician

magestad (majestad) *f.* majesty
magisterio mastery, teaching profession
magistrado magistrate
magnánimo, -a magnanimous, generous
magro, -a lean, thin
majadería annoyance
malacara old nag (*with a white stripe on its face*)
malcriado, -a impolite
maldito, -a accursed
maleza thicket, underbrush
malón *m.* Indian raid
maltratar to mistreat, damage
maltrato mistreatment
malva mallow
manazo slap, large hand
manceba maiden
mancebo youth
mancha blot, stain, cloud
manchar to stain
mandato mandate, command, rule, power
mandíbula jaw
mandil *m.* apron
mando command
mandoble *m.* two-handed slash or cut, sword
manejar to manage, manipulate
manejo use, handling, manipulation
manes *m.pl.* shades, manes (of horses)
manga sleeve
mango handle
manifiesto manifest, clear
maniobra maneuver
manjar *m.* dish (of food)
mano hand, forefoot of an animal
mansedumbre *f.* meekness, gentleness
manso, -a tame, gentle
manta blanket

mantener to maintain, keep, sustain
manto mantle, cloak
maravilla marvel; a —s wondrously, to a wondrous degree
maravilloso, -a marvelous
mareante upsetting, dizzying
marco frame
marchito, -a withered, faded
marcial warlike
marea tide, beach
marfil *m.* ivory
marinero sailor
marino sailor
mariposa butterfly
mármol *m.* marble
marmóreo, -a marmoreal
marrón maroon
Marte Mars, god of war
martillo hammer
mártir *m.* martyr
mas but
más more, plus; — **allá** beyond
masa mass, paste, dough
mascar to chew, champ at
máscara mask
matar to kill, wound
mástil *m.* mast
mastín *m.* mastiff
mate dull
materno, -a maternal, mother
matiz *m.* color, nuance
matricular to register, enroll; to be firmly fixed
mayoral *m.* chief, leader
mazonería stonework, carved relief
mayordomo overseer
mecer to rock
media middle; **entre** —s in the middle
medianoche midnight
mediar to be half over, reach the halfway point
medicacho quack doctor

medida   measure, proportion
medido, -a   measured out, realized
medievo, -a   medieval
medio, -a   half, middle, medium; de
   a —s completely; as n. pl. means
mediocridad f.   mediocrity
mediodía   noon, south
medir (i)   to measure
meditabundo, -a   thoughtful
medroso, -a   fearful
mejilla   cheek
mejoramiento   improvement
mejorar   to make better
melena   mane, locks (of hair)
membrillo   quince
membrudo   husky, strong
mendicante m.   beggar
menear   to sway, wave
menester   necessary
menguar   to lessen; to lack, need
menos   less; venir a — to come
   down in the world
menospreciar   to scorn
menosprecio   scorn
mensual   monthly
mente f.   mind
mentido, -a   false, deceptive
menudo: a menudo   often
mentar (ie)   to mention
mentiroso, -a   lying
mentón m.   chin
mercadería   merchandise
mercado   market
meritorio, -a   meritorious, worthy
mero, -a   mere, just
mesón m.   inn
mestizaje m.   mixture of races, in-
   termixture
mestizo   mestizo, a man of mixed
   races
meter   to put, place; —se to enter
metro   meter (39.37 inches)
mezcla   mixture, blending
mezclar   to mix

mezquita   mosque
mezquite m.   mesquite (a desert plant)
microscópico, -a   microscopic
miedo   fear
miedoso, -a   frightening
miel f.   honey
mientras   while, as long as
mies f.   grain
milagrero, -a   miracle-working
milenio   millenium (a period of 1000
   years)
militar m.   soldier
Minerva   goddess of wisdom and
   war
minuciosidad f.   minuteness
minucioso, -a   minute, very small
mira   object, goal, intent
mirada   look, glance, view
mirador m.   lookout, window, balcony
mirto   myrtle
misería   misery
misericordiosamente   mercifully,
   pityingly
misión f.   mission
mismo, -a   very, same
mitad f.   half
mito   myth
mnemónico, -a   mnemonic, of assistance to the memory
mobiliario   furniture
mocetón m.   strapping young man
moderar   to slow down, moderate
mofa   jeering, mockery
mojado, -a   wet, damp
moler (ue)   to grind, mill
molestar   to trouble, bother
momia   mummy
monada   monkeyshine
monarca m.   monarch
monería   coin
mongol m.   Mongol
monja   nun
monje m.   monk
mono, -a   monkey
monorrimo, -a   monorhyme, a poem

in which all the lines have the same end rhyme

monstruoso, -a monstrous
montado mounted
montaña mountain, forested region
monte *m.* mountain, forest, woods
montón *m.* heap, crowd, pile; — de cajas pile of boxes
montuoso, -a mountainous
montura saddle; — de gala very best saddle
morada dwelling
morador *m.* dwelling, dweller, inhabitant
morar to dwell
moreno, -a brown, dark, brunette
moribundo, -a dying
morisco, -a Moorish
moro, -a Moorish, Moor
mortal fatal, deadly
mortífero, -a deadly
mortificante vexing
mortuorio, -a funereal, of the dead
mostrador *m.* counter
mostrar (ue) to show
mote *m.* enigma, riddle, name
motín *m.* gang, uproar
mozo waiter, young man
muceta cape, hood
muchedumbre *f.* multitude
mucílago mucilage, pomade
mudable changeable, fickle
mudar to change
mudo, -a mute, silent
mueca grimace
muela molar, tooth
muelle soft, easy
muestra sign, indication
mugir to bellow
mugriento, -a dirty
mulita mule
múltiple multiple, numerous
mundial world-wide
murmullo murmur
muralla wall
muro wall

músculo muscle
mustio, -a withered, cross (disposition)
mutismo silence, muteness

nacarado, -a mother-of-pearl colored
nacer to be born
naciente arising, new; being born
nacimiento birth, origin, source
nada nothing; la — nothingness
nanita granny
naranjo orange tree
nariz *f.* nose
natal native
natural native (person)
naturaleza nature
naturalidad *f.* naturalness
naufragio shipwreck, failure
nauseabundo, -a foul, sickening
náutico, -a nautical
navaja razor, long knife
navegante *m.* seafarer, sailor
navegar to sail
navío ship
neblina mist, fog
necesidado, -a needy
necio, -a foolish, stupid
negar (ie) to deny; —se (a) to refuse
negrear to turn black, be blackened
negrear *m.* blackness
nelumbo lotus
neto, -a neat, pure
nevado, -a snow-covered, snowy white
nicho niche
niebla fog, mist
nieto grandchild
nieve *f.* snow
nido nest
nigromántico, -a necromancer, magician
nimbo nimbus, halo

352

niñez *f.* childhood
nítido, -a clear, sharp
nivel *m.* level, judgment
nobleza nobility
nocivo, -a noxious, deadly
nómada nomadic, wandering
nomás = no más
nopalera bed of prickly pear cactus
noramala unluckily
noticia notice, information
novelado, -a novelized
novelesco, -a novelesque, novelistic
novia bride, fiancée
novio groom, fiancé; estar de —
to be engaged
nube *f.* cloud
nublado, -a cloudy, clouded
nublar to cloud
nudo knot
Nuestro Señor God, Our Lord
nueva news
nutrir to nurture, nourish

obcecado, -a blinded
obedecer (zco) to obey
obispo bishop
objetivo objective, plan
obnubilado, -a clouded
obrar to work, act; — bien to act
virtuously
obscurecer to be clouded, be
dimmed
obscuro, -a dark, mysterious; hacer
— to grow dark
obsequiar to flatter
obstante in the way of; no — not
withstanding, nevertheless
obstinación *f.* stubbornness
ocasión *f.* reason, opportunity, oc-
casion
ocaso west
occidental occidental, western
occidente *m.* west
ocio case, leisure, idleness

octosílabo, -a eight syllables
ocultar to hide, conceal
oculto, -a hidden
ocurrencia idea
odiar to hate
odio hatred, hate
oferta offer, bribe
oficialidad *f.* body of officers
oficio profession, trade
ofrecer to offer
oído ear
oír to hear
ojazo big eye
ojera dark circle (under the eye)
ola wave
oleada wave
óleo holy oil, oil
oler (ue) to smell, sniff
olímpico, -a Olympian
olor *m.* scent, odor
oloroso, -a odorous, aromatic
olvidar to forget
olvido forgetting, oblivion
olla pot
ombligo navel
onanista *m.* onanist
onda wave
ondulación *f.* heaving, wave
ondulante wavering
oponer to oppose
oprimir to press; to oppress
oprobio disgrace, shame
optar to choose, select
opuesto, -a opposite
órbita orbit
orbe *m.* globe, world
ordenado, -a ordained
oreja ear
organismo organism, cell
orgullo pride
orgulloso, -a proud
origen *m.* origin
orilla bank, shore, edge, border
orillar to skirt
orla border
oro gold

ortiga nettle, thorn
orto sunrise
osado, -a bold, daring
osar to dare
oscilar to oscillate, sway
oscurecer to grow dark, wane
oscuro, -a dark, obscure; — tapado
  completely black (*a horse*)
óseo, -a bony
oso bear
ostentar to show off
otorgar to authorize
otro, -a other, another; al — día
  the other day
ovación *f.* ovation
ovalado, -a oval, round
oveja sheep
ovillo ball, heap; hacerse un — to
  recoil

pabellón banner
pacer (zco) to graze
padecer (zco) to suffer, endure
pago payment, district; de — en
  — from district to district
país *m.* country
paisaje *m.* landscape
paja straw; — picada trifle
pajizo straw stack
pájaro bird
paje *m.* page
paladín *m.* paladin, hero
paleta artist's pallet
palidez *f.* paleness, pallor
palillo small stick, toothpick
palma palm
palmada slap (on the back)
palmear to clasp
palo stake
paloma dove
palote *m.* line
palpitante moving
pallo, -a a Pallau Indian of Chile
pampa pampa, grassy plain; *as m.*
  Pampa Indian
pan *m.* bread, bed (of plants)

panal *m.* honeycomb
pandórico, -a of Pandora
pánico, -a of Pan
panoplia panoply
pañal *m.* diaper
paño cloth, towel
pañuelo handkerchief
papa *m.* native priest, pope; *f.* po-
  tato
papel *m.* paper, role; hacer — de
  to play the part of
papeleta pawn ticket
par even, par; a la — de equally,
  abreast, beside; *as n.m.* pair,
  equal
parábola parabola, parable
paradigma *m.* example, paradigm
paradoja paradox
paradójico, -a paradoxical
paraguas *m.* umbrella
parar to stop; to prick up (one's
  ears); to prepare, establish
parcializado, -a partisan
parcha passion flower
parecer (zco) to seem, to appear;
  al — apparently
parecer *m.* attitude, opinion
paredón *m.* wall
pareja couple
parejo, -a equal; a — de even with
pariente *m.* relative
parentesco relationship, connection
parir to give birth, bear
parlanchín, -ina chattering
parlar to speak (gushingly), chatter
párpado eyelid
parricidio parricide, murder
parsimonioso, -a stingy
parte *f.* part; *m.* communication
partida departure, group, outfit
pasito little step
paso step; salir al — to come out to
  meet
partidario member of a political

party, supporter
partir to depart
pasada happening, event
pasado past
pasar to happen; to experience; to pass; to arrive at, reach
pasillo passage, corridor
paso trouble, incident, strait, way, path, step, pace
pastel *m.* pie
pasto grass, pasture
pata leg, foot, pan
patada kick
patán *m.* simpleton, yokel
paternidad *f.* fatherhood; **su —** your paternalness (*title of address for an abbot*)
patético, -a pathetic
patitieso, -a paralyzed, dead, stunned
patria country, native land
patriarca *m.* patriarch
patrón *m.* boss, proprietor, owner
patrona patron saint
paulatinamente gradually, by degrees, little by little
pausadamente slowly
pausado, -a slow
pauta model
pavo turkey; **— real** peacock
pavor *m.* fear
pavoroso, -a fearful, terrifying
payador *m.* Gaucho folksinger
pecado sin
pecador, -ora sinner
pecaminoso, -a sinful
pecar to sin
pecho chest, breast, bosom; **a —** to heart, seriously
pedacería splitting up, splintering
pedantesco, -a pedantic, pedestrian, dull
pedazo piece
pedernal *m.* flint, stone

pedimiento petition, claim
pedir (i) to request, demand
pedregoso, -a stony
pedregullo rocky soil
pegar to take (a jump), to stick; to strike; to deal (cards)
peinado coiffure, hair
peine *m.* comb
pejerrey *m.* pejerrey (*a small tasty fish*)
pelambre *f.* hair
pelea battle
pelear to fight, struggle
peligro danger
pelmazo an awkward fellow
pelo hair
peluquería barber shop
pelleja skin
pellajo hide, pelt
pena grief, distress
penacho crest, plume
pendimiento, -a hanging; *as n.f.* slope
péndulo pendulum
penetración *f.* penetration, understanding
penetrar to enter, penetrate
pensador *m.* thinker
pensamiento thought, opinion
pensativo, -a thoughtful
penúltimo, -a penultimate, next to the last
peñasco large rock, crag
peñascoso, -a craggy
peón *m.* peon, worker
pepenar pick up
peplo peplum (*the short skirt of Greece*)
percance *m.* mischief, misfortune
perder(ie) to lose, ruin
perdición *f.* ruin, destruction
pérdida loss
perdidamente completely, totally lost, ruined
perdurable lasting
perdurar to endure, hold out; to

be perpetuated

perecer (zco) to perish
perenal perennial
perplejo, -a perplexing
perilustre very illustrious, very distinguished
periodístico, -a newspaper
periquillo parrot
perlas: venirle a uno de — to suit one exactly
permanecer to remain
permitido, -a permitted, allowed
perpetuamente perpetually
perro dog
perseguir (i) to pursue, to follow
perseverar to continue
personaje *m.* protagonist, character
pertenecer(zco) to belong to
pesa weight
pesadamente heavily
pesadilla nightmare
pesadumbre *f.* sorrow
pesar to grieve, weigh, depress, sadden; *m.* sorrow; **a — de** in spite of
pesaroso, -a grieved
pescado fish
pescuezo neck
peso weight, measure, grief
pesquería fishing center
pesquisa investigation, search
pestaña eyelash
peste *f.* plague
petaca covered chest
pez *m.* fish
piadoso, -a pious, in pity
piafar *m.* stamping
piapiá *m.* papa, father
pica pike, spear
picacho peak, crag
picado, -a pricked, carved
picar to touch, bite, sting; to spur; **— en** to become something of a (an)
picardía mischief, crookedness, trick

picaresco, -a picaresque, roguish
pícaro picaro, rascal, rogue; *as adj.* roguish
pico beak, peak, corner; **a —** straight
piedad *f.* piety, pity
piedra stone, jewel
piel *f.* hide, skin
pieza piece, selection, room, part, a chess piece
pillo, -a roguish, tricky
pimpollo bud, sprout
pingüe *m.* fat, profitable
pingo nag
pino pine tree
pinta dot
pintar to paint, describe
pintoresco, -a picturesque
pintura painting
piña pineapple
pipa pipe (for smoking), barrel
pirámide *f.* pyramid
piropo flattery
pirueta pirouette, caper
piruetear to pirouette
pisada footprint, track
pisar to walk on, tread on
pista track
pizarra slate, blackboard
pizca mite, jot, whit
piscador *m.* harvester, cotton picker, picker
placentero, -a pleasant
placer *m.* pleasure
plagado, -a infested
plano plain, flat
planta plant, foot, sole of foot, track, footprint
plata silver, money
plátano banana
platear to cover with silver, make silvery, lighten
plática chat, conversation
playa beach

plazo term
plebe *f.* common people
plegar (ie) to fold
plenamente fully
pleno, -a full
pliego fold, page
pliegue *m.* pleat, fold
plomo lead; a — perpendicular
pluma feather, pen
plumón *m.* feather
pluscuamperfecto pluperfect tense
población *f.* population, town
poblado village, town
poblar (ue) to fill, cover; to populate, be populated by
pobreza poverty
pocito pool
poder *m.* power
poder (ue) to be able
poderío power
poderoso, -a powerful
podre *f.* corruption, pus
polémica polemic, debate
polo pole
polvareda cloud of dust
polvo dust, gunpowder, face powder
pólvora gunpowder
pompa pomp, ostentation
pomposo, -a pompous, wordy
pompón *m.* head, foliage
pómulo cheekbone
ponderar to ponder, think; to praise
poner to put; to pretend, make up; — nombre to name
poniente *m.* west, setting (of the sun)
porcelana porcelain, porcelain bowl
porfía insistence, stubborness
porfiado, -a persistent, stubborn
por que = para que
portasierra small saw
portátil portable
pórtico portico, porch

porvenir *m.* future
posar to rest; to alight
poseer to possess
positivismo positivism
positivista *m. and f.* positivist
poste *m.* post
postre *m. and f.* end, dessert
postrero, -a last
postura posture, stance
potable potable, drinkable
potencia power
potrero cattle *or* horse lot
potro colt
pozo well, shaft
preámbulo preamble, evasion
precario, -a precarious, dangerous
precavido, -a cautious
preceder to precede
precepto precept, rule
preciar to esteem, prize; —se to boast about, be proud of
precio price
preciosidad *f.* lovely thing
precipicio precipice
precisamente precisely
precoz precocious, early
predecesor *m.* predecessor, ancestor
predecir to predict
predestinado predestined one, betrothed one
predicar to preach, urge, exhort
predilecto, -a preferred, favorite
preeminencia preeminence
pregón *m.* proclamation
pregonar to proclaim, announce
preguntar to question, ask
prejuicio prejudice
premio prize, reward
prenda article, part of clothing, darling, jewel
prendedor *m.* brooch
prender to take, capture, seize; —se to cling, be attached to
prendido, -a held, arrested
preocupar to worry; —se to worry about

preparativo preparation
presa seizure, imprisonment, prize, prisoner, prey
presagio foreboding
presciencia foreknowledge
prescindir to dispense (with)
presenciar to witness
presentimiento foreboding
presentir (ie) to foresee
presidio prison, jail
preso, -a arrested, captured; *as n. m.* prisoner, captive
préstamo loan
prestar to loan, lend
prestigioso, -a renowned, famous
presto, -a quick, quickly
presumido, -a arrogant, conceited
presunción *f.* presumption, forwardness, assumption
presuroso, -a hasty
pretender to try, seek to
pretendida sweetheart, girl friend
pretendiente *m.* suitor, pretender
pretensa girl courted
pretérito, -a past
pretil *m.* tile, railing
prevenido, -a cautious, foreseeing
prevenir to warn; to prepare, make ready
primaveral springlike, spring
primogénito, -a elder, first-born
primor *m.* charm, beauty; qué — de what a charming
primordial primordial, earliest
primoroso, -a lovely, excellent
principal important; *as n. m.* noble, leader, chief
príncipe *m.* prince, leader
principiar (se) to begin
principio beginning; al — in the beginning
priesa haste
prisa haste
prisión prison, chain
prisionero prisoner, captive
prismático, -a prismatic, many-hued

prístino, -a original, pristine
privar to deprive
pro: en — de in behalf of
probado, -a proved
procedencia origin
proceder to originate, come from
proceloso, -a tempestuous
proceso progress
proconsulado proconsulate
procurar to try
prodigioso, -a prodigious, amazing
producir (zco) to produce
proeza prowess, skill, ability
profesar to profess, take vows
profesión *f.* profession
prófugo, -a fugitive
profundo, -a deep
progente fertile
prometedor, -ora promising
prometido, -a fiancé, fiancée
promesa promise
pronto soon, suddenly
propagar to propagate, increase, multiply
propicio, -a suitable, favorable
propietario property owner, proprietor
propio, -a own, self
proponer to propose; to plan
proporción *f.* opportunity, proportion
proporcionar to bestow
propósito proposal, plan, purpose, objective, belief
prosaísmo prosaic quality
prosapia lineage
proscrito, -a exile
proseguir (i) to proceed, continue
prósperamente prosperously
prostrado, a prostrate, downtrodden
provenir to come from, stem from
providencia fortune, providence; Providence, Divine Providence

proyectil *m.* projectile
proyecto project, plan
prudencia prudence
prueba proof, test
púa barb
puchero pot stew
puchuela trifle
pudiente powerful
pudor *m.* modesty
pueblo people, nation
puente *f. or m.* bridge
puentecito little bridge
pueril childish
puerto port, harbor, haven, refuge
puesto post, job, place, spot; **— que** since
pujante mighty
pulido, -a polished, cultured
pulir to polish
pulmón *m.* lung; **a pleno —** loudly
pulpería general store and tavern (*in the Pampa*)
pulque *m.* pulque (*a fermented drink from the maguey plant*)
pulso wrist; **a puro —** by sheer strength
pulverizar to crush, pulverize
pundonor *m.* honor, pride
punta point, peak, top, corner, toe
puntada hint, stitch
puntapié *m.* kick
puntería aim
puntuar punctuate
puñal *m.* dagger
puñalada blow, stab of dagger
puño fist, hand
puñado handful
purísimo, -a most pure, immaculate
puritano, -a Puritan
púrpura purple
purpúreo, -a purple
pusilánime pusilanimous, mean-spirited, cowardly
pútrido, -a putrid, rotten

quebrada gorge, ravine
quebrantar to break, weaken, crush, fail
quebrar (ie) to break
quechua *m.* Quechuan (*the language of the Incas*)
quedar(se) to stay, remain
quehacer *m.* task, chore
quejar to complain
quejumbroso, -a complaining
quemar to burn
querer to love; to want; **sin —** without wanting to, involuntarily
querida mistress, girl friend
queso cheese
quieto, -a still, quiet
quijada jawbone
quinta farm, country place
quisquilloso, -a touchy, fastidious
quitar to take off, take away, remove
quizá(s) perhaps

rabia anger, rage, fury; **dar — a** to enrage, drive wild
rabiar to rave
rabioso, -a angry
racimo bunch, cluster
racha gust
radicar to be rooted in
radioso, -a radiant
ráfaga gust
raigón *m.* root
raíz *f.* root
ralear to thin (out)
ralo, -a thin
rama branch (of tree)
ramo floral spray, branch
rana frog
rancio, -a old
ranchear to sack, pillage
ranchero rancher; **—a** ranch woman
ranchería settlement, hamlet
rancho camp, ranch
rapto rapture, abduction

rapsodia   song, rhapsody
raptor *m.*   robber, thief
ras: al — de   against, flush with
rascar   to scratch
rasgar   to tear, rend
rasgo   characteristic, trait
raso   satin; **raso, -a**   common
raspada   scrape, scratch
raspador   scraper
rastreado, -a   tracked
rastreador *m.*   tracker
rastro   trail, track, trace, vestige
rastrojal *m.*   stubble field
rasura   shaving
rasurado, -a   clean-shaven
rasurar   to shave
rato   moment
raudal *m.*   torrent, stream
raudo, -a   swift
rayano, -a   bordering
rayar   to cut, slash, stripe, streak; to line up, form a line
rayo   lightning, ray, thunderbolt
raza   race (of people)
razón *f.*   reason, justice
razonable   reasonable, sensible
real *m.*   encampment; a coin of small denomination; royal
realce *m.*   emphasis, polish
realismo   realism
realizar   to accomplish
reanimar (se)   to come to life
reanudar   to resume
rebatar   to strike, repel
rebosamente   overflowing, spontaneous
rebosar   to overflow
recabar   to succeed in getting
recamado, -a   embroidered in relief
recargo   increase
recatar (se)   to act modestly
recato   caution
recaudo   safety; **ponerse en —** to take precautions
recio, -a   strong, fierce, heavy, forthright

359

reclamar   to claim
reclamo   urging
recoger   to gather, receive
recogido, -a   gathered, assembled, rolled up
recóndito, -a   hidden
reconocer (zco)   to examine
reconocimiento   recognition
reconquista   reconquest
reconvención *f.*   reproach
recordar (ue)   to remember
recorrer   to go over, traverse, pass through
recortar   to trim
recostar (ue)   to lean against; **—se** to stretch out
recto, -a   direct
rector *m.*   president, rector
recuerdo   memory, recollection
recular   to withdraw, recoil, fall back
recurrir   to have recourse
rechazar   to reject, refuse
rechinar   to squeak, creak
rechinido *m.*   grating, creaking
red *f.*   net
redacción *f.*   editorial staff
redactar   to edit
redimir   to redeem
redondez *f.*   roundness
redondilla   redondilla, a four-line stanza
redondo, -a   round
reducir (zco)   to reduce, to conquer
refalar   to trip over, slip down
referir (ie)   to refer, narrate, relate
refitolero *m.*   caretaker
reflejo   reflection, gleam
reforzar (ue)   to reinforce, emphasize
refregarse (ie)   to rub against
refundir   to rejoin, recast
refutar   to refute

regalar   to present, offer, give as a present
regalo   gift, treat
regar (ie)   to sprinkle, irrigate
regateo   haggling
regazo   lap
regir (i)   to rule, rule over; —se to control oneself
régimen *m.*   rule, regime
regio, -a   royal, regal
registro   record
regla   rule, custom
regocijo   gladness
regocijar   to rejoice
regreso   return
rehusar   to refuse
reina   queen
reinado   reign
reinar   to rule
reino   kingdom, realm
reír   to laugh
reja   grill, window grating, railing
relación   speech, story
relámpago   flash of lightning
relampagueante   flashing
relampaguear   to flash
relato   account, relation, tale
releer   to reread
relieve *m.*   prominence, outstanding feature; **de —** in relief
religioso, -a   religious; *as n. m.* monk
relinchar   to neigh
remate *m.*   height, peak
remedar   to mimic, imitate
remedio   remedy, recourse, help
rememorar   to recall
remo   oar
remolino   eddy, whirlpool
renacer (zco)   to be reborn
renacimiento   rebirth, renaissance
rencoroso, -a   bearing grudges, spiteful
render (i)   to overcome, render; —se to become weary

renegar (ie)   to curse, foreswear
renombre *m.*   reputation, fame
renovar (ue)   to renew
renta   income
renunciar   to renounce, give up
reñir (i)   to complain, scold
reo   criminal
reojo: de —   glancing sidelong
reparar   to stop; **— en** to notice
repartimiento   distribution
repartir   to divide, share
repelido, -a   repulsed
repente: de —   suddenly
repentino   suddenly
repercutir   to re-echo, reverberate
repertorio   repertory, collection
repetir (i)   to repeat
repicar   to prick again
repleto, -a   replete, full
réplica   reply, retort, argument
replicar   to reply, respond
repliegue *m.*   fold, crease, hidden crevice
reponer   to reply; —se to recover, pull oneself together
reportar   to carry off
reposado, -a   calm
reprender   to reprehend, rebuke
reprensión *f.*   reprimand, reproach
reprimirse   to check, repress
repudio   repudiation
requerir(ie)   to entreat, request, demand, require
resaca   undertow, backwash
resbalar   to slip, slide
rescatado, -a   ransomed
rescate *m.*   ransom
reseco, -a   dry, dried out
reseda   mignonette
resguardo   defense
residir   to reside
resolver (ue)   to solve
resonancia   tone, resonance
resonar (ue)   to sound, resound; *as n. m.* noise
resoplar   to breathe, snort

resorte *m.* means, resilience, resources, spring
respeto respect, regard
respetuoso, -a respectful
resplandeciente resplendent
resplandor *m.* gleam, light
resquicio crack, fissure, chance
respiración *f.* breathing
restar to remain
restaurarse to be restored, refreshed
restos *m.pl.* remains (of the body)
resucitar to come to life
resuello breath, panting
resuelto, -a resolved, determined, bold
resultar to turn out to be
resumen: en — in short
resurgir to shine again
retaguardia rearguard
retener to retain, hold
retinto, -a dark
retirada retreat, hiding place
retirar to withdraw, pull back; **— el paso** to draw back
reto challenge
retoque *m.* rearrangement
retor *m.* vain talker
retorcerse(ue) to twist
retorcido, -a twisted
retorno recurrence
retozar to frolic
retraído, -a reserved
retratable manageable
retratar to portray; **—se** to conduct oneself, to be reflected in
retrato picture, painting
retroceder to go back, draw back
retumbar to rumble, resound
retumbo rumble
revelar to reveal
reventado, -a smashed
reventar (ie) to break, smash, explode, sprout
reverberar to reverberate, reflect
revés: al — backward, inside out, opposite

revestir (i) to dress
revisar to rewrite, revise
revista journal, magazine
revivir to revive, live again
revolcar (ue) to wallow, writhe
revolver (ue) to stir; to roll back
revuelo flight
revuelto, -a mixed, upset, whirling
rezar to pray
riachuelo brook, small stream
ribazo slope
ribera bank (of a stream)
rienda rein
riente laughing
riesgo risk
riflero rifle-wielder
rincón *m.* corner
riquísimo, -a richest
risueño, -a smiling
ritmo rhyme, rhythm
rizado curling
rizo curl
robar (or **—se**) to steal, plunder
roble *m.* oak
robo robbery, pillage, theft
robusto, -a robust, strong
rocalloso, -a rocky
rocín *m.* nag
rocío dew
rodar (ue) to roll, go around, circulate, wander
rodear to surround
rodeo rodeo, round-up, evasion
rodilla knee
roer to gnaw
rogar (ue) to beg, beseech
rojizo, -a ruddy, reddish
romance *m.* ballad
rompecabezas *m.* puzzle, problem
romper to break
roncar to roar
ronco, -a hoarse
rondar to go around, encircle
ropa clothing

rosa rose, pink
rosado, -a rosy pink
rosal *m.* rosebush
rosario rosary
rostro face, countenance
roto, -a broken, torn
rozar to brush, graze, clean up
rubí *m.* ruby
rubio, -a blond
rubricar to mark, make one's mark
rudamente crudely
rudeza stupidity, crudity
rudo, -a crude, rough
rueca spinning wheel
rueda wheel
ruego request, prayer, plea
rugiente roaring
rugir to roar
ruido noise
ruin mean, low, base, vile, petty
ruina ruin
rumbo course; — a toward
rumor *m.* sound, noise
rumoroso, -a murmuring
ruptura rupture, break

sábana sheet
sabandija insect, crawling thing
saber to know, taste
sabiduría learning
sable *m.* saber, sword
sabor *m.* taste, flavor
saborear to savor, linger over
sabroso, -a delightful
sacerdote *m.* priest
saciar to sate, satisfy
saco sack, coat
sacramento sacrament
sacrificar to sacrifice, put to death
sacrificio sacrifice
sacro, -a sacred, holy
sacrosanto, -a very holy
sacudida jolt, jar, blow, shot
sacudir to shake

sagacidad *f.* sagacity, wisdom
sagaz wise, learned, clever, sagacious
sagrado, -a sacred
sajón, -ona Saxon, Anglo-Saxon
sal *f.* salt
salado, -a salty, brackish
salida exit
salmo psalm
saliente notable, outstanding
salobre salty
salomónico, -a Solomonlike
salón *m.* room, parlor
salpicado, -a splattered, sprinkled
salpicadura splotch
salteado, -a ambushed
saltear to ambush
salud *f.* health
saludable healthful
saludo bow
salvaje savage
salvajina *f.* wild animal
salvamente safely
salvar to save
salve hail (*the Latin greeting*)
salvedad *f.* reservation, exception, qualification
salvia sage (*the herb*)
salvo save, except; poner en — to put in a safe place, seek safety; — que but, except
sanción *f.* sanction, approval
sangre *f.* blood
sangriento, -a bloody
sanguijuela leech
santidad *f.* holiness
santo, -a holy
saña *f.* wrath, anger, fury
saqueado, -a sacked
sarape *m.* sarape
sarmiento, -a mangy
sastre *m.* tailor
sastrería tailor shop
satisfacer to satisfy
satisfecho, -a satisfied
sauce *m.* willow

sauceda *f.* or saucedal *m.* willow thicket
sazón *f.* time, season
sea(n) . . . sea(n) whether . . . or
secamente dryly, curtly
secar to dry up,
seco, -a dry, sharp, harsh, crackling
secta sect
secundarse to support one another
sed *f.* thirst
seda silk
sedentario, -a sedentary
sediente thirsty
seducir (zco) to seduce, charm
seductor, -ora seductive, charming
segueta hacksaw
seguida: en — at once, immediately
seguir (i) to follow
seguridad *f.* certainty, assurance, safety
seguro, -a safe, assured
selva forest
sello seal, stamp
semana week, septennate (*a period of seven years*)
semblante *m.* face, countenance, features
sembrar (ie) to plant, seed, sow
semejante similar, such a, fellow (man)
semejanza likeness, appearance
semejar to seem
semilla seed
senado senate
sencillez *f.* simplicity
sencillo, -a simple
senda path
sendero path, route
seno breast, bosom
sensato, -a sensible
sensible sensitive, perceptible
sensitivo, -a sensitive, sentimental
sentar (ie) to seat; — mal to misbecome, not to suit
sentenciar to sentence

sentenciosamente wisely
sentido, -a deep-felt, painful; *as n.m.* feeling, meaning, sense
sentir (ie) to feel, suffer, regret; to hear
señal *m.* sign
señalado, -a outstanding
señalar to appoint
señor sir, master; el Señor the Lord, God
señora lady, mistress; Nuestra Señora Our Lady (*the Virgin Mary*)
señorío realm
Septentrión *m.* north
sepulcro grave, sepulchre
sepultado, -a buried
sepultar to bury
sepulto, -a buried
sepultura tomb
ser to be
ser *m.* life, being; — humano human being
seráfico, -a angelic, seraphic
serenar to calm, make calm
serpiente *f.* serpent
serranía mountain country
servidumbre *f.* slavery
servilleta napkin
servir (i) to serve, help, work
sesgo, -a slanting; al — obliquely
seso brain, sense
seta = secta
sibila sybil, prophetess
sien *f.* temple (forehead)
sierra sierra, mountain range
siglo century
significado significance
siguiente following, next
silbar to whistle, hiss
silbo whistling
silogismo syllogism
silueta *f.* silhouette
silvestre wild
silla chair, seat, throne, saddle

sillón *m.* armchair
sima chasm, abyss
simbiosis *f.* symbiosis, association, relationship
simbolista symbolist (*participant in poetic movement of late nineteenth century*)
simiente *f.* seed
simpatía friendship
sinfonía symphony
siniestra left
sinsabor *m.* unpleasantness
sintaxis *f.* syntax
sintetizar to synthesize, sum up
síntoma *m.* sympton
sinuoso, -a sinuous, curving
siquiera even
sirte *f.* rocky shoal, quicksand
sirviente *m.* servant
sitio place, spot
soberano, -a sovereign, supreme; *as n.m.* sovereign (*coin*)
soberbio, -a proud, magnificent, superb
sobrar to exceed, surpass, be more than
sobre in addition, besides
sobrecogido, -a seized, taken aback
sobredicho, -a above-mentioned
sobremesa sitting at table after dinner
sobrenatural supernatural
sobreponerse to rise above, exceed
sobresaliente excellent, unsurpassed
sobretodo cloak, overcoat
sobrevivir to survive, occur
sobrino, -a nephew, niece
socarronería craftiness
socorrer to succor, assist
sofocar to suffocate
soga rope, hangman's noose
solar solar, of the sun
soldadesca soldiery, undisciplined troops

soleado, -a sundrenched
soledad *f.* solitude
soler (ue) to be accustomed
solicitación *f.* demand
solicitar to seek, ask, request
solícito, -a careful
solicitud *f.* request; en — de asking for
solitario, -a solitary
soliviantar to induce, persuade
solo, -a alone, only; a —s alone, by oneself
soltar (ue) to let loose, free
soltero, -a unmarried man, old maid
sollozante sobbing
sollozar to sob
sollozo sob
sombra shadow, shade
sombreado, -a shadowed, shaded
sombrerazo large hat
sombrilla parasol
sombrío, -a gloomy, dark, sombre
someter to subdue, submit, undergo
son *m.* sound, note
sonante sounding, rattling
sonar (ue) to resound, sound
sonido *m.* sound
sonoro, -a deep, loud, sonorous, resounding
sonreír to smile
soñar (ue) to dream
soñador, -ora dreamy
soñolientamente sleepily
soñoliento, -a sleepy
soplo puff (*breeze*), gust
sopor *m.* sleep
soporoso, -a sleep-producing, soporific
soportar to bear, endure
sorber to sip
sordo, -a deaf, dull, secret
sorprender to surprise
sorprendido, -a surprised
sorpresa surprise
sortear (ue) to draw lots

soslayo, -ya   oblique, slanting; **de —** from the corner of the eye

sospechado, -a   suspected
sospechar   to suspect
sospechoso, -a   suspicious, untrustworthy
sostener   to maintain, sustain; **—se** to sustain oneself
soto   grove, thicket
suave   gentle, soft
suavidad *f.*   softness, gentleness
súbdito   subject (of a ruler)
subidísimo, -a   extreme, very great
súbito, -a   sudden; **de —** suddenly
subjetivo, -a   subjective, personal
substraer   to rise above
subsuelo   subsoil
subyugar   to subjugate
suceder   to happen, occur
sudario   shroud
sudor *m.*   sweat, perspiration
suegro   father-in-law
sueldo   salary, pay
suelo   ground, soil, floor, bottom
suelto, -a   (let) loose, free, careless, unencumbered
suerte *f.*   luck, casting of magical lots, magic, chance; **de — que** so that
sufrimiento   suffering
sufrir   to suffer, endure
sugerir (ie)   to suggest
sujeción *f.*   pressure, subjection
sujeto, -a   supported, held
suma   sum, total
sumamente   most, extremely
suministrar   administrate
superar   to surpass, overcome
superficie *f.*   surface
suponer   to suppose
surco   furrow
surgimiento   growth, emergence
surgir   to rise from, surge, pour forth, issue forth
surquerío   furrowed or plowed land
surrealista   surrealist

susceptibilidad *f.*   susceptibility
suspiro   sigh
sustentar   to undergo
sustituir   to substitute
sutil   subtle
sutileza   subtlety, fineness, slenderness
suyo: de —   by nature

tabla   plank, board
tajamar *m.*   dam, dike
tajante   cutting, sharp
tajar   to cut, rip
tajo   cut
tal   such, such a
talismán *m.*   talisman
talismánico, -a   like a talisman
talle *m.*   figure, stature
taller *m.*   workshop
tallo   stem
tamañito, -a   so small, very small
tamaño, -a   so big, as big
tambor *m.*   drum
tanda   gang, batch, group
tanto: en — que   while
tapa   cover, top
tapar   to cover up, cover over, stop up
tape *m. and f.*   an Indian
tapera   cabin
tapia   wall
tapizado, -a   tapestried
tarde *f.*   afternoon, evening; late; **de — en —** from time to time
tarea   task, work
tarima   platform, bench
tasa   measure, sin, however many
tasajear   to make mincemeat (of)
tateluco, -a   inhabitant of Tateluca
taza   cup
tea   firebrand, torch
techo   roof, ceiling
techumbre *f.*   roof
teclado   keyboard

tejer to weave
telón *m.* curtain (in a theater)
tema *m.* theme, fixed idea, persistence
temblar (ie) to tremble; *as n. m.* tremor, trembling
tembloroso, -a trembling
temeroso, -a fearful, timid
temible fearful
temor *m.* fear
tempestad *f.* tempest
templado, -a moderate, temperate, on an even keel, mild
templar to temper, soften
temporada spell, season, while
temprano, -a early
tenaz firm, harsh, tenacious, insistent
tender (ie) to extend, to stretch out, tend
tendido, -a spread
tenebroso, -a shadowy, dismal, dark
teniente *m.* lieutenant
tentación *f.* temptation
tentador, -ora tempting
tentar (ie) to feel, grope, try out, tempt, investigate
teñir (i) to stain, dye
teoría theory
tepetal *m.* quarry *or* pit *from which* tepete (*a yellow stone*) *is dug*
terciopelo velvet
terco, -a hard-headed, harsh, obstinate
término term, end; en primer — in the first place
terno trio, set of three
ternura affection, tenderness
terreno area, terrain; terreno, -a earthy, of the earth
terrón *m.* piece, lump, cube
terso, -a smooth
tesis *f.* thesis
testa head

testamento will, testament
testigo witness
testimonio testimony, proof
teule *m.* (*Aztec for*) god
tez *f.* skin, complexion
tibio, -a mild, soft, lukewarm
tiburón *m.* shark
tienda shop, tent
tiento care
tierno, -a tender, young, soft
tieso, -a stiff
tiesto pot
tijeretazo scissor snip
timbalero drummer
timbre tone
tiniebla twilight, shadow
tino feel, knack; al — gropingly, blindly
tinta *f.* color, hue, tint, ink
tinte *m.* tint, color, shade
tintero inkwell
tintinear jingling
tintorería dry-cleaning establishment
tintura dye, dying, tinting; tinge
tirado, -a rapid, thrown, drawn along
tirador *m.* sharpshooter, shot
tiranía tyranny
tiránico, -a tyrannical
tirano tyrant
tirar to shoot, throw, drag
tiro shot
tirón *m.* pull, shove
tirotear to shiver
tiroteo firing, burst of shot
tisú *m.* silver cloth
titubear to stumble, stagger
título title
tlaxcalteco, -a pertaining to the Tlascalan Indians
toalla towel
tobillo heel
tocado hairdressing, coiffure
tocador *m.* dressing table
tocante (a) in regard (to)

tocar to touch; to play (an instrument)

todo, -a all, every; **del —** completely, wholly

toldo awning, hill, peak

tomo volume, tome

tonadilla light tune

tonante thundering

tónico, -a healing, tonic

tontería nonsense, foolish thing

tonto, -a stupid, dense, foolish

topar to meet, come upon, find

toque *m.* stroke, touch

torbellino whirlwind

tormenta cyclone

tormento torture

tornar to turn; **— a** to do again

torno: en — around

torre *f.* tower

torreón *m.* fortified tower

tostado, -a tanned by the sun, roasted

trabado, -a fastened, stuck

trabajar to work

tractor, -ora pulling, traction

traducir (zco) to translate

traer to bring, bear, contain, wear

trago swallow, gulp

traición *f.* treachery

traicionar to betray

traidor, -ora treacherous; *as n.m.* traitor

traje *m.* clothing, suit, dress

trampa trap, trick

trance *m.* critical moment

transcendental extended, important

transcurso passage, course, turning

transitable practicable

transitar to traverse

transmudar to transform, move

trapecito trapezoid, trapezium (*a geometric figure*)

trapisondista playful, tricky

trapito small cloth; **—s** rags

tras behind, beyond, after

trascendencia importance, transcendancy

traslación *f.* migration, removal, change of place

trasero, -a slow, going behind

trasladar to transport

trasnochador *m.* night owl

trastabillar to stumble

trastornar to upset

trastorno upset

trasudar to sweat

tratado treatise

tratamiento treatment

tratar to treat, deal with

trato trade, business, conversation, treatment

través: a — de by means of, across

travesaño crosspiece

travesura mischief, prank

trayectoria trajectory, passage

traza plan

trazar to plan, design, outline

trecho space, interval, while; **a poco — quickly; de — en** *and* **a —s** at certain intervals

tregua truce; **sin —** without respite

tremedal *m.* bog, swamp

tremoroso, -a swaying

trémulo, -a trembling

trepadora climbing vine

trepar to climb

tribu *f.* tribe

tribunal *m.* court, tribunal

trino warbling, trill

tripa gut, string (of a violin)

triscar to frisk, gambol

triunfar to triumph

triunfo triumph

trocar (ue) to change, mix, confuse; **—se** to be changed, to deal with

troje *m.* granary

trompa trumpet

trompo spinning top, dolt, chess man

tronco   tree trunk
trono   throne
tropa   troop, pack, herd
tropel *m.*   mad rush, charge, crowd
tropezar **(ie)**   to come upon, run into
trovador *m.*   troubadour, poet
trozo   piece, bit, excerpt, section
trueno   thunder
trunco, -a   cut off, truncated, short
tul *m.*   tulle
tullir   to cripple
tumba   tomb
tumbar   to knock off, knock down
tunante *m.*   rascal, roué
tupido, -a   dense, thick
turbación *f.*   confusion
turbado, -a   troubled, disturbed
turbio, -a   cloudy
turno   turn
tutelaje *m.*   tutelage
tutubiar (= **titubear**)   to stagger, stumble

ubérrimo, -a   most fertile
ubre *f.*   udder
ufano, -a   conceited, boastful, proud
ultimar   to put an end to
ultraísta   ultraist (*a highly advanced literary movement of the twentieth century*)
ultrajar   to outrage, insult
umbral *m.*   threshold
umbrío, -a   gloomy, dark
uncioso, -a   unctuous, soothing
undoso, -a   wavy
unidad *f.*   unity
unir   to unite, join
universitario, -a   pertaining to a university
untar   to anoint, to oil
uña   nail (*of finger*), claw
urbanidad *f.*   sophistication, civilization

urdir   to conspire, plot
urgir   to be urgent, be important
usado, -a   usual, customary
usar   to use, practice
usufructuar   to be fruitful
usurero   usurer, pawnbroker
utensilio   utensil, tool
útil   useful

vacada   herd of cows
vacilación *f.*   hesitation, vacillation
vacilar   to vacillate, hesitate
vaciado, -a   empty
vacío   void, emptiness, vacuum
vagabundo   vagabond, wanderer
vagar   to wander
vaho   vapor
valentía   bravery
valentón, -ona   boastful
valer   to be worth; to help, be of avail; —se to make use of
valiente   valiant, brave
valioso, -a   valuable
valor *m.*   valor, value, worth, meaning
vanguardia   vanguard (*a term applied to numerous "new" poetic and literary innovations in the late nineteenth and early twentieth centuries*)
vanidad *f.*   vanity, foolishness, trivial matter
vapor *m.*   steam
vaqueta   leather
vara   rod (*a unit of measure*)
varear   to guide
varilla   staff
varita   little stick
varón *m.*   man, male
vasallo   vassal
vate *m.*   poet
vecino, -a   neighboring; *as n.m.* neighbor
vega   plain, meadow
vegetal   vegetable, plant
vegetar   to vegetate

vela candle, sail
velada family gathering, evening entertainment
velar to veil
velo veil, shadow
veloz swift, rapid
vellón *m.* fleece
velludo, -a hairy
vena vein; estar en — de to be inspired to
venado game, deer
vencedor, -ora victorious; *as n.m.* conqueror
vencer to conquer
vender to sell, betray
veneciano, -a Venetian
veneno poison
veneración *f.* veneration, respect
venganza vengeance
vengar to avenge
vengativo, -a vengeful
venir to come; — a menos to come down in the world
venta inn, unsheltered spot
ventanal *m.* (large) window
venturoso, -a lucky, fortunate
ver to see; tener que — to have to do (with)
verbosidad *f.* verbosity, wordiness
verdor *m.* greenness, freshness, youth
verdoso, -a greenish
verdugo executioner
verdura greenery, verdure
vereda path
vergonzoso, -a shameful
vergüenza shame, embarrassment
verso verse
verter (ie) to pour, shed
vestir (i) to dress, don
vez *f.* time; en — de instead of
vía way, route, direction, means
viaje *m.* voyage, trip
viajero traveler, voyager
vianda food, viand
víbora viper, serpent

vibrante vibrant, lively
vibrar to vibrate, to wave
vid *f.* vine
vidriera glass window
vidrio glass
viento wind
vientre *m.* belly, abdomen, womb
viga beam
vigilancia vigilance
vigilar to watch (over), guard
vigor *m.* vigor, strength
vil vile, base
villa town, villa, city
vinagre *m.* vinegar
vinata wine-shop
vinculación *f.* bond
viña vineyard
violáceo, -a violet colored, purplish
viril virile, strong
virrey *m.* viceroy
virtud *f.* virtue
viruelas *f.pl.* smallpox
visible visible, presentable
visionario, -a visionary
viso aspect, appearance
vísperas *f.pl.* vespers; en — de on the eve of
vista sight, gaze
vitualla victuals, food
vituperioso, -a vituperative
viuda widow
viudo widower
viva shout, cry
vívido, -a vivid, living, alive
viviente living
vivo, -a alive; carne — raw meat
vocablo word
vocal *f.* vowel
vocear to cry
volar (ue) to fly
volcán *m.* volcano
voluntad *f.* willingness
voz *f.* voice
vuelo flight

vuelta turn; **dar una —** to take a turn, traverse

vulgar common, everyday, ordinary

vulgo (the uneducated) rabble, common herd

yacer (zco) to lie
yegua mare
yelmo helmet
yerba herb, grass, plant, vegetation
yermo, -a deserted, empty
yerno son-in-law

yerro mistake, sin
yerto, -a rigid, stiff, motionless, limp
yugo yoke
yunta team, pair

zalamero, -a coaxing, flattering
zanja basket, bramble, chasm
zanjita ditch
zapateado tap dance; **zapateado, -a** tapped with the feet; abused
zaquizamí *m.* stucco ceiling
zarzal *f.* blackberry thicket
zenit *m.* zenith
zodíaco sign of the zodiac